E. OTTO - E. RUPPERT

GRAMÁTICA SUCINTA DE LA LENGUA ALEMANA

1996

EDITORIAL HERDER - BARCELONA

JULIO GROOS - HEIDELBERG

Edición reformada y revisada por RICARDO RUPPERT,
Doctor en Filosofía y Letras

Edición trigésima sexta 1996

ISBN 84-254-0095-3

 DEPÓSITO LEGAL: B. 37.138-1996 PRINTED IN SPAIN

LIBERDUPLEX, S.L. - BARCELONA

ÍNDICE

NOTA EDITORIAL A LA EDICIÓN XIX

El favor que dispensa el público a la presente *Gramática sucinta de la lengua alemana* ha inducido a introducir en ella algunos cambios que resultaban de urgente necesidad. La nueva edición ha sido cuidadosamente revisada, de acuerdo con el autor, y en ella se han sustituido muchos pasajes por otros más en consonancia con el estilo de vida de nuestro tiempo. El estudiante tendrá oportunidad de utilizar términos que son en la actualidad del lenguaje corriente y cuyo uso queda perfectamente explicado en los ejemplos propuestos.

Por otra parte, después de la segunda guerra mundial, la producción editorial de libros en lengua alemana se imprime casi íntegramente en caracteres latinos, con exclusión de los caracteres góticos que prevalecían enteramente hace medio siglo y que poco a poco han ido quedando relegados a un uso restringido y para muy contados casos. Era natural que la presente *Gramática*, al compás de tan decisiva reforma, substituyera también el tipo gótico utilizado en sucesivas ediciones por tipos latinos que fueran legibles y facilitaran el estudio y el manejo de la obra.

PRÓLOGO A LA DÉCIMA EDICIÓN

Animado del deseo de mantener la *Gramática sucinta de la lengua alemana* a la altura de las últimas investigaciones científicas, he sometido todo el libro a una minuciosa revisión y he hallado conveniente la introducción de pequeñas modificaciones en esta nueva edición.

En la parte dedicada a la pronunciación, sólo ha sido necesario subsanar pequeños errores de imprenta en la transcripción de algunas palabras alemanas.

El orden de las lecciones se ha cambiado en parte, y así, por ejemplo, la conjugación regular, que antes se hallaba en la lección 30 y sucesivas, ha sido tratada en lecciones anteriores. Asimismo, las formas más corrientes de los principales verbos irregulares se han ido repartiendo poco a poco entre las diferentes lecciones para facilitar de este modo su estudio al alumno. Las oraciones sueltas de muchos ejercicios y temas se han unido entre sí de modo que formen pequeños y sencillos trozos, en los cuales se trabajan las reglas más importantes tratadas en dicha lección, con lo cual su contenido resulta más interesante.

Los trozos de lectura son en su mayor parte nuevos, facilitándose en ellos al alumno conocimientos prácticos del país y de su gente, de su historia, sus usos y costumbres. Nuevos son asimismo los diálogos «Aus dem täglichen Leben», esparcidos entre las diferentes lecciones, en los cuales se trata de asuntos tomados de la vida corriente. Los vocabularios al final del libro contienen casi todas las palabras empleadas en los diversos trozos, a no ser que se hayan indicado ya entre los vocablos de las correspondientes lecciones.

Réstame expresar en este lugar mi agradecimiento a todas aquellas personas que han tenido la bondad de hacerme algunas advertencias o comunicarme los defectos u omisiones que han notado, y muy especialmente hago público mi reconocimiento al Dr. Seyfang, antiguo director del Colegio Alemán de Barcelona, quien durante varios años ha empleado esta gramática con buen éxito en los cursos para extranjeros en dicha ciudad y ha tenido la amabilidad de indicarme sus observaciones hechas en la práctica con este libro, algunos de cuyos deseos he podido aprovechar en esta nueva edición. Asimismo debo dar mis más sinceras gracias a D. Carlos H. Schmidt, licenciado en filosofía y letras, por su valioso concurso en la corrección de las pruebas de esta edición.

Giessen

RICARDO RUPPERT

PROSODIA Y ORTOGRAFÍA

El alfabeto

El alfabeto alemán consta de las siguientes letras, cuyos nombres en alemán se indican entre paréntesis: *a* (a), *b* (be), *c* (tse), *d* (de), *e* (e), *f* (ef), *g* (gue), *h* (ha [aspirada]), *i* (i), *j* (yot), *k* (ka), *l* (el), *m* (em), *n* (en), *o* (o), *p* (pe), *q* (cu), *r* (er), *s* (es), *ß* (es-tset), *t* (te), *u* (u), *v* (fau), *w* (ve), *x* (ix), *y* (ípsilon), *z* (tset).

De estos caracteres, son vocales: *a, e, i, o, u, y;* los demás son consonantes. Hay, además, vocales dobles y modificadas, diptongos y consonantes compuestas.

Signos fonéticos empleados para indicar la pronunciación[1]

'	indica que la sílaba siguiente lleva el acento tónico.
`	indica que la sílaba siguiente lleva acento secundario; v. gr.: Baumwolle *'baum`wɔlə* algodón.
:	indica que la vocal precedente es larga.
(:)	sigue a vocal larga, pero de menos duración que la marcada con *:*

Vocales

a	a (breve): fast *'fast*, alle *'alə;* p. XIV.
a:	a, aa, ah (larga: Tat *'ta:t*, Paar *'pa:r*, Mahl *'ma:l;* p. XIV.
ai	ai, ei: Mai *'mai*, Heide *'haidə;* p. XVII.
au	au: Auge *'augə;* p. XVII.
e:	e, ee, eh (larga y clara): Paket *pa'ke:t*, reden *'re:dən*, See *'ze:*, Heer *'he:r*, Reh *'re:;* p. XIV.
ə	e (relajada, como *e* en «balde»): Name *'na:mə*, weben *'we:bən*, Gebet *gə'be:t;* p. XIV.
ɛ	e, ä (breve y obscura, como *e* en «perro»: Bett *'bɛt*, selten *'zɛltən*, Kälte *'kɛltə;* p. XIV.

[1] El alfabeto fonético empleado en este libro es el de la Association Phonétique Internationale.

ε: ä, äh (larga y obscura): Bär *'bε:r*, wählen *'wε:lən;* p. XIV.

i i: Ritt *'rit*, List *'list*, p. XV.

i: i, ih, ie, ieh (larga): mir *'mi:r*, Liebe *'li:bə*, Vieh *'fi:*, ihm *'i:m;* p. XV.

o: o, oo, oh (larga y clara): Tod *'to:t*, Monat *'mo:nat*, Boot *'bo:t*, Bohne *'bo:nə;* p. XV.

ɔ o (breve y obscura): Gott *'gɔt*, kommen *'kɔmən*, Roß *'rɔs;* p. XV.

ɸ: ö, oh (larga, como *eu* francesa en «creuse»): Öl *'ɸ:l*, Söhne *'zɸ:nə;* p. XVI.

œ ö (breve, como *eu* francesa en «pleurer»): Hölle *'hœlə*, können *'kœnən;* p. XVI.

ɔi äu, eu: freuen *'frɔiən*, säumen *'zɔimən;* p. XVII.

u u (breve): Butter *'butər*, Kuß *'kus;* p. XV.

u: u, uh (larga): du *'du:*, Blut *'blu:t*, Uhr *'u:r;* p. XV.

y ü, y (breve, como *u* francesa en «lumière»): Fürst *'fyrst*, Flüsse *'flysə*, füllen *'fylən*, Tyrann *ty'ran;* p. XV.

y: ü, üh, y (larga, como *u* francesa en «pur»): grün *'gry:n*, müde *'my:də*, Tür *'ty:r*, Mühle *'my:lə*, Typus *'ty:pus;* p. XVI.

Consonantes

b b, bb: Biene *'bi:nə;* p. XVII. Véase *p*, p. XVII.

ç ch: Licht *'liçt*, reich *'raiç*, Milch *'milç*, Bücher *'by:çər*, welche *'wεlçə;* p. XXI.
g, -ig: König *'kɸ:niç/k* wenig *'we:niç/k*, Weg *'we:ç/k*. Berg *'bεrç/k;* p. XIX.

d d, dd: baden *'ba:dən*, Widder *'widər;* p. XVIII. Véase *t*, p. XVIII.

f f: Feuer *'fɔiər*, Feder *'fe:dər;* p. XX.
v: brav *'bra:f*, vier *'fi:r*, Vater *'fa:tər;* p. XX.
ph: Philosoph *ˌfilo'zo:f*.

g g, gg: Garten *'gartən*, Egge *'εgə;* p. XIX.

h h (con aspiración): Haß *'has*, Heil *'hail;* p. XXII.

j j (como nuestra *y* en «yeso»): jeder *'je:dər;* p. XXII.
g: wenige *'we:nij/gə*, Bürger *'byrj/gər;* p. XIX

k k, ck: kalt *'kalt*, Sack *'zak;* p. XVIII.
c (ante *a, o, u*): Concept *kɔn'tsεpt;* p. XVIII.
ch: Chor *'ko:r*, Christ *'krist;* p. XVI.

k̦ g (final) relajada: Tag *'ta:k̦*, Sieg *'zi:k̦;* p. XIX.

ks	x, chs: Hexe *'hεksə*, sechs *'zεks;* pp. XVIII y XXI.
kw	qu: Quelle *'kwεlə*, Quittung *'kwituŋ;* p. XVIII.
l	l: Lamm *'lam*, lahm *'la:m;* p. XXIII.
m	m: Arm *'arm*, ihm *'i:m;* p. XXIII.
n	n: nennen *'nεnən;* p. XXIII.
ŋ	ng: lang *'laŋ*, Quittung *'kwituŋ;* p. XX.
p	p, pp: Paar *'pa:r*, Lippe *'lipə;* p. XVII.
p̧	b (final): ab *ap̧*, Abt *'ap̧t*, Grab *'gra:p̧;* p. XVIII.
r	r, rr, rh: Rede *'re:də*, harren *'harən*, Rhein *'rain;* p. XXII.
s	s, ss, ß: los *'lo:s*, Rast *'rast*, lassen *'lasən*, heiß *'hais*, Fluß *'flus;* p. XX.
ʃ	sch (como *ch* francesa en «chère»): Schaffen *'ʃafən*, scharf *'ʃarf;* p. XXI.
ʃp	sp inicial: Spiel *'ʃpi:l*, Span *'ʃpa:n;* p. XXI.
ʃt	st inicial: Stein *'ʃtain*, steil *'ʃtail;* p. XXI.
t	t, tt, th, dt: Teller *'tεlər*, Mutter *'mutər*, Theater *te'a:tər*, Stadt *'ʃtat;* p. XVIII.
ţ	d (final de sílaba): Hand *'hanţ*, Bad *'ba:ţ;* p. XVIII.
ts	z, tz: Zeit *'tsait*, Zug *'tsu:x/ķ*, Sitz *'zits;* p. XVIII. c (ante *e, i, y, ä*): Cäsar *'tsε:zar*, Cypern *'tsypərn;* p. XVIII.
w	w, v: Wert *'wε:rt*, Wald *'walt*, Violine *wio'li:nə;* p. XX.
x	ch (precedida de *a, o, u, au*): Bach *'bax*, Buch *'bu:x*, Loch *'lɔx*, Rauch *'raux;* p. XXI. g final: Tag *'ta:x/ķ*, Jagd *'ja:xţ/ķţ;* p. XIX.
z	s (suave, al principio de sílaba): sauer *'zauer*, lesen *'lə:zən;* p. XXI.
ž	j, g en palabras francesas *(sch* sonora): Journal *žur'na:l*, Logis *lo'ži:;* p. XXI.

Pronunciación de las vocales

Por razón de su cantidad, las vocales *tónicas* pueden ser *largas* o *breves*. Son casi siempre *largas*, cuando se hallan en *sílaba abierta acentuada* o en *sílaba acentuada* y *cerrada por una sola consonante*, p. e.: Name *'na:mə* nombre, Tat *'ta:t* acción. Por el contrario, son *breves*, cuando se hallan *en sílaba acentuada* y *cerrada* por *dos* o *más consonantes*, p. e.: alt *'alt* viejo, Holz *'holts* madera.

En las sílabas *átonas*, las vocales suelen ser *breves*, p. e.: Name *'na:mə*.

Las vocales se dividen además en *abiertas* y *cerradas*. Las vocales *breves* son, por lo general, *abiertas*; las *largas*, en cambio, son *cerradas*.

Nota. Se llama *sílaba abierta* la que termina en vocal, p. e.: *'bo:tə*, lanchas, y *sílaba cerrada* la que termina en una o más consonantes, p. e.: *'alt*, *'dürfən* poder.

1. *Vocales simples y dobles*

A, fon. *a*, *a:*[1]

A, *a* se pronuncia como en castellano. Es *larga*, *a:*:

1.º En sílabas abiertas acentuadas; v. gr.: Ware *'wa:rə* género, Maler *'ma:lər* pintor.

2.º En sílabas acentuadas y cerradas por una sola consonante, p. e.: Tat *'ta:t* acción.

3.º Cuando se escribe *aa* o *ah*; v. gr.: Staat *'ʃta:t* estado, Paar *'pa:r* pareja, Naht *'na:t* costura.

Es *breve*, fon. *a*, cuando va seguida de dos o más consonantes; se pronuncia como la *a* en «mal», «cal»; v. gr.: Ball *'bal* baile, Mann *'man* hombre.

E, fon. *ε*, *e:*, *ə*

E, *e* tiene tres diferentes sonidos.

Es *larga* y *cerrada*, fon. *e:*, en sílaba abierta acentuada, o cuando va seguida de una sola consonante, v. gr.: b*e*-ten, r*e*-den, schw*e*r, be-qu*e*m. Del mismo modo se pronuncian *eh* y la *e* doble; v. gr.: f*e*hlen, d*e*h-nen, m*e*hr, T*ee* *te:* té, S*ee* *ze:* lago, mar, l*ee*r *'le:r* vacío, H*ee*r *'he:r* ejército. Su pronunciación es más cerrada que la de la *e* en «t*e*la», «gast*é*».

Es *breve* y *abierta*, fon. *ε*, en sílaba cerrada por dos o más consonantes; v. gr.: B*e*tt *'bεt* cama, s*e*lten *'zεltən* raro, *E*rbe *'εrbə* heredero.

Es *relajada*, fon *ə*, en sílabas átonas y es parecida a nuestra *e* en «bald*e*», «llav*e*»; v. gr.: ich hab*e* *iç 'ha:bə* tengo, web*e*n *'we:bən* tejer, v*e*rlier*e*n *fər'li:rən* perder.

[1] Véanse los signos fonéticos, p. XI.

I, fon. *i, i:*

I, i tiene el mismo sonido que en castellano; se pronuncia breve ante dos consonantes y en las palabras «in, im, bin, mit»; v. gr.: wild *'wilt* salvaje, Hilfe *'hilfə* ayuda.

En todos los demás casos es larga, fon *i:*, especialmente cuando se escribe *ie, ieh* o *ih;* v. gr.; mir *'mi:r* a mí, wider *'wi:dər* contra, ihm *'i:m* a él, ihr *'i:r* a ella, Vieh *'fi:* ganado, Liebe *'li:bə* amor, wieder *'wi:dər* otra vez, etc. En los pocos casos en que se pronuncian ambas vocales, lo indicaremos en los vocablos, escribiendo «ĭ» en lugar de «i»; v. gr.: Emilĭe *e'mi:liə*, Lilĭe *'li:liə;* Knie plur. Knĭe; Melodie, Melodĭen.

O, fon. *o:, ɔ*

O, o es *larga* y *cerrada*, fon. *o:*, en sílaba abierta acentuada, o en sílaba cerrada por una sola consonante; se pronuncia algo más cerrada que nuestra *o* en «mona», «mole»; v. gr.: loben *'lo:bən* alabar, Monat *'mo:nat* mes, Hof *'ho:f* patio, Los *'lo:s* suerte. También la *o* seguida de *h*, y la *o* doble se pronuncian siempre como *o* larga, fon. *o:;* v. gr.: Bohne *'bo:nə* haba, Mohn *'mo:n* adormidera, Boot *'bo:t* lancha, Moos *'mo:s* musgo.

Es *breve* y *abierta*, fon. *ɔ*, cuando se halla seguida de dos o más consonantes; tiene un sonido parecido, aunque más abierto que el de la *o* en «olmo», «colmo»; v. gr.: toll *'tɔl* loco, kommen *'kɔmən* venir, Roß *'rɔs* caballo.

U, fon. *u:, u*

U, u se pronuncia como en castellano. Es *larga* y *cerrada*, fon. *u:*, en sílaba abierta acentuada, en sílaba cerrada por una sola consonante o cuando va seguida de *h* (cf. esp. «mudo»); v. gr.: du *'du:* tú, Blut *'blu:t* sangre, Huhn *'hu:n* gallina, Uhr *'u:r* reloj.

Es *breve* y *abierta*, fon. *u*, cuando va seguida de dos o más consonantes; v. gr.: Butter *'butər* mantequilla, Luft *'luft* aire, Kuß *'kus* beso, Fluß *flus* río. (Exceptúanse: Gruß *gru:s* saludo, Fuß *fu:s* pie, y muchas otras).

Y, fon. *i:*, *y*

Se pronuncia unas veces como *i* o *i:* y otras como *y:*; se encuentra únicamente en algunas palabras derivadas del griego; v. gr.: Zylinder *tsi'lindər* cilindro, Asyl *a'sy:l* asilo, System *zys'te:m* sistema, Physik *fy'si:k* física. Véase la letra *ü* en esta misma página.

2. *Vocales modificadas*

Se hallan sujetas a modificación las vocales, *a*, *o*, *u*, que se transforman en *ä*, *ö* y *ü* respectivamente.

Ä, ä, fon. *ε:*, *ε*

Ä, *ä* tiene el sonido de la *è* o *ê* en francés: «père», «rêve»; es más abierta que la *e* en «perro», «cerdo». Puede ser *larga* y *abierta*, fon. *ε:*, cuando se halla en sílaba abierta, o en sílaba cerrada por una sola consonante, o cuando se escribe *äh;* v. gr.: B*ä*r *'bε:r* oso, B*ä*der *'bε:dər* baños, w*äh*len *'wε:lən* escoger, etc.
Es *breve* y *abierta*, fon. *ε*, cuando va seguida de varias consonantes; v. gr.: K*ä*lte *'kεltə* frío, G*ä*rtner *'gεrtnər* jardinero.

Ö, ö, fon. *φ:*, *œ*

El sonido de la *ö* no existe en nuestro idioma; se pronuncia como el diptongo francés *eu* en «pl*eu*rer», «cr*eu*se». Es *largo* y *cerrado*, fon. *φ:*, en sílaba abierta, o cuando va seguido de una sola consonante, y también cuando se escribe *öh;* v. gr.: Möve *'mφ:wə* gaviota, Öl *'φ:l* aceite, Söhne *'zφ:nə* hijos. Es *breve* y *abierto*, fon. *œ*, cuando le siguen varias consonantes; v. gr.: Hölle *'hœlə* infierno, Mörder *'mœrdər* asesino.

Ü, ü, fon. *y:*, *y*

Tampoco tiene equivalente en castellano; suena como la *u* francesa en «p*u*r», «l*u*mière». Es *larga* y *cerrada*, fon. *y:*, cuando se escribe *üh*, o se halla en sílaba abierta o en sílaba cerrada por una sola consonante; v. gr.: Mühle *'my:lə* molino, müde *'my:də* cansado, Tür *'ty:r* puerta. Es ***breve*** y ***abierta*** cuando va seguida de varias consonantes; v. gr.: füllen *'fylən* llenar, Hüfte *'hyftə* cadera.

3. *Diptongos*

En los diptongos alemanes se distinguen menos los componentes que en castellano, pronunciándose con tal rapidez uno tras otro, que parecen formar un solo sonido.

Ai y *ei* son iguales en la pronunciación, fon. *ai;* v. gr.: Mai *mai* mayo, Heide *'haidə* brezal y pagano; Laib y Leib *'laip* hogaza y cuerpo; Saite y Seite *'zaitə* cuerda y lado, etc.

Au, fon. *au:* Laub *'laup* follaje, Auge *'augə* ojo, kaufen *'kaufən* comprar, etc.

Äu y *eu* se pronuncian de un mismo modo, fon. *ɔi;* v. gr.: freuen *'frɔiən* alegrar, säumen *'zɔimən* ribetear; su sonido se asemeja al de nuestra *o* breve, fon. *ɔ*, seguida de *i* o *y*, fon. *i;* v. gr.: «soy», «hoy», «toisón».

Pronunciación de las consonantes

1. *Oclusivas*

Las oclusivas sordas son: *p*, *t*, *k;* las oclusivas sonoras: ***b***, ***d***, ***g***. En las oclusivas sordas iniciales de sílaba se percibe durante la explosión un tenue soplo sordo, parecido a una *h* breve aspirada; v. gr.: Paar *'pʰa:r* par, teilen *'tʰailən* dividir, kommen *'kʰɔmən* venir[1].

P, *p*. Bilabial oclusiva sorda aspirada, fon. *p*. Se pronuncia como la *p* castellana, seguida de aspiración. Se representa en la ortografía por *p*, *pp;* v. gr.: Paar *'pa:r* par, Lippe *'lipə* labio, plagen *'pla:gən* fastidiar.

Véase también *b*, fon. *p*, en p. XX, y *ph*, fon. *f*, en p. XXI.

Pf, *pf*. Los dos sonidos se pronuncian uno tras otro con tal rapidez, que parecen uno solo, v. gr.: Apfel *'apfəl* manzana, Pferd *'pfe:rt̥* caballo.

B, *b*. Bilabial oclusiva sonora, fon. *b*. Se pronuncia como nuestra *b* inicial absoluta en «*b*lanco», «*b*razo». Se halla en posición inicial de sílaba, escrita *b* o *bb;* v. gr.: Biene *'bi:nə* abeja, Brief *'bri:f* carta, Liebe *'li:bə* amor.

---

[1] En lo sucesivo no se indicará esta aspiración en la transcripción de las palabras.

Final de palabra o de sílaba, y también final de sílaba ante consonante sencilla, se pronuncia como *p* relajada y débil, fon. *p̥;* v. gr.: Grab *'gra:p̥* sepulcro, raubte *'raup̥tə* robó, Abt *'ap̥t* abad, halb *'halp̥* mitad.

T, *t*. Dental oclusiva sorda, fon. *t*. Se asemeja a la *t* española, con la diferencia de que la *t* alemana se articula apoyando la punta de la lengua contra las encías y los alvéolos, mientras que la española se forma en la cara interior de los incisivos superiores; además, la alemana se pronuncia con aspiración. Se escribe *t*, *th*, *tt* o *dt;* v. gr.: Teller *'tɛlər* plato, Brot *'bro:t* pan, Theater *te'a:tər* teatro, retten *'rɛtən* salvar, Stadt *'ʃtat* ciudad.

También se halla este sonido en el grupo fonético *ts*, que se representa en la escritura por *z*, *tz* o por *c* ante *e*, *i*, *y*, *ä*, *ö* en palabras extranjeras; v. gr.: Zeit *'tsait* tiempo, Zug *'tsu:x/k̥* tren, Sitz *'zits* asiento, Katze *'katsə* gato, Cäsar *'tsɛ:zar*, Ceylon *'tsailon*.

En las palabras de origen latino en que la *t* se halla seguida de la vocal *i*, se lee asimismo como *ts;* v. gr.: Nation *na'tsio:n* nación, Station *ʃta'tsio:n* estación.

Véase también *tsch*, fon. *tʃ*, p. XXI.

D, *d*. Dental oclusiva sonora, fon. *d*. Inicial de sílaba, se pronuncia como nuestra *d* en «*d*ía», «*d*omingo», y se escribe *d* o *dd;* v. gr.: der *'de:r* el, die *'di:* la, beide *'baidə* ambos, Widder *'widər* morueco.

Final de sílaba, su sonido se aproxima al de la *t* relajada y débil, fon. *t̥;* v. gr.: mild *'milt̥* suave, Bild *'bilt̥* imagen, blind *'blint̥* ciego.

K, *k*. Velar oclusiva sorda, fon. *k*. Tiene el mismo sonido que nuestra *k* en «*k*ilo», pero siempre con aspiración. Se representa en la escritura por *k* o *ck*, y también por *c* ante *a*, *o*, *u* y en palabras extranjeras; v. gr.: kalt *'kalt* frío, klein *'klain* pequeño, Sack *'zak* saco, Kassel *'kasəl*, Concept *kɔn'tsɛpt* borrador, Accent *ak'tsɛnt* acento. La mayoría de las palabras con *c* que han tomado carta de naturaleza se escriben con *k* y *z* respectivamente: Konzept, Akzent, Zypresse, etc.

Este sonido se halla también en el grupo fon. *ks*, que se representa en la escritura por *x* o *chs*, así como en el grupo fon. *kw*, que se escribe *qu;* v. gr.: sechs *'zeks* seis, wachsen *'waksən* crecer, Examen *ɛk'sa:mən* examen, Hexe *'hɛksə* bruja, Qual *'kwa:l* tormento, Quelle *'kwɛlə* manantial, Quittung *'kwituŋ* recibo.

Véase también *w*, p. XX; *ch*, p. XXI; y *g*, a continuación.

G, *g*. Velar oclusiva sonora. Su pronunciación ofrece bastantes variaciones, muy difíciles a veces de indicar. Ténganse presentes, sin embargo, las observaciones siguientes:

1.ª En posición inicial absoluta, en posición interior inicial de sílaba, en la duplicación y en las palabras extranjeras, se pronuncia como nuestra *g* en «gato», fon. *g*. Se escribe *g* o *gg;* v. gr.: Geld *'gɛlṭ* dinero, Glas *'gla:s* vidrio, Lage *'la:gə* situación, Bürger *'byrgər* ciudadano, Siege *'zi:gə* victorias, ergeben *ɛr'ge:bən* sumiso, Egge *'ɛgə* grada, Zigarre *tsi'ga:rə* cigarro.

2.ª Final de palabra o de sílaba, y precedida de vocal larga o seguida de consonante, así como también después de *r* o *l* precedidas de vocal breve, suena como una *k* relajada aspirada, fon. *ḳ;* v. gr.: Tag *ta:ḳ* día, Sieg *'zi:ḳ* victoria, Jagd *'ja:ḳṭ* caza, Magd *'ma:ḳṭ* criada, Weg *'we:ḳ* camino, Berg *'bɛrḳ* monte, du siegst *'zi:ḳst* tú vences, Balg *'balḳ* fuelle.

3.ª La terminación *-ig*, seguida de vocal, se pronuncia como *g* inicial de sílaba, fon. *g;* v. gr.: ewige *'ewigə* eterno, freudige *'frɔidigə* alegre. Final de sílaba o seguida de consonante, especialmente *t* o *st*, la terminación *-ig* tiene un sonido especial, muy suave y palatal, que no tiene equivalente en nuestro idioma, fon. *ç;* v. gr.: König *'kϕ:niç* rey, Honig *'ho:niç* miel, ewig *'ewiç* eterno, freudigst *'frɔidiçst* muy alegre.

Nota. Las observaciones precedentes tratan de indicar la pronunciación general de la *g*, la cual varía mucho en las diferentes regiones. Así, en la Alemania del Norte y del Centro la *g*, después de las vocales *a*, *o*, *u*, se pronuncia como nuestra *j*, fon. *x*, v. gr.: Tag *'ta:x*, Jagd *'ja:xṭ*. En cambio, después de *e* o *i*, así como después de *l* o *r*, estando sola o seguida de *t* o *st*, tiene el sonido de *ç;* v. gr.: Weg *'we:ç*, Balg *balç*, Berg *bɛrç*, birgt *'birçt* encierra. Si la *g* no forma sílaba con estas letras *(e, i, l, r)*, su pronunciación se asemeja algo a la de nuestra *y* consonante, fon. *j;* v. gr.: legen *'le:jən* poner, tilgen *'tiljən* amortizar, Bürger *'byrjər*. En la Alemania del Sur faltan los sonidos representados por *x*, *ç* y *j;* los dos primeros se substituyen por el de la *ḳ*, pronunciándose Tag *'ta:x* como *'ta:ḳ*, König *'kϕ:niç* como *kϕ:niḳ*. El sonido representado por *j* se transforma en el que indica *g;* v. gr.: legen *'le:jən* se pronuncia como *'le:gən*, Bürger *'byrjər*, como *'byrgər*. Para abreviar, escribiremos *'ta:x/ḳ*, que se leerá *'ta:x* o *'ta:ḳ*, *'kϕ:niç/ḳ* = *'kϕ:niç* o *'kϕ:niḳ*.

ng, fon. *ŋ*, en final de sílaba y ante consonante, no debe pronunciarse con el sonido de *k* final; ambas letras se pronuncian generalmente unidas, aunque ortográficamente se separen; v. gr.: singen *'ziŋən* cantar, Finger *'fiŋər* dedo, Ding *'diŋ* cosa.

En las palabras compuestas, claro es, se pronuncian separadamente; v. gr.: an-genehm *'angə'ne:m* agradable, Ungeduld *'ungə'dulṭ* impaciencia.

2. *Fricativas*

F, *f* y *V*, *v*. Labiodental fricativa sorda, fon. *f*. Tiene el mismo sonido que nuestra *f*. Se representa en la escritura por *f*, *v*, y también por *ph* en palabras de origen griego; v. gr.: Feuer *'fɔiər* fuego, Fieber *'fi:bər* fiebre, auf *'auf* sobre, Vater *'fa:tər* padre, vier *'fi:r* cuatro, Philosoph *'filo'zo:f* filósofo, November *no(:)'fɛmbər* noviembre, brav *'bra:f* probo.

En algunas palabras tomadas de idiomas extranjeros, la *v* ha conservado su sonido primitivo de *w;* v. gr.: Violine *wio'li:nə* violín, Vokal *wo'ka:l* vocal, nervös *'ner'wφ:s* nervioso, Devisen *de'wi:sən* devisas.

Véanse también *w*, *pf* y *ph*, p. XVII y XXI.

W, *w*. Labiodental fricativa sonora, fon. *w*. Tiene el mismo sonido que nuestro diptongo *ue* en «h*ue*so» *weso*. Se representa en la ortografía por *w*, *v* (en los casos antes indicados, véase *f)* y por *qu*, *schw*, *zw;* v. gr.: Wert *'we:rt* valor, Wald *'walṭ* bosque, Violine *wio'li:nə* violín, Qual *'kwa:l* tormento, schwarz *'ʃwarts* negro, zwei *'tswai* dos.

S, *s*. Alveolar fricativa sorda, fon *s*. Entre la articulación de la *s* alemana y la *s* española hay una diferencia importante. La *s* española se forma apoyando la punta de la lengua contra los alvéolos; en la alemana, en cambio, la punta de la lengua desciende hasta los incisivos inferiores, formándose la estrechez con el predorso de la lengua contra los alvéolos. La *s* sorda aparece en posición final de palabra; escrita ß[1] o *ss;* en los grupos *st*, *sp*, si no se hallan en prin-

[1] Se escribe *ß* después de vocal larga, y en lugar de *ss* al final de dicción, como también ante la terminación *t;* v. gr.: Maß *ma:s*, medida, Straße *'ʃtra:sə* calle, groß *gro:s* grande, Gruß *gru:s*, Fuß *fu:s*, Füße *'fy:sə*, Schoße; mußt, müßt, ißt, vergißt *fer'gist*. Pero se exceptúan: Nuß *nus* nuez *(pl.* Nüsse), Fluß *flus* río *(pl.* Flüsse), Faß *fas* barril *(pl.* Fässer), Schloß *flɔs* castillo *(pl.* Schlösser).

cipio de dicción; y en posición interior después de consonante (excepto *r*, *l*, *m*, *n*); v. gr.: Glas *'gla:s* vidrio, Haus *'haus* casa, Gruß *gru:s* recuerdo, Fuß *'fu:s* pie, wissen *'wisən* saber, fasten *'fastən* ayunar, Rast *'rast* descanso, Knospe *'knospə* brote, Rätsel *'rɛ:tsəl* acertijo, Erbse *'ɛrpsə* guisantes. La *s* es también sorda en el grupo fonético *ts*, escrito *ts*, *tz*[1] o *z*, y en el grupo fonético *ks*, que se representa por *x*; véanse pp. XVII y XVIII.

La *s* inicial seguida de vocal o en posición intervocálica se pronuncia sonora y tiene un sonido muy parecido al de nuestra *s* en «a*s*no», fon. *z;* v. gr.: sauer *'zauər* agrio, sehen *'ze:ən* ver, Rose *'ro:zə* rosa, lesen *'le:zən* leer.

Sch, *sch*. Sibilante fricativa sorda, fon. *ʃ*. No tiene equivalente en español; pronúnciase como la *ch* en las palabras francesas «*ch*apeau», «*ch*ère»; v. gr.: Schaf *'ʃa:f* oveja, schlafen *'ʃla:fən* dormir, waschen *'waʃen* lavar, rasch *'raʃ* rápido.

Los grupos *sp*, *st*, estando al principio de dicción, se pronuncian como sonido compuesto de *sch* y *p*, fon. *ʃp*, o *sch* y *t*, fon. *ʃt*, respectivamente; v. gr: spielen *'ʃpi:lən* jugar, Stein *'ʃtain* piedra, Stimme *'ʃtimə* voz; en los demás casos cada letra conserva su sonido propio; v. gr.: Ast *'ast* rama, Wespe *'wɛspə* avispa, Knospe *'knɔspə* capullo.

El sonido de *ʃ* entra también en el grupo *tsch*, fon. *tʃ*, y en palabras extranjeras escritas con *ch;* v. gr.: Peitsche *'paitʃə* látigo, deutsch *'dɔitʃ* alemán, Champagner *'ʃampanjər*, Chef *'ʃef* jefe.

La *sch* sonora, fon. *ž*, aparece únicamente en palabras tomadas del francés que se escriben con *j* o *g;* v. gr.: Journal *žur'na:l* periódico, genieren *že'ni:rən*, Logis lo*'ži:*.

Ch, *ch* tiene tres sonidos: 1.º palatal fricativo sordo, fon. *ç*, como se pronuncia en *ich;* 2.º gutural fricativo sordo, fon. *x*, como se pronuncia en *ach;* 3.º el de la *k*.

1.º El sonido de *ç* no tiene correspondiente en castellano; aparece cuando en la ortografía la *ch* se halla precedida de *ä*, *e*, *i*, *ö*, *ü*, *ai*, *ei*, *äu*, *eu*, de *l*, *r*, *n*, y también en la terminación *-chen;* v. gr.: Rechnung *'rɛçnuŋ* cuenta, Licht *'liçt* luz, leicht *'laiçt* fácil, Bäche *'bɛçə* arroyos, Bücher *'byçər* libros, welche *'wɛlçə* que, Storch *'ʃtɔrç* cigüeña, Händchen

[1] *tz* sólo se emplea inmediatamente después de una vocal breve; v. gr.: schützen *'fytsən*, putzen, Blitz, Schatz, Witz.

'hɛnṭçən manita. Véase también la terminación *-ıg* en la p. XVIII.

2.º Tiene el sonido representado por *x*, equivalente al de nuestra *j*, cuando la *ch* va precedida de *a, o, u, au;* v. gr.: ach *ax* ay, Bach *'bax* arroyo, Loch *'lox* agujero, Buch *'bu:x* libro, Rauch *'raux* humo.

3.º En las palabras de origen extranjero varía la pronunciación. Se pronuncia con el sonido *k* al principio de dicción, cuando va seguida de las vocales *a, o, u* o de las consonantes *l* o *r;* v. gr.: Charakter *ka'raktər*, Chor *'ko:r* coro, Christ *'krist* cristiano, Chronometer *krɔno'me:tər* cronómetro. Seguidas de *e* o *i* tienen el sonido *ç*, v. gr.: China *'çi:na*, alemán del Sur *'ki:na*, Chemie *çe'mi:*, alemán del Sur *ke'mi:* química, Chirurg *çi'rurç/ḳ*, alemán del Sur *ki'ru:rç/ḳ* cirujano.

En las palabras francesas suena como *ʃ;* v. gr.: Champagner, Chef, Chiffre (v. p. XXI, *sch*).

Chs o *chs* pronúncianse como *ks*, fon. *ks;* v. gr.: Wachs *'waks* cera, Ochs *'ɔks* buey, Fuchs *'fuks* zorra, Ochsen, *'ɔksən* bueyes, sechs *zɛks* seis.

Pero en las palabras compuestas, en que la *ch* pertenece a un componente y la *s* a otro, se pronuncian separadamente; v. gr.: nachsetzen *'na:x'zɛtsən* perseguir, wachsam *'wax'za:m* alerta.

J, j. Palatal fricativa sonora, fon. *j*. Se pronuncia como nuestra *y* en «a*y*er»; v. gr.: ja *'ja:* sí, jeder *'je:dər* cada, jung *'juŋ* joven. Véase también la *g* en p. XIX.

H, h, al principio de dicción o sílaba acentuada, tiene un sonido aspirado fuerte, fon. *h;* en medio de dicción, entre dos vocales átonas, o ante consonante y como letra final, es muda; v. gr.: Hut *'hu:ṭ* sombrero, Hand *'hanṭ* mano, Gehalt *gə'halṭ* sueldo, fliehen *'fli:ən* huir, er flieht *fli:ṭ* él huye, flieh *'fli:* ¡huye tú!

Muchas veces sirve esta letra para prolongar el sonido de la vocal precedente, y en tal caso es muda; v. gr.: Wahl *'wa:l* elección, Lohn *'lo:n* paga, Lehne *'le:nə* respaldo.

3. *Vibrantes*

R, r. Alveolar vibrante simple, fon. *r*. Se pronuncia como nuestra *r* suave y se escribe *r, rr* o *rh;* v. gr.: Rede *'re:də* discurso, Erde *'e:rdə* tierra, harren *'harən* aguardar, Rhein *'rain* Rhin.

4. *Laterales*

L, l. Alveolar fricativa lateral sonora, fon. *l.* Tiene el mismo sonido que en castellano; v. gr.: Lippe *'lipə* labio, Land *'lant* país, fallen *'falən* caer.

5. *Nasales*

M, m. Bilabial nasal sonora, fon. *m.* Se pronuncia como en castellano; v. gr.: mein *'main* mío, kommen *'kɔmən* venir, ihm *'i:m* a él, Arm *'arm* brazo.

N, n. Dental nasal sonora, fon. *n.* Se pronuncia como en castellano; v. gr.: nein *'nain* no, nennen *'nɛnən* nombrar, plagen *'pla:gən* fastidiar.

Véase también *ng*, fon. *ŋ*, en p. XX.

División de las palabras en sílabas

Con poca diferencia, obsérvanse para esto en alemán las mismas reglas que en castellano; conviene, sin embargo, tener en cuenta las siguientes indicaciones:

1.ª Si entre dos vocales hay sólo una consonante, ésta pertenece a la segunda; v. gr.: bei-des, rei-zen, lau-fen, träu-men, etc.

2.ª Si entre dos vocales hay dos o más consonantes, sólo la última se une a la vocal que las sigue; v. gr.: Eg-ge, es-sen, Trod-del, Eb-be, bet-teln, sin-gen, hung-rig, mitt-le-re, munt-re, nied-rig, üb-rig, wink-lig, Städ-te, Gip-fel, Knos-pe, Wis-pel, put-zen, wit-zig, Flüs-se, Küs-se, etc.; sin embargo, se conserva la pronunciación: *'ɛ-gə*, *'ɛ-sən*, etc.

3.ª *ck* se descomponen en *kk;* v. gr.: Rök-ke (pl. de Rock), aunque se pronuncie: *'rœ-kə*, etc.

4.ª Solamente *st* no se separan y se unen a la vocal siguiente; v. gr.: Schwe-ster hermana, Fen-ster ventana, etc.

5.ª *ch*, *sch*, *ph*, *ß* y *th* indican un solo sonido y se unen a la vocal siguiente; v. gr.: Kü-che, spre-chen, Fi-scher, wa-schen, So-phie, Tro-phäe, Fü-ße, Stra-ße, Ma-thilde, Or-tho-gra-phie, etc.

6.ª Las *palabras compuestas* suelen dividirse, aunque únicamente por escrito, según sus componentes; v. gr.:

allent-halben, be-ob-achten, dar-an, dar-aus, Donners-tag, her-aus, hin-ein, voll-auf, vor-an, wieder-um, wor-aus: Atmo-sphäre, Inter-esse, Mikro-skop.

Empleo de las letras mayúsculas

Se escriben con letra inicial mayúscula:

1.º La primera palabra de un escrito, y la que vaya después de punto final, o después de dos puntos, cuando se citan palabras textuales.

2.º Los substantivos; v. gr.: Mann (hombre), Frau (mujer), Kind (niño), Hund (perro), Rose (rosa), Friede (paz), Freude (alegría), etc.

Observación. Se escriben con letra minúscula algunos substantivos, como Abend, Morgen, Anfang, Willen, Kraft, etc., cuando, usados solos o en unión de otras palabras, pierden casi o totalmente su carácter de substantivos; v. gr.: abends, morgens, nachts, heute morgen (pero: guten Morgen, diesen Morgen), anfangs (pero: im Anfang, Anfang Januar), kraft dessen, kraft meines Amtes, willens sein, um Gottes willen, euretwillen, imstande sein, außerstande sein, aufs beste, am besten, zum besten haben (pero: zu deinem Besten), bestens, der erste beste y muchos otros.

3.º Todas las demás partes de la oración, cuando hacen las veces de substantivo, especialmente cuando llevan un calificativo; v. gr.: das unmäßige Essen und Trinken el *comer* y *beber* inmoderadamente; sein liebes Ich su querido *yo;* Altes und Neues, das Ewige, das Schöne, die Alten und die Jungen.

4.º Todos los determinativos (adjetivos, numerales) que siguen a un nombre propio con el carácter de sobrenombre o epíteto; v. gr.: Alfons der Weise Alfonso el Sabio; Ferdinand der Heilige Fernando el Santo; Karl der Erste Carlos I; Philipp der Zweite Felipe II, das Schwarze Meer, die Deutsche Bundesrepublik.

5.º Todos los adjetivos y pronombres de los títulos que denotan tratamiento o dignidad; v. gr.: Seine (Se.) Majestät Su Majestad; Se. Hoheit Su Alteza; Eure (Ew.) Exzellenz Vuestra Excelencia; die Spanische Akademie la Academia Española, etc.

6.º Todos los pronombres personales que, en epístolas, se refieren a la persona a quien se escribe; v. gr.: Du tú, Dein, Dir, Dich; Sie usted, Ihr, Ihnen, Ihre, etc.

7.º Los adjetivos derivados de nombres propios por medio del incremento *sch*, y los en *er* derivados de pueblos; v. gr.: die Grimmschen Märchen los cuentos de Grimm; die Madrider Bildergalerie el Museo del Prado. Asimismo, los adjetivos que, unidos a un colectivo, forman con él un solo concepto, v. gr.: die Alte Welt, die Allgemeine Zeitung, das Neue Testament.

El acento

En alemán no existe acento ortográfico. Respecto al acento prosódico, téngase presente:

1.º Las palabras simples de dos o más sílabas constan de la raíz o sílaba principal (Wurzel- o Stammsilbe) y de una o más sílabas accesorias (Nebensilben), que pueden ser prefijos (Vorsilben) o sufijos (Nachsilben).

Prefijos son: *be*, *emp*, *ent*, *er*, *ge*, *ver*, *zer*; *sufijos* son: *e*, *el*, *en*, *end*, *er*, *ern*, *es*, *est*, *et*, *ig*, *icht*, *in*, *isch*, *lich*, *los*, *voll*, *ung*, *igen*.

En estas palabras recae el acento prosódico en la raíz, v. gr.: Beruf *bə'ru:f*, Empfang *ɛm'pfaŋ*, Gebrauch *gə'braux;* Vernunft *fɛr'nunft*, Liebe *'li:bə*, Mittel *'mitəl*, loben *'lo:bən*, Tugend *'tu:gənt*, Bilder, steinern, berufen, empfangen *ɛm'pfaŋən*, Erfahrungen, gebräuchlich, vernünftig, etc.

Excepciones: *a)* lebendig *lə'bɛndiç/k*, leib-haftig.

b) Exigen acento prosódico los prefijos *auf*, *ab*, *ein*, *aus*, *an*, *bei*, *mit*, *fort*, *für*, *zu*, *ur*, *erz*, *un*, *miß*, *ant;* v. gr.: Urwald *'ur:ˋwalṭ*, Unmensch, unklar, Mißmut, Antwort, etcétera.

c) Igualmente tiene acento prosódico el sufijo *ieren;* v. gr.: rasieren *ra'zi:rən*, kutschieren, barbieren, etc.

Las palabras que, procedentes de idiomas extranjeros, han tomado carta de naturaleza en la lengua alemana, tienen generalmente el acento en la última sílaba; v. gr.: Student *ʃtu'dɛnt*, Prophet, Kultur, Provinz, Morast *mo'rast*, Figur, Religion, Spinat, Regent, Komet, Franzose, Soldat, Offizier, Major *ma'jo:r*, General, Homer, Sallust, Ovid, Horaz, etc.

2.º En las palabras compuestas, el acento prosódico recae en la primera, o palabra determinante; v. gr.: Haustür *'hausˋty:r*, rot-braun, Schulstube *'ʃu:lˋʃtu:bə*, aus-gehen, fortlaufen, Fensterflügel *'fɛnstərˋfly:j/gəl*, etc.

Analogía

Las partes de la oración

Clasificando las palabras por las ideas que representan o por el oficio que hacen en la oración, se reducen todas, para facilitar el análisis, a diez clases, llamadas comúnmente *partes de la oración*, a saber:

1. Artículo, Geschlechtswort o Artikel.
2. Nombre substantivo, Dingwort, Hauptwort o Substantiv.
3. Nombre adjetivo, Eigenschaftswort o Adjektiv.
4. Numeral, Zahlwort o Numerale.
5. Pronombre, Fürwort o Pronomen.
6. Verbo, Zeitwort, Tätigkeitswort o Verb.
7. Adverbio, Umstandswort o Adverb.
8. Preposición, Verhältniswort, Vorwort o Präposition.
9. Conjunción, Bindewort o Konjunktion.
10. Interjección, Empfindungswort o Interjektion.

Las seis primeras son variables, es decir, admiten en su estructura alguna alteración; las demás son invariables.

La alteración que admiten el substantivo, el artículo, el adjetivo, el numeral y el pronombre se llama *declinación* (Deklination), y la del verbo, *conjugación* (Konjugation).

Hay en alemán *tres géneros:* masculino, femenino y neutro; *dos números:* singular y plural; y *cuatro casos*, a saber: nominativo, genitivo, dativo y acusativo.

El *nominativo* designa el *sujeto*, esto es, la persona o cosa sobre la cual se emite un juicio; contesta a la pregunta: «¿Quién es el que es *o* ejecuta algo?», o bien: «¿Qué es lo que . . . ?» Por ejemplo:

Der Vater ist gut.	*El padre* es bueno.
Der Vater erzieht die Kinder.	*El padre* educa a los hijos.
Die Kinder werden von dem Vater erzogen.	*Los hijos* son educados por el padre.

El *genitivo* expresa la idea de posesión o pertenencia, y responde a la pregunta: «¿De quién?», o bien: «¿De qué?» Por ejemplo:

Der Hut *des Vaters* ist neu.	El sombrero *del padre* es nuevo.

El *dativo* indica la persona o cosa en cuyo provecho o daño resulta la significación del verbo, y responde a la pregunta: «¿A quién?», o bien: «¿A qué?» Por ejemplo:

Ich gebe *dem Vater* einen Brief.	Doy una carta *al padre*.

El *acusativo* denota la persona o cosa en que recae directamente la acción del verbo, y responde a la pregunta: «¿A quién?», o bien: «¿Qué?» Por ejemplo:

Der Sohn liebt *den Vater*.	El hijo ama *al padre*.
Das Mädchen pflückt *die Rose*.	La niña coge *la rosa*.

ERSTE LEKTION LECCIÓN PRIMERA

El artículo determinado

1. Hay en alemán dos artículos: el *determinado* y el *indeterminado*.

2. El artículo determinado sirve para indicar el género de los substantivos. En alemán se consideran tres géneros, y para cada uno de ellos tiene el artículo determinado una forma peculiar: «der» se usa para el masculino; «die», para el femenino, y «das», para el neutro; v. gr.:

masc.	*der* Vater	el padre
fem.	*die* Mutter	la madre
neutro	*das* Kind	el niño

3. El género de los substantivos no siempre es idéntico en ambas lenguas; de aquí la necesidad de aprender el vocablo alemán con su correspondiente artículo.

4. Los cuatro adjetivos determinativos siguientes tienen análoga terminación que el artículo determinado:

(masc.)	*(fem.)*	*(neutro)*	
dies*er*,	dies*e*,	dies*es*	este, esta
jen*er*,	jen*e*,	jen*es*	ese, esa; aquel, aquella
welch*er*,	welch*e*,	welch*es*?	¿qué? ¿cuál?
jed*er*,	jed*e*,	jed*es*	cada, todo

dieser Vater	este padre	jeder Baum	cada árbol
jene Mutter	esa madre	diese Rose	esta rosa
welches Kind?	¿qué niño?	jenes Haus	aquella casa

Wörter Vocablos

der Mann *man*	el hombre	die Frau *frau*	la mujer
der Vater *'fa:tər*	el padre	die Mutter *'mutər*	la madre
der Sohn *zo:n*	el hijo	die Tochter *'tɔxtər*	la hija
der Garten *'gartən*	el jardín	die Feder *'fe:der*	la pluma
der Wein *wain*	el vino	die Stadt *ʃtat*	la ciudad
der Stock *ʃtɔk*	el bastón	die Katze *'katsə*	el gato
der Hund *hunṭ*	el perro	die Rose *'ro:ze*	la rosa

das Kind *kinṭ*	el niño	das Haus *haus*	la casa
das Brot *bro:ṭ*	el pan	das Buch *bu:x*	el libro
das Wasser *'wasər*	el agua	das Bett *bɛt*	la cama
groß *gro:s*	alto, -a, grande	nicht *niçt*	no
		er (sie, es) ist	es o está
klein *klain*	pequeño, -a	und *unṭ*	y
jung *juŋ*	joven	sie sind *zi(:)zint*	ellos son, están
gut *gu:t*	bueno, -a		
dort *dɔrt*	allí	wie? *wi:*	¿cómo?
hier *hi:r*	aquí	wer? *we:r*	¿quién?
alt *alt*	viejo, -a	wo? *wo:*	¿dónde?
neu *nɔi*	nuevo, -a	in	en

Observaciones. 1.ª El adjetivo es invariable cuando está separado del substantivo por el verbo auxiliar *sein* (ser o estar); p. ej.:

Der Mann ist (nicht) *alt*	El hombre (no) es viejo
Die Frau ist (nicht) *alt*	La mujer (no) es vieja
Das Haus ist (nicht) *alt*.	La casa (no) es vieja
Der Mann und die Frau sind (nicht) *alt*	El hombre y la mujer (no) son viejos

2.ª En alemán, los substantivos se escriben con letra inicial mayúscula, y los signos de interrogación y de admiración se ponen únicamente al final de la palabra o frase que deba llevarlos.

Übung Ejercicio

Der Mann und die Frau sind jung. Dieser Garten und jenes Haus sind klein. Die Mutter und das Kind sind hier. Welches Kind ist klein? Jenes Kind ist klein. Dieser Hund ist nicht groß. Jener Garten ist klein. Diese Feder ist nicht gut. Wie ist diese Stadt? Diese Stadt ist groß. Jene Katze ist nicht klein. Wie ist dieser Wein? Dieser Wein ist gut. Die Tochter ist jung. Jener Mann ist alt. Nicht jedes Buch ist gut. Dieses Brot ist gut.

Tema Aufgabe

El padre y la madre son buenos. El hijo y la hija son jóvenes. Esa ciudad no es grande. Aquella casa es pequeña. ¿Cómo es ésta rosa? Esa rosa es pequeña. Aquel gato es viejo. Este niño no es alto. Este bastón no es grande. El pan es bueno. ¿Cómo es este jardín? Este jardín es pequeño. Todo niño es joven. ¿Cómo es esta pluma? Esta pluma es buena. Esta casa es pequeña y nueva.

Gespräch Diálogo

Wie ist der Vater?	Der Vater ist alt
Wie ist die Mutter?	Die Mutter ist gut
Wie ist der Garten?	Der Garten ist klein
Wie ist diese Feder?	Diese Feder ist gut
Wo ist das Kind?	Das Kind ist hier
Wer ist nicht groß?	Die Frau ist nicht groß

ZWEITE LEKTION LECCIÓN SEGUNDA

El artículo indeterminado

1. Las tres formas del artículo indeterminado o genérico son: «ein» (un) para el masculino, «eine» (una) para el femenino y «ein» (un o una) para el neutro; v. gr.:

masc.	*ein* Vater	un padre
fem.	*eine* Mutter	una madre
neutro	*ein* Kind	un niño

2. De idéntica forma son los adjetivos siguientes:

(masc.)	*(fem.)*	*(neutro)*	
kein	keine	kein	ninguno, ninguna
mein	meine	mein	mi
dein	deine	dein	tu
sein	seine	sein	su (de él)
ihr	ihre	ihr	su (de ella)
unser	unsere	unser	nuestro, nuestra
euer	euere	euer	vuestro, vuestra
Ihr	Ihre	Ihr	su (de usted, o de ustedes)
ihr	ihre	ihr	su (de ellos, de ellas)

kein Brot	ningún pan	ihr Freund	su amigo (de ella, de ellos o de ellas)
mein Vater	mi padre	keine Feder	ninguna pluma
unser Garten	nuestro jardín	sein Bruder	su hermano (de él)
Ihre Mutter	su madre de Ud.	dein Bett	tu cama
meine Tochter	mi hija		

Wörter

der Freund *'frɔint̩*	el amigo	die Schwester *'ʃwɛstər*	la hermana
die Freundin *'frɔindin*	la amiga	der König *'kφ:niçk̩*	el rey
der Bruder *'bru:dər*	el hermano	die Königin *'kφ:nigin*	la reina

die Antwort *'ant'wɔrt*	la respuesta
das Gespräch *gə'ʃprɛ:ç*	la conversación
stark *ʃtark*	fuerte, robusto
weiß *wais*	blanco
die Übung *'y:buŋ*	el ejercicio
Aufgabe *'auf'ga:bə*	el tema; la tarea
das Schloß *ʃlɔs*	el palacio
die Tasse *'tasə*	la taza

die Blume *'blu:mə*	la flor
der Hut *hu:t*	el sombrero
das Papier *pa'pi:r*	el papel
die Frage *'fra:gə*	la pregunta
rot *ro:t*	rojo, encarnado
schön *ʃϕ:n*	hermoso, bello
krank *kraŋk*	enfermo
was?	¿qué?
auch *aux*	también
hier ist	aquí hay o está, he aquí

Übung

Deine Schwester ist jung. Unser Freund ist alt. Dein Hut ist nicht neu. Ihr (su de ella) Kind ist krank. Dieses Schloß ist nicht schön. Unsere Mutter ist gut. Die Rose ist eine Blume. Mein Vater ist Ihr Freund. Ihr Bruder ist mein Freund. Seine Schwester ist meine Freundin. Wer ist krank? Meine Mutter ist krank. Wie ist dein Buch? Mein Buch ist neu. Ihr Buch ist alt. Mein Freund ist gut. Meine Freundin ist auch gut. Jene Tasse ist neu. Kein Hut ist schön. Kein Kind ist krank. Jenes Papier ist weiß; dieses ist rot. Welcher Mann ist stark?

Tema

Mi jardín y mi casa son hermosos. Tu sombrero es nuevo. Su bastón (de usted) está aquí. Mi padre es bueno. Mi madre también es buena. Su rosa (de ella) no es blanca. Tu hermano es joven. Nuestra madre está enferma. Su papel (de ellos) no es bueno. Este hombre es mi amigo. Esta señora es mi amiga. ¿Cómo es el pan de ustedes? Nuestro pan no es bueno. Su amigo de usted es joven y robusto. Su amiga (de ella) es también hermosa. ¿Dónde está mi bastón? Aquí está tu bastón.

Gespräch

Wer ist gut?	Mein Vater ist gut
Wer (o was) ist neu?	Dein Hut ist neu
Wie ist Ihre *(pl.)* Mutter?	Unsere Mutter ist krank
Was ist die Rose?	Die Rose ist eine Blume
Wie ist diese Blume?	Diese Blume ist nicht schön
Wer ist alt?	Mein Freund ist alt
Wie ist Ihr *(sing.)* Buch?	Mein Buch ist schön

DRITTE LEKTION LECCIÓN TERCERA

Declinación de los artículos

Los artículos, y las palabras que los substituyen, no sólo indican el género de los substantivos, sino también su número y el caso en que se encuentran. Se declinan del modo siguiente:

Declinación del artículo determinado

1\.

	Singular				*Plural*	
	(masc.)	*(fem.)*	*(neutro)*		*(para los tres géneros)*	
N.	*der*	*die*	*das*	el, la, lo	*die*	los, las
G.	*des*	*der*	*des*	del, de la, de lo	*der*	de los, de las
D.	*dem*	*der*	*dem*	al, a la, a lo	*den*	a los, a las
A.	*den*	*die*	*das*	el (al), la, lo	*die*	los, las.

2\. De la misma manera se declinan los adjetivos determinativos *dieser*, *jener*, *welcher*, *jeder;* v. gr.:

	Singular				*Plural*	
	(masc.)	*(fem.)*	*(neutro)*		*(para los tres géneros)*	
N.	dies*er*	dies*e*	dies*es*	este, esta	dies*e*	estos, estas
G.	dies*es*	dies*er*	dies*es*	de este, de esta	dies*er*	de estos, -as
D.	dies*em*	dies*er*	dies*em*	a este, a esta	dies*en*	a estos, -as
A.	dies*en*	dies*e*	dies*es*	(a) este, (a) esta	dies*e*	(a) estos, (a) -as.

Declinación del artículo indeterminado

3\.

	(masc.)	*(fem.)*	*(neutro)*	
N.	ein	ein*e*	ein	un, una
G.	ein*es*	ein*er*	ein*es*	de un, de una
D.	ein*em*	ein*er*	ein*em*	a un, a una
A.	ein*en*	ein*e*	ein	un, una

4\. El artículo indeterminado carece de plural, pero se le puede substituir con el adjetivo «einige», cuya declinación es como sigue:

N.	einig*e*	algunos, algunas; unos, unas
G.	einig*er*	de algunos, algunas, etc.
D.	einig*en*	a algunos, algunas, etc.
A.	einig*e*	algunos, algunas, etc.

5. De la misma manera se declinan los adjetivos posesivos *mein*, *dein*, *sein ihr*, *unser*, *euer*, *Ihr*, *ihr* y el negativo *kein* (v. p. 3); v. gr.:

	Singular				*Plural*	
	(masc.)	*(fem.)*	*(neutro)*		*(para los tres géneros)*	
N.	mein	mein*e*	mein	mi	mein*e*	mis
G.	mein*es*	mein*er*	mein*es*	de mi	mein*er*	de mis
D.	mein*em*	mein*er*	mein*em*	a mi	mein*en*	a mis
A.	mein*en*	mein*e*	mein	(a) mi	mein*e*	(a) mis

Observaciones. En la declinación de estas palabras se observará que:

1.ª El *acusativo* del singular de los géneros femenino y neutro es igual al nominativo.

2.ª El *genitivo* del singular del femenino es igual al dativo.

3.ª En el plural de los tres géneros, el nominativo es siempre igual al acusativo.

Presente de HABEN tener, haber			
Ich habe	yo tengo, he	habe ich?	¿tengo yo?
du hast	tú tienes, has	hast du?	¿tienes tú?
er hat	él tiene, etc.	hat er?	¿tiene él?
sie hat	ella tiene	hat sie?	¿tiene ella?
es hat	él (*o* ella) tiene	hat es?	¿tiene él (ella)?
wir haben	nosotros tenemos	haben wir?	¿tenemos *(m. y f.)?*
ihr habt	vosotros tenéis	habt ihr?	¿tenéis *(m. y f.)?*
Sie haben	usted(es) tiene(n)	håben Sie?	¿tiene(n) usted(es)?
sie haben[1]	ellos (ellas) tienen	haben sie?	¿tienen ellos (ellas)?

Observaciones. 1.ª En la forma interrogativa, el sujeto se coloca inmediatamente después del verbo. En alemán nunca se suprime el pronombre personal sujeto, como suele suceder en español; v. gr.:

Hat *es* [das Kind] ein Messer?	¿Tiene [el niño] un cuchillo?
Hast *du* das Buch?	¿Tienes (tú) el libro?

2.ª La negación española «no» se expresa en alemán: *a)* por *kein, keine*; *b)* por *nicht* y *c)* por *nein.*

a) Se emplea kein, -e, cuando la negación se refiere a un substantivo; en este caso «no» equivale a «ningún, -a» o a «nada de»; v. gr.:

Ich habe *kein* Brot	No tengo (ningún) pan
Du hast keinen Freund	No tienes (ningún) amigo
Das Kind hat keine Zeit	El niño no tiene tiempo

[1] Estúdiese añadiendo siempre un complemento directo; v. gr.: ich habe (du hast, etc.) einen Hut; habe ich (hast du, etc.) einen Stock?

b) Se emplea *nicht* cuando la negación se refiere: 1.º) a un adjetivo o adverbio, y 2.º) a un verbo. En el primer caso, el *nicht* precede al adjetivo o adverbio a que se refiere, v. gr.:

Dieses Kind ist nicht klein	Este niño *no* es pequeño
Diese Feder ist nicht gut	Esta pluma *no* es buena
Ich habe nicht genug (Geld)	No tengo bastante (dinero)

En el segundo caso, el *nicht* se coloca al final de la oración, cuando el verbo está en un tiempo simple, o delante del participio en los tiempos compuestos; v. gr.:

Ich habe das Buch nicht	No tengo el libro
Ich habe das Buch nicht gelesen	No he leído el libro
Hat dein Bruder sein Buch noch nicht gelesen?	¿No ha leído tu hermano todavía su libro?

Asimismo, el *nicht* se coloca delante del infinitivo; v. gr..

Ich kann es nicht glauben	No puedo creerlo
Ich kann nicht kommen	No puedo venir

c) Cuando la negación se refiere a toda una oración antecedente se emplea en las respuestas *nein*; v. gr.:

Hat das Kind mein Buch?	¿Tiene el niño mi libro?
Nein, das Kind hat dein Buch nicht	No, el niño no tiene tu libro

La construcción alemana exige que el participio pasivo se coloque al final de la oración; v. gr.:

Ich habe das Schloß *gesehen.*	He visto el palacio.
Wo haben Sie Ihre Löffel und Ihre Messer gekauft? (liter.)	¿Dónde ha usted sus cucharas y sus cuchillos comprado?

Wörter

das Pferd *pfe:rṭ*	el caballo	das Tier *ti:r*	el animal
die Birne *'birnə*	la pera	die Frucht *'fruxt*	el fruto
der Apfel *'apfəl*	la manzana	die Gabel *'ga:bəl*	el tenedor
das Messer *'mɛsər*	el cuchillo, la navaja	der Löffel *'lœfəl*	la cuchara
ich liebe *iç'li:bə*	yo amo, quiero	geben Sie mir *'ge:bən zi:mi:r*	deme usted
lieben Sie?	¿ama (quiere) usted?	ja	sí
		oder	o

Übung

1. Ich habe *einen* Freund[1]. Mein Bruder hat auch einen Freund. Ich liebe meinen Freund. Haben Sie einen Garten? Nein, wir haben keinen Garten. Lieben Sie diesen Mann? Nein, ich liebe diesen Mann nicht. Diese Birne ist nicht gut. Mein Sohn hat keinen Apfel. Die Katze ist ein Tier. Ich liebe dieses Kind. Die Tochter hat eine Blume. Unser Freund hat dein Buch nicht. Meine Schwester hat keine Gabel. Wo ist mein Löffel? Hier ist Ihr Löffel. Geben Sie mir jenes Messer! Wo ist mein Hut? Hier ist dein Hut. Hat dein Freund auch einen Bruder? Nein, er hat keinen Bruder. Habt ihr ein Haus? Ja, wir haben ein Haus und einen Garten.

2. *Substitúyase la rayita por un adjetivo posesivo o determinativo:* Dieser Mann hat — Pferd. Wer hat — Buch? Deine Schwester hat — Buch. Hat — Kind eine Birne? Nein, — Kind hat keine Birne. Wo ist — Hund? Hier ist — Hund. Hat — Vater einen Bruder? Nein, — Vater hat keinen Bruder und keine Schwester. Hast du — Gabel? Ja, ich habe — Gabel und — Messer. Lieben Sie — Bruder? Ja, ich liebe — Bruder. Habt ihr — Buch? Ja, wir haben — Buch.

Tema

Tengo una rosa. Tienes un libro. ¿Tienes mi libro? Sí, tengo tu libro. Mi hermano no tiene un cuchillo. Tu hermana no tiene una manzana. El niño no tiene una pera. Tenemos un amigo. Nuestro amigo no es joven. Déme usted una cuchara. Mi padre [no][2] tiene ningún caballo. El perro es un animal. Su hijo (de ella) tiene un sombrero. ¿Quién tiene una flor? Mi hermana tiene una flor. ¿Tiene usted un tenedor? No, no tengo un tenedor. Nuestra casa no es vieja. La pera es un fruto.

---

[1] Todos los substantivos usados en las tres primeras lecciones tienen el acusativo igual al nominativo. Basta, pues, con observar la declinación del artículo y demás determinativos.

[2] Lo que está entre [ ] no se traduce.

VIERTE LEKTION LECCIÓN CUARTA

Declinación de los substantivos

Adoptaremos cinco declinaciones, *tres* para el género masculino, *una* para el femenino y *otra* para el neutro.

Antes de tratar de cada una de ellas, haremos algunas observaciones generales:

1.ª El nominativo y el acusativo del singular de los substantivos monosílabos (a excepción de los mencionados en la p. 14, *observación:* der Bär, etc.) y de todos los neutros son iguales.

2.ª El genitivo de todos los substantivos masculinos (excepto los de la 2.ª declinación, p. 14 y 15) y el de todos los neutros termina en *s* o en *es*.

3.ª Todos los substantivos que tienen en el genitivo del singular la desinencia *es* toman en el dativo del singular *e;* los que en dicho caso toman sólo *s* carecen de desinencia en el dativo.

4.ª Todos los substantivos femeninos son invariables en el singular.

5.ª En el *plural* son siempre iguales el nominativo, genitivo y acusativo, cualquiera que sea el género del substantivo. En el dativo se añade al nominativo una *n* si no termina ya en dicha letra; v. gr.: die Knoche*n* (nom. plur.), den Knoche*n* (dat. plur.); die Teller (nom. plur.), den Teller*n* (dat. plur.).

6.ª Todos los substantivos terminados en *e* forman todos los casos del plural en *en* sin modificar la vocal radical. Exceptúanse únicamente los neutros con el prefijo *Ge* y el masculino «der Käse» (el queso), cuyo plural es «die Käse».

7.ª En los substantivos compuestos sólo se declina el componente final.

Cuadro de las desinencias de las cinco declinaciones

		Masculinos			*Femeninos*		*Neutros*	
		I	II	III	IV		V	
		(el, en, er)	*(e)*	(monosíl.)	(monos.)	(polisíl.)	(monos.)	(polisíl.[1])
Sing.	*N.*	— -[2]	— *e*	—	—	—	—	—
	G.	— -*s*	— *en*	— *(e)s*	—	—	— *(e)s*	— *(e)s*
	D.	— -	— *en*	— *(e)*	—	—	— *e*	— *(e)*
	A.	— -	— *en*	—	—	—	—	—
Plur.	*N.*	» -[3]	— *en*	» *e*	» *e*	— *(e)n*	» *er*	*e*
	G.	» -	— *en*	» *e*	» *e*	— *(e)n*	» *er*	— *e*
	D.	» -*n*	— *en*	» *en*	» *en*	— *(e)n*	» *ern*	— *en*
	A.	» -	— *en*	» *e*	» *e*	— *(e)n*	» *er*	— *e*

Primera declinación

1. Esta declinación comprende todos los substantivos *masculinos* y *neutros* que acaban en *el*, *en*, *er*, y todos los *diminutivos;* éstos terminan siempre en *chen* o en *lein* y son neutros.

2. Lo que caracteriza esta declinación es la *s* del genitivo del singular y la *n* del dativo pl.; los demás casos de ambos números son iguales al nom. sing.; pero muchos de los substantivos masculinos modifican en el plural las vocales radicales *a*, *o*, *u* en *ä*, *ö*, *ü* respectivamente.

a) *Masculinos*

Singular		*Plural*	
N. der Stiefel	la bota	*die* Stiefel	las botas
G. des Stiefel*s*	de la bota	der Stiefel	de las botas
D. dem Stiefel	a la bota	den Stiefel*n*	a las botas
A. den Stiefel	la bota	*die* Stiefel	las botas

Según este modelo se declinan, entre otros:

der Flügel	el ala	*der B*o*gen	el arco; pliego
der Löffel	la cuchara	*der Br*a*ten	el asado
der Spiegel	el espejo	der Teller	el plato
der Schlüssel	la llave	der Diener	el criado
der Esel	el asno	der Schneider	el sastre
der Felsen (Fels)	la roca	der Lehrer	el maestro
*der K*u*chen[4]	el bollo	der Gärtner	el jardinero
*der W*a*gen	el coche, carro	der Onkel	el tío

[1] Los terminados en *el*, *en*, *er*, *chen* y *lein*, véase declinación I.
[2] La *raya* indica la raíz, y el *guión* la terminación.
[3] » indica que la vocal radical está sujeta a modificación.
[4] Los señalados con * no modifican la vocal radical; los con (*) pueden también modificarla; v. gr.: die Boden y die Böden. Véase también declinación V.

Con modificación de la vocal radical:

	Singular		*Plural*	
N.	*der* Garten	el jardín	*die Gärten*	los jardines
G.	des Gartens	del jardín	der Gärten	de los jardines
D.	dem Garten	al jardín	den Gärten	a los jardines
A.	*den* Garten	el jardín	die Gärten	los jardines
N.	*der* Bruder	el hermano	*die Brüder*	los hermanos
G.	des Bruders	del hermano	der Brüder	de los hermanos
D.	dem Bruder	al hermano	den Brüder*n*	a los hermanos
A.	*den* Bruder	al hermano	die Brüder	a los hermanos

Así se declinan:

der Mantel	la capa	der Laden	la tienda
der Vogel	el pájaro	der Vater	el padre
der Apfel	la manzana	der Ofen	la estufa
der Faden	el hilo	(*)der Boden	el fondo, suelo

Nota. Algunos substantivos masc. que en el nominativo del singular tienen dos formas (una en *e* y otra en *en)*, toman las desinencias de los masculinos terminados en *en*, sin modificar la vocal radical; v. gr.:

der Friede (Frieden) la paz	der Name (Namen) el nombre
der Funke (Funken) la chispa	der Wille (Willen) la voluntad

Gen. des Fried*ens*, des Funk*ens*, etc.; *pl.* die Funk*en*, die Nam*en*

b) *Neutro*

	Singular		*Plural*	
N.	*das* Fenster	la ventana	*die Fenster*	las ventanas
G.	des Fensters	de la ventana	der Fenster	de las ventanas
D.	dem Fenster	a la ventana	den Fenster*n*	a las ventanas
A.	*das* Fenster	la ventana	die Fenster	las ventanas

De la misma manera se declinan:

das Zimmer	el cuarto	das Zeichen	la señal
das Messer	el cuchillo	das Wetter	el tiempo
*das Wasser	el agua	das Feuer	el fuego
das Eisen	el hierro	das Silber	la plata

c) *Neutro diminutivo*

N.	*das* Bäumchen	el arbolito	*die Bäumchen*	los arbolitos
G.	des Bäumchens	del arbolito	der Bäumchen	de los arbolitos
D.	dem Bäumchen	al arbolito	den Bäumchen	a los arbolitos
A.	*das* Bäumchen	el arbolito	die Bäumchen	los arbolitos

De la misma manera se declinan:

das Hündchen	el perrito	das Büchlein	el librito
das Mädchen	la muchacha	das Vög(e)lein	el pajarito
das Häuschen	la casita	das Tischlein	la mesita

Wörter

der Schüler *'ʃy:lər*	el discípulo	zwei	dos
		drei	tres
der Finger *'fiŋər*	el dedo	vier	cuatro
		fünf	cinco
der Spanier *'ʃpa:niər*	el español	verloren	perdido
		gefunden	encontrado
der Beutel *'bɔitəl*	la bolsa	gekauft	comprado
		verkauft	vendido
die Hand	la mano	kennen Sie?	¿conoce usted?
sie sind	ellos (ellas) son o están	fleißig	diligente, aplicado
		gesehen	visto
sehr	muy	reich	rico
schlecht	malo	arm	pobre

Übung

1. Der Bruder deines Lehrers ist krank. Die Brüder meines Vaters sind meine Onkel. Das Haus deines Lehrers ist klein. Die Stiefel unseres Gärtners sind nicht neu. Ich liebe diesen Schüler; er ist sehr fleißig. Ich habe den Schlüssel meines Zimmers nicht verloren. Haben Sie den Schlüssel meines Zimmers nicht gesehen? Nein, ich habe den Schlüssel Ihres Zimmers nicht gesehen. Die Fenster deines Zimmers sind sehr groß. Hat der Sohn den Wagen seines Vaters verkauft? Nein, er hat den Wagen nicht verkauft. Wo ist das Buch Ihres Schülers? Hier ist das Buch meines Schülers. Das Mädchen hat keinen Spiegel gekauft. Jede Hand hat fünf Finger. Hat der Bruder dieses Mädchens einen Mantel? Nein, er hat keinen Mantel.

2. *Conjúguese, variando al mismo tiempo los adjetivos posesivos:* ich habe mein Messer verloren — ich habe meinen Schlüssel nicht gefunden — habe ich meinen Garten gekauft? — habe ich meinen Wagen nicht verkauft? V. gr.: ich habe mein Messer verloren, du hast dein Messer verloren, er hat sein Messer verloren, etc.

3. *Fórmense oraciones en sing. y plur. con las palabras:* Mantel — Diener — neu. Spiegel — Mädchen — klein. Stiefel — mein Bruder — alt. Fenster — dein Zimmer —

nicht klein. Bruder — ihr Lehrer — reich. Büchlein — Schüler — gut. Hier ist — Messer — Gärtner. Garten — mein Häuschen — groß und schön.

Tema

Amo a mi padre y a mi hermano. ¿Tiene usted un jardín? No, no tengo un jardín. Tengo dos cucharas y tres cuchillos. ¿Dónde ha comprado usted sus cucharas y sus cuchillos? ¿Dónde está la llave de mi cuarto? Mi padre tiene su llave. Su hermana de usted tiene tres manzanas. Las ventanas de mi cuarto no son grandes. He aquí la capa del español. ¿Dónde has encontrado tu cuchillo? El sastre ha $_3$vendido $_2$una capa $_1$a mi maestro[1]. ¿Dónde ha comprado usted su coche? Hace buen (mal) tiempo *(trad.:* el tiempo es bueno, malo).

Gespräch

Wer ist dieser Mann?	Dieser Mann ist ein Spanier
Wer ist dieses Mädchen?	Es ist die Tochter meines Schneiders
Haben Sie den Garten meines Onkels gesehen?	Ja, ich habe den Garten Ihres Onkels gesehen
Wer ist dieser Schüler?	Es ist der Sohn meines Lehrers
Kennen Sie den Bruder meines Freundes?	Ja, der Bruder Ihres Freundes ist unser Gärtner
Ist dieser Mann ein Schneider?	Nein, er ist ein Gärtner
Wo ist der Schlüssel dieses Zimmers?	Hier sind Schlüssel; hier ist auch der Schlüssel dieses Zimmers
Was hat der Schüler gekauft?	Er hat ein Messer und zwei Büchlein gekauft
Wo sind die Stiefel deines Vaters?	Hier sind die Stiefel meines Vaters

FÜNFTE LEKTION LECCIÓN QUINTA

Declinación de los substantivos (continuación)

Segunda declinación

Esta declinación, denominada *débil*, comprende:

1.º Los substantivos masculinos acabados en *e*, a excepción de los mencionados en la p. 11, nota.

[1] Las cifras colocadas a la izquierda de las palabras indican el orden de construcción.

2.º La mayor parte de los substantivos masculinos extranjeros que tienen el acento sobre la última sílaba.

Aquéllos toman en todos los casos del singular y del plural *n*, éstos agregan *en;* no modifican la vocal radical.

	Singular		*Plural*	
N.	der Knabe	el muchacho	die Knabe*n*	los muchachos
G.	des Knabe*n*	del muchacho	der Knabe*n*	de los muchachos
D.	dem Knabe*n*	al muchacho	den Knabe*n*	a los muchachos
A.	den Knabe*n*	al muchacho	die Knabe*n*	a los muchachos

De la misma manera se declinan:

der Neffe	el sobrino	der Bediente	el criado
der Pate	el padrino	der Russe	el ruso
der Affe	el mono	der Preuße	el prusiano
der Löwe	el león	der Franzose	el francés
der Hase	la liebre	der Deutsche	el alemán
der Rabe	el cuervo	der Türke	el turco

Pl. die Neff*en*, die Pat*en*, die Löw*en*, die Has*en*, die Rab*en*, die Russ*en*, die Franzos*en*, die Deutsch*en*, etc.

Observación. Un corto número de substantivos masculinos monosílabos que sin duda en el transcurso del tiempo perdieron su *e* final y que todos designan hombres o animales se declinan añadiendo al nom. sing. *en* en todos los demás casos y no modifican la vocal radical; v. gr.:

der Bär	el oso	der Herr[1]	el señor, el amo
der Fürst	el príncipe	der Mensch	el hombre
der Graf	el conde	der Prinz	el príncipe
der Christ	el cristiano	der Held	el héroe
der Hirt	el pastor, zagal	der Ochs (Ochse)	el buey.

N. der Graf, *G.* des Graf*en*, *D.* dem Graf*en*, A. den Graf*en; pl.* die Graf*en*, etc.; *N.* der Ochs, *G.* des Ochs*en*, etc.

Los substantivos *masculinos extranjeros* que llevan el acento en la última sílaba añaden igualmente la terminación *en;* exceptúanse de esta regla, entre otros, los terminados en *l*, *n*, *r* o *st*, que en su mayoría pertenecen a la tercera declinación (v. p. 17, observación).

N.	der Student	el estudiante	die Student*en*	los estudiantes
G.	des Student*en*	del estudiante	der Student*en*	de los estudiantes
D.	dem Student*en*	al estudiante	den Student*en*	a los estudiantes
A.	den Student*en*	al estudiante	die Student*en*	a los estudiantes

[1] En el *singular* añade sólo *n:* des (dem, den) Herr*n: pl.* die Herr*en.*

Tales son:

der Elefant	el elefante	der Präsident	el presidente
der Diamant	el diamante	der Planet	el planeta
der Advokat	el abogado	der Kamerad	el compañero
der Soldat	el soldado	der Kandidat	el candidato

Pl. die Elefant*en*, Soldat*en*, Präsident*en*, Kandidat*en*, etc.

Presente de SEIN ser, estar			
ich bin	soy, estoy	wir sind	somos, estamos
du bist	eres, estás	ihr seid	sois, estáis
er (sie, es) ist	es, está	Sie sind	usted es, ustedes están
		sie sind	son, están

Wörter

die Erde	la tierra	ich kenne nicht	yo no conozco
der Zucker	el azúcar	wieviel?	¿cuánto?
der Kopf	la cabeza	*pl.* wie viele?	
viel, *pl.* viele	mucho, muchos	aber	pero
süß	dulce	für	para
tapfer	valiente	gegeben	dado

Übung

1. Der Neffe des Herrn ist krank. Der Hut dieses Studenten ist nicht neu. Ich habe zwei Neffen. Die Elefanten sind sehr groß und stark. Der Kopf des Ochsen ist groß; der Kopf des Löwen ist auch groß. Der Lehrer meines Neffen hat sein Messer verloren. Das Haus unseres Advokaten ist sehr schön. Ich habe die Franzosen und die Russen nicht gesehen. Hast du $_2$einen $_3$Affen $_1$gesehen? Nein, ich habe keinen Affen gesehen. Wir haben das Buch unserem Kameraden gegeben. Wo sind die Mäntel der Studenten? Sind sie nicht in ihrem Zimmer? Ich kenne jenen Herrn (jene Herren) nicht.

2. *Fórmense oraciones en sing. y plur.:* Bediente — Advokat — viel — Neffe. Knabe — Grafen — jung. Vater — jener Knabe — unser Freund. Ich kenne — Bediente — Fürst nicht. Mantel — jener — Student — neu. Pate — Knabe — reich. Ich habe — mein Kamerad — gesehen. Ich kenne — Knabe — unser Präsident. Erde — Planet.

Tema

El azúcar es dulce. El cuchillo del muchacho es nuevo. He $_3$dado $_2$mis llaves $_1$al muchacho. Quiero a este muchacho *(ac.)*; es muy aplicado. Tengo un compañero. Los compañeros de su sobrino (de él) son muy fuertes. Mis sobrinos han visto al presidente. Conozco al criado del príncipe. Los soldados son valientes. Hemos $_3$visto $_2$un perrito $_1$en (con *dat.)* el jardín del conde. Los sobrinos de mi abogado han comprado una casa. Conozco a los franceses y a los alemanes.

Gespräch

Wo ist der Hut des Knaben?	Hier ist sein Hut
Wer hat meine Schlüssel?	Ihr Bruder hat Ihre Schlüssel
Hat Ihr Schüler einen Bruder?	Nein, er hat keinen Bruder
Sind die Schüler in dem Garten?	Nein, sie sind nicht in dem Garten
Haben Sie meine Stiefel gesehen?	Ja, ich habe Ihre Stiefel in Ihrem Zimmer gesehen
Kennen Sie jene zwei Herren?	Ja, ich kenne sie (los); es sind die Neffen meines Lehrers
Haben Sie einen Löwen und einen Elefanten gesehen?	Nein, ich habe keinen Löwen und keinen Elefanten gesehen

SECHSTE LEKTION LECCIÓN SEXTA

Declinación de los substantivos (continuación)

Tercera declinación

1. La tercera declinación comprende *los substantivos masculinos monosílabos* (salvo los mencionados en la lección quinta, p. 14, observación: der Bär, etc.).

2. El genitivo del singular toma generalmente la terminación *es*, y el dativo del singular *e;* la desinencia del plural es *e* (el dativo tiene *en)*. La mayor parte de los substantivos de la tercera declinación modifican la vocal radical *(a* en *ä; o* en *ö; u* en *ü; au* en *äu)*.

Singular		*Plural*	
N. der Freund	el amigo	die Freund*e*	los amigos
G. des Freund(*e*)*s*	del amigo	der Freunde	de los amigos
D. dem Freunde	al amigo	den Freund*en*	a los amigos
A. den Freund	al amigo	die Freunde	a los amigos

N. der Stock	el bastón	die Stöck*e*	los bastones
G. des Stock(*e*)*s*	del bastón	der Stöck*e*	de los bastones
D. dem Stocke	al bastón	den Stöck*en*	a los bastones
A. den Stock	el bastón	die Stöck*e*	los bastones
N. der Baum	el árbol	die B*ä*um*e*	los árboles
G. des Baum(*e*)*s*	del árbol	der Bäume	de los árboles
D. dem Baume	al árbol	den Bäum*en*	a los árboles
A. den Baum	el árbol	die Bäume	los árboles

Del mismo modo se declinan:

der Sohn	el hijo	der Fluß	el río
der Tisch[1]	la mesa	der Topf	el puchero
der Stuhl	la silla	der Rock	la falda
der Hahn	el gallo	der Brief	la carta
der Ast[1]	la rama	der Fuchs	la zorra
der Traum	el sueño (soñar)	der Wolf	el lobo
der Fuß[1]	el pie	der Hut	el sombrero
der Fisch	el pez, pescado	der Schlaf	el sueño (dormir)
der Platz	la plaza, el sitio	der Zahn	el diente
der Hals	el pescuezo, cuello	der Weg	el camino

Pl. die S*ö*hn*e*, die St*ü*hl*e*, die *Ä*st*e*, die F*ü*ß*e*, etc.

3. Los siguientes no modifican la vocal radical en el plural:

der Arm	el brazo	*pl.* die Arme
der Hund	el perro	» die Hunde
der Tag	el día	» die Tage
der Schuh	el zapato	» die Schuhe
der Punkt	el punto	» die Punkte, etc.

Observación. Un reducido número de substantivos derivados que terminan en *al*, *an*, *ar*, *ast*, *at*, *ich*, *ier*, *ig*, *ing* y *ling* toman también las desinencias de la tercera declinación. Debe observarse, sin embargo, que en el genitivo del singular prefieren la terminación *s*, excepción hecha de los que terminan en *st*, como «Palast» (palacio), cuyo genitivo, por razón de eufonía, es «Palastes». Los señalados con * no admiten modificación de la vocal radical.

Singular		*Plural*	
N. der König	el rey	die *Könige*	los reyes
G. des Königs	del rey	der Könige	de los reyes
D. dem König	al rey	den König*en*	a los reyes
A. den König	al rey	die Könige	a los reyes

[1] Los acabados en *s*, *ß*, *sch*, *z*, *tz* y casi todos los en *st* toman en el genitivo sing. *es*. Ante las desinencias se escribe *ss* en vez de *ß* cuando a estas letras les precede vocal breve; v. gr.: der Fluß, des Flu*ss*es, die Flü*ss*e; pero se conserva *ß* después de vocal larga: v. gr.: der Fu*ß*, des Fu*ß*es, die Fü*ß*e.

De la misma manera se declinan:

der Notar	el notario	der Vulkan	el volcán
der Teppich	la alfombra	(*)der General	el general
der Käfig	la jaula	(*)der Admiral	el almirante
der Pfirsich	el melocotón	der Palast	el palacio
*der Monat	el mes	der Jüngling	el joven, adolescente
der Hering	el arenque		
der Offizier	el oficial	*der Vokal	la vocal, etc.

Pl. die Teppich*e*, die Monat*e*, die General*e* (Generäl*e*), Paläst*e*, etc.

Wörter

der Wald (*pl.* Wälder)	el bosque	grün	verde
		wissen Sie?	¿sabe usted?
der Nachbar (*pl.* —n)	el vecino	ich weiß nicht	no sé
		sechs	seis
die Woche	la semana	sieben	siete
der Frühling	la primavera	kalt	frío
der Sommer	el verano	breit	ancho
der Herbst	el otoño	warm	caliente
der Winter	el invierno	schmal (o eng)	estrecho
der Schrank	el armario	lang	largo
hoch	alto	kurz	corto

Übung

1. Wissen Sie den Namen meines Freundes? Nein, ich weiß den Namen Ihres Freundes nicht. Sie haben viele Freunde. Die Söhne dieses Mannes sind fleißig. Die Bäume des Waldes sind grün und haben viele Äste. Ich habe den Stock deines Bruders gefunden. Die Hüte der Mädchen sind groß. Wo sind die Fische? Die Fische sind in den Flüssen. Die Schuhe des Knaben sind klein. Die Füße der Elefanten sind sehr groß. Wir haben zwei Füchse und drei Wölfe gesehen. Die Köpfe dieser Fische sind sehr klein. In den Palästen der Könige sind viele Zimmer. Die Woche hat sieben Tage. Ich kenne die Söhne des Generals. Die Tage sind im (= in dem) Sommer lang und warm; im (= in dem) Winter sind die Tage kurz und kalt. Dieser Fluß ist breit.

2. *Fórmense oraciones en sing. y plur.:* Haben Sie — Hut — Knabe — gesehen? Hut — mein Bruder — ist in — Schrank. Ich habe — Tisch — Stuhl. Brief — mein Bruder — ist lang. Ich habe — Arm und — Fuß. Mein Schuh — ist — eng. Ich habe — Knabe — sechs — Pfirsich — gegeben. Dein Freund — hat — mein Hut. Weg — dieser Wald — ist lang und schmal.

Tema

La carta de mi hijo es larga. Deme usted las cartas de mis hijos. Los árboles de los bosques tienen muchas ramas. Las ramas de estos árboles son muy largas y muy fuertes. Los peces del río son pequeños. ¿Dónde está el perro de mi amigo? Los amigos de tu padre están en mi cuarto. Hemos comprado dos mesas y cinco sillas. Los pájaros tienen alas, pero no tienen dientes. ¿Ha visto usted mi sombrero? No, no lo he visto. ¿Quiere usted a sus amigos? ¿Conoce usted al amigo de ese señor? Los peces $_2$no (keine) $_1$tienen $_3$pies. Este camino es ancho; ése es estrecho.

Gespräch

Haben Sie einen Freund?	Ja, ich habe einige Freunde
Wer hat meinen Stock gesehen?	Ich habe Ihren Stock gesehen
Wo sind die Bäume?	Die Bäume sind in dem Walde
Sind jene Bäume hoch?	Jene Bäume sind sehr hoch
Wissen Sie, wo die Schuhe meines Sohnes sind?	Ich weiß nicht, wo die Schuhe Ihres Sohnes sind; ich habe keine Schuhe gesehen
Wie viele Tage hat eine Woche?	Eine Woche hat sieben Tage
Wie viele Arme hat der Mensch?	Der Mensch hat zwei Arme
Haben Sie Fische gekauft?	Nein, ich habe keine Fische gekauft
Wie sind die Bäume jener Wälder?	Die Bäume jener Wälder sind grün

SIEBENTE LEKTION LECCIÓN SÉPTIMA

Declinación de los substantivos (continuación)

Cuarta declinación

Comprende todos los substantivos *femeninos*. En el *singular* quedan invariables; el *plural* varía según el número de sílabas de que consta el substantivo.

I. Substantivos femeninos monosílabos

Éstos toman *e* en el plural, lo mismo que los masculinos monosílabos, y modifican la vocal radical.

	Singular		*Plural*	
N.	die Hand	la mano	die H*ä*nde	las manos
G.	der Hand	de la mano	der Hände	de las manos
D.	der Hand	a la mano	den Händ*en*	a las manos
A.	die Hand	la mano	die Hände	las manos

Así se declinan:

die Bank[1]	el banco	die Magd	la criada
die Frucht	el fruto	die Maus	el ratón
die Gans	el ganso	die Nacht	la noche
die Kuh	la vaca	die Nuß	la nuez
die Kunst	el arte	die Stadt	la ciudad
die Luft	el aire	die Wand	la pared
die Brust	el pecho	die Haut	la piel, etc.

Pl. die B*ä*nk*e*, die Fr*ü*cht*e*, die G*ä*ns*e*, die M*ä*us*e*, die N*ü*ss*e*, etc.

II. Substantivos femeninos polisílabos

Los más de los substantivos femeninos constan de dos o más sílabas y toman en el *plural n* o *en*[2], *sin modificar la vocal radical.*

	Singular		*Plural*	
N.	die Blume	la flor	die Blumen	las flores
G.	der Blume	de la flor	der Blumen	de las flores
D.	der Blume	a la flor	den Blume*n*	a las flores
A.	die Blume	la flor	die Blumen	las flores
N.	die Arbeit	el trabajo	die Arbeit*en*	los trabajos
G.	der Arbeit	del trabajo	der Arbeiten	de los trabajos
D.	der Arbeit	al trabajo	den Arbeit*en*	a los trabajos
A.	die Arbeit	el trabajo	die Arbeiten	los trabajos

De la misma manera se declinan:

die Aufgabe	el tema	die Tante	la tía
die Birne	la pera	die Wunde	la herida
die Farbe	el color	die Schwester	la hermana
die Kirsche	la cereza	die Mauer	el muro
die Sache	la cosa	die Nadel	la aguja
die Pflanze	la planta	die Wurzel	la raíz
die Rose	la rosa	die Küche	la cocina
die Schule	la escuela	die Feder	la pluma
die Stunde	la hora; la lección	die Krankheit	la enfermedad
die Straße	la calle	die Wissenschaft	la ciencia

1 «Bank» (casa de banca) forma el plural: Bank*en*.
2 Toman sólo *n* los que acaban en *e*, *el*, *er*, a excepción de «Mutter» y «Tochter», cuyo plural es «M*ü*tter» y «T*ö*chter» (v. p. 29).

die Hoffnung	la esperanza	die Lehrerin[3]	la profesora
die Königin[3]	la reina	die Kirche	la iglesia
die Freundin[3]	la amiga	die Gefahr	el peligro, etc.

Nota. Todos los substantivos derivados que terminan en *ei*, *heit*, *keit*, *schaft*, *ung*, *in*, *ie*, *ik*, *ion*, *tät* son femeninos.

Observación. Hay un corto número de substantivos femeninos *monosílabos* que toman *en* en el plural. Tales son:

die Frau	la mujer	*pl.* die Frauen
die Pflicht	el deber	» die Pflichten
die Post	el correo	» die Posten
die Schlacht	la batalla	» die Schlachten
die Schuld	la deuda; culpa	» die Schulden
die Tat	la acción	» die Taten
die Uhr	el reloj	» die Uhren
die Welt	el mundo	» die Welten
die Zahl	el número	» die Zahlen
die Zeit	el tiempo	» die Zeiten, etc.

Wörter

die Schülerin	la discípula	grün	verde
*der Maler	el pintor	er (sie, es) war	él (ella) era; fue, estaba, estuvo
die Milch	la leche		
die Nelke	el clavel	sie waren	eran, fueron; estaban, estuvieron
der Kirschbaum	el cerezo		
aus (o von) Gold	de oro	wie heißt?	¿cómo se llama?
aus (o von) Stahl	de acero	gefährlich	peligroso
ich gebe	doy	gesund	sano, saludable
gefällt Ihnen?	¿le gusta a usted?	schlecht	malo
gefallen Ihnen?	¿le gustan a usted?	teuer	caro
		heute	hoy

Übung

1. Die Hände dieser Mädchen sind klein. Die Früchte dieser Bäume sind süß. Die Arbeiten Ihres Schülers waren sehr schlecht. Meine Mutter und meine Frau sind gesund. Diese Städte sind groß. Meine Mutter hat viele Nüsse gekauft. Die Farbe unserer Rose*n* ist rot; euere Rose*n* sind weiß. Die Farbe*n* des Malers sind teuer. Ich habe die Aufgabe*n* der Schülerin*nen* gesehen. Die Wurzel*n* dieser Pflanze*n* sind lang. Ich gebe diese Blumen deiner Freundin. Die Tage sind im (= in dem) Winter kurz; die Nächte sind

[3] Los femeninos en *in* duplican en el plural la *n* final antes de agregar la desinencia *en*: Königi*nnen*, Prinzessi*nnen*, Freundi*nnen*.

lang und kalt. Das Kind hat viele Kirschen, Birnen und Äpfel. Die Mauer*n* der Stadt sind hoch. Die Wunde*n* des Soldaten waren gefährlich. Die Stunde*n* (*o* die Lektion*en*) dieser Lehrerin sind sehr teuer.

2. *Fórmense oraciones en sing. y plur.:* Feder — meine Schwester — ist — Stahl. Wir haben — Kirche — diese Stadt — gesehen. Zimmer — hat — Wand. Mauer — Zimmer — ist hoch. In — Schule — viel — Bank. Ich habe — viel — Nuß — gekauft. Farbe — Nelke ist sehr schön. Zahl — Schüler — unsere Schule ist groß. Diese — Schülerin — klein. Rose — ist — Blume, Nelke ist — auch — Blume. Strasse — unsere Stadt — lang. Ich habe — mein Buch — Kind — mein Nachbar — gegeben. Ich war — Stunde — in — Schule.

Tema

Las manos de estas niñas son pequeñas. Las cerezas son el fruto del cerezo. Los ratones son pequeños. Estas ciudades son grandes y hermosas. ¿Le gustan a usted las nueces? Estas manzanas y estas peras son muy malas. Mi profesora ha visto mis temas. He aquí la carta de su discípula de usted. Nuestra criada era muy aplicada. Mis hermanas estuvieron enfermas. Las plumas de usted son muy buenas. Los muros de esta ciudad son altos. Las cerezas son coloradas. Las plantas tienen raíces. Mis hermanas han comprado muchas cerezas. Mi hija tiene hoy cinco lecciones.

Gespräch

Contéstese por escrito a las preguntas siguientes:

Hast du meine Feder?
Wie ist deine Feder?
Hast du Freunde?
Habt ihr eine Uhr?
Wie viele Tage hat eine Woche?
Wie sind die Farben des Malers?
Wie sind die Fenster deines Zimmers?
Wie sind die Straßen dieser Stadt?
Wie sind die Kirschen?
Gefallen Ihnen diese Rosen?

ACHTE LEKTION LECCIÓN OCTAVA

Declinación de los substantivos (continuación)

Quinta declinación

Comprende todos los substantivos del género *neutro*, menos los acabados en *el*, *en*, *er*, *chen* y *lein*, que pertenecen a la primera declinación (v. p. 10).

I. Neutros monosílabos

En el *singular* se declinan por la 3.ª declinación, es decir, toman en el genitivo *es* o *s*, y en el dativo *e* o ninguna terminación; en el plural añaden *er* (en el dativo ern), modificando la vocal radical.

Singular		*Plural*	
N. das Kind	el niño	*die Kinder*	los niños
G. des Kind(*e*)*s*	del niño	der Kinder	de los niños
D. dem Kind(e)	al niño	den Kinder*n*	a los niños
A. das Kind	al niño	die Kinder	a los niños
N. das Buch	el libro	*die Bücher*	los libros
G. des Buch(e)*s*	del libro	der Bücher	de los libros
D. dem Buch(e)	al libro	den Bücher*n*	a los libros
A. das Buch	el libro	die Bücher	los libros.

Así se declinan, entre otros:

das Blatt	la hoja	das Feld	el sembrado, la tierra de labor
das Band	la cinta	das Haus	la casa
das Bild	la estampa, el cuadro	das Kalb	la ternera
das Dorf	el pueblo	das Lied	la canción
das Kleid	el vestido	das Nest	el nido
das Land	el país; el campo	das Obst	la fruta
das Ei	el huevo	das Heu	el heno, etc.

Pl. die Bl*ä*tter, die B*ä*nder, die Eier, die Dörfer, die Kleider, die Lieder, die Häuser, die Länder, die Nester, etc.

Nota. Las excepciones se hallan en la lección 10, p. 29.

II. Neutros polisílabos

Toman en el genitivo del singular *s* o *es*, y su plural es en *e*, como en la tercera declinación (v. p. 16); no modifican la vocal radical.

N. das Geschäft	el negocio	die Geschäft*e*	los negocios
G. des Geschäft(*e*)s	del negocio	der Geschäfte	de los negocios
D. dem Geschäft(e)	al negocio	den Geschäfte*n*	a los negocios
A. das Geschäft	el negocio	die Geschäfte	los negocios

Del mismo modo se declinan:

das Geschenk	el regalo	das Metall	el metal
das Gewehr	el fusil	das Papier	el papel
das Gespräch	la conversación	das Konzert	el concierto
das Gebirge[1]	la montaña	das Billet[3]	el billete; la esquela
das Gemälde[1]	el cuadro		
das Gesetz	la ley	das Kompliment	el cumplimiento
das Gebäude[1]	el edificio		
das Gleichnis[2]	la parábola	das Lineal	la regla
das Kamel	el camello	das Geheimnis[2]	el secreto

Pretérito imperfecto de HABEN			
ich hatte	había, tenía / hube, tuve, etc.	wir hatten	habíamos, teníamos, hubimos, tuvimos, etc.
du hattest		ihr hattet	
er / sie / es hatte		Sie hatten	
		sie hatten	

Wörter

die Tür(e)	la puerta	sie wohnen	ellos viven, habitan
der Bauer (*pl.* die Bauern)	el aldeano, labrador	Sie wohnen	usted(es) vive(n)
das Huhn	la gallina	gelesen	leído
kostbar	precioso, valioso	offen	abierto
schwer	pesado, difícil	sie legen	ellos ponen
er (sie) singt	el (ella) canta	noch	además, todavía

[1] En los neutros terminados en *e*, el nominativo y el acusativo de ambos números son idénticos: das Gebäude, *pl.* die Gebäude.

[2] La *s* del sufijo *nis* se dobla cuando sigue alguna desinencia: des Gleichnisses, des Geheimnisses, die Gleichnisse, etc.

[3] «Billet» forma el plural también en *s:* die Billets.

Wortgruppe: Die Familie La familia

der Vater	el padre	die Mutter	la madre
der Sohn	el hijo	die Tochter	la hija
der Bruder	el hermano	die Schwester	la hermana
der Onkel	el tío	die Tante	la tía
der Vetter	el primo	die Base	la prima
der Neffe	el sobrino	die Nichte	la sobrina
der Schwager	el cuñado	die Schwägerin	la cuñada
der Großvater	el abuelo	die Großmutter	la abuela
der Enkel	el nieto	die Enkelin	la nieta

Übung

1. Das Kind hat ein Buch. Ich hatte zwei Bücher. Die Straßen dieses Dorfes sind eng. In dem Dorfe wohnen Bauern. Die Blätter dieser Bäume sind grün. Die Häuser der Stadt sind hoch. Ich gebe das Buch den Kindern des Lehrers. Meine Schwester singt Lieder. Wo haben Sie diese Kleider gekauft? Sie sind sehr schön. Dein Vater hatte viele Geschäfte. Ich habe drei Billette (Billets) für das Konzert gekauft. Jene Gebäude sind sehr alt. Ich kenne die Gesetze dieses Landes nicht. Das Gold und das Silber sind Metalle. Die Gemälde dieses Malers sind gut und nicht teuer. Die Kirchen sind Gebäude.

2. *Fórmense oraciones en sing. y plur.:* Haus — Nachbar — groß. Ich habe — Lied — dieser Dichter — gelesen. Buch — Kind — hat — viel — Bild. Tür — Haus — ist offen. Buch — Nichte, — ist — neu. Buch — hat — viel — Blatt. Gebirge — dieses Land — ist — hoch. Ei — Vogel — klein. Kleid — dieses Kind — neu. Obst — dieser Baum — kostbar.

Tema

Los libros de los niños están en *(dat.)* el colegio. Las puertas de esas casas están abiertas. Las aldeas son pequeñas, sus casas son también pequeñas. Las hojas de estos árboles son verdes. Conozco muchos países de Europa. Las canciones de los alemanes son muy bonitas. Los fusiles de los soldados $_2$no $_1$son $_3$pesados. ¿Conoce usted las leyes de los franceses? ¿Ha visto usted los cuadros de este pintor? No tuviste dinero. No tuvieron tiempo. ¿Tuvisteis cerezas? Déme usted dos billetes para *(ac.)* el concierto. El color de este papel $_3$no $_2$me $_1$gusta (gefällt mir nicht).

Lesestück Trozo de lectura

Die Familie La familia

Ich habe einen Vater und eine Mutter. Vater und Mutter sind meine Eltern[1]. Meine Eltern haben noch andere[2] Kinder, das sind meine Geschwister[3]; ich habe zwei Brüder und vier Schwestern. Eltern und Kinder bilden[4] eine Familie.

Die Eltern meines Vaters und die meiner Mutter sind meine Großeltern[5]. Ich habe zwei Großväter und zwei Großmütter. Mein Vater hat auch einen Bruder und zwei Schwestern, und meine Mutter hat zwei Brüder und drei Schwestern. Diese sind meine Onkel und meine Tanten. Die Söhne meiner Onkel und meiner Tanten sind meine Vettern[6]; ihre Töchter sind meine Basen (Cousinen). Meine Großeltern, Onkel, Tanten, Vettern und Basen sind meine Verwandten[7].

[1] padres. [2] otros. [3] hermanos. [4] forman. [5] abuelos. [6] primos. [7] parientes.

NEUNTE LEKTION LECCIÓN NOVENA

El substantivo tomado en sentido partitivo

1. Una porción o cantidad indeterminada de una cosa se expresa en alemán, como en castellano, con sólo el substantivo sin artículo.

Ich habe Brot	Tengo pan
Du hast kein Gold (Geld)	No tienes oro (dinero)
Der Kaufmann hat Kaffee gekauft	El comerciante ha comprado café
Unser Freund hat keine Kinder	Nuestro amigo no tiene hijos
Die Schüler haben Federn	Los alumnos tienen plumas

2. La relación de dos substantivos, de los cuales el uno indica *medida*, *peso*, *número* o *cantidad* y determina al otro, se expresa en alemán por la simple yuxtaposición en *nominativo* del substantivo determinado, aun cuando éste vaya precedido de un adjetivo calificativo. La preposición española «de» no se traduce. Los masculinos y neutros se usan sólo en singular; en cambio, los femeninos admiten la forma del plural; v. gr.:

Ein (zwei) *Glas* (frisch*es*) Wasser	Un vaso (dos vasos) de agua fresca
Ein (drei) *Meter* (fein*er*) Stoff	Un metro (tres metros) de tela fina
Ein (drei) *Stück* (hart*es*) Brot	Un pedazo (tres p.) de pan duro
Ein (zwei) *Paar* (wollen*e*) Strümpfe	Un par (dos pares) de medias de lana
Zwei *Dutzend* (rot*e*) Bleistifte	Dos docenas de lápices encarnados
Ein *Pfund* (frisch*e*) Butter	Una libra de mantequilla (fresca)

3. Los adjetivos de cantidad se unen al substantivo por yuxtaposición *sin* preposición; la construcción es la misma que en español. Tales adjetivos son:

viel	mucho	*pl. viele*
mehr	más	
wenig	poco	» *wenige*
wieviel?	¿cuánto?	» *wie viele?*
zuviel	demasiado	» *zu viele*
(nicht) *genug*	(no) bastante	
ebensoviel	tanto	» *ebenso viele*
kein	ningún	» *keine*

Ich habe *viel* Brot	Tengo mucho pan
Du hast *wenig* Geld	Tienes poco dinero
Er hat *genug* Wein	(Él) tiene bastante vino
Geben Sie mir *mehr* Fleisch!	¡Déme usted más carne!

Nota. «Un poco de» se traduce por «etwas» o «ein wenig»; v. gr.: ¿Quiere usted un poco de sal? Wollen Sie ein wenig Salz?

Wörter

der Handschuh	el guante	die Ziege	la cabra
das Brötchen	el panecillo	das Tuch (*pl.*-e)	el paño
die Butter	la manteca	das Tuch (*pl.*»er)	el pañuelo
das Stück (*pl.*-e)	el pedazo	der Markt	el mercado
der Schinken	el jamón	bringen Sie mir!	¡tráigame usted!
das Salz (*pl.* -e)	la sal	brauchen Sie?	¿necesita usted?
der Pfeffer	la pimienta	geben Sie mir!	¡déme usted!
der Kaffee	el café	mehr... als	más... que
das Mehl	la harina	weniger... als	menos... que
der Käse	el queso	sie leben (von)	viven (de)
das Bier (*pl.*-e)	la cerveza	es gibt,	hay
die Tinte	la tinta	ehemals, früher	antes
das Fleisch	la carne	er (sie, es) kostet	cuesta
das Meter	el metro	sie kosten	cuestan
das Schwein (*pl.* -e)	el cerdo	frisch	fresco
der Strumpf (*pl.* -e)	la media	wollen Sie?	¿quiere usted?
das Päckchen	el paquetito	bei	en casa de
ich muß	tengo que	woraus	de que
		nehmen	tomar
		gemacht	hecho
		kaufen	comprar

Übung

1. Wünschen Sie eine Tasse Tee oder ein Glas Milch? Geben Sie mir, bitte, eine Tasse Milch! Bringen Sie mir auch ein wenig Brot und zwei Stück Zucker! Wünschen Sie auch Butter und Käse oder Schinken? Bringen Sie uns zwei Tassen Kaffee mit Milch. Geben Sie mir auch etwas Salz und Pfeffer! Wollen Sie Wein haben? Ja, bringen Sie mir Wein und zwei Gläser! Hier ist eine Flasche Wasser. Was haben Sie in der Stadt gekauft? Ich habe Birnen und Äpfel gekauft. Ich habe zuviel Kaffee; geben Sie mir mehr Milch.

2. *Complétense las oraciones siguientes, substituyendo la rayita por la correspondiente terminación o palabra:* Hat der Schüler Bleistift —? Er hat zwei Dutzend — Bleistift —. Haben die Schüle— auch Büch—? Sie habe— genug Büch—. Der Kaufmann ha— mehr Zucker — Kaffee, aber er hat wenig— Pfeffer — Salz.

Tema

He comprado dos pares de guantes y cinco metros de paño. Mi hermana ha comprado un par de zapatos y cuatro pares de medias. ¿Quiere usted vino o cerveza? ¡Tráigame usted un vaso de cerveza y dos panecillos! ¿Quiere usted tomar café? ¡Sí, déme usted una taza de café y un poco de leche! ¡Déme usted dos kilos de café, tres kilos de azúcar y un paquetito de té! ¿Quiere usted comprar también algo? Sí, tengo que comprar harina y un poco de queso. ¿Necesita usted algo más? No, gracias, ya lo tengo todo.

Preguntas Fragen

Indíquese por escrito de qué materia, de las aquí indicadas, se hacen los objetos siguientes: Feder, Brot, Buch, Gabel, Löffel, Messer, Spiegel, Schlüssel, Braten, Ofen, Kleid, Tisch. — Mehl, Tuch, der Stahl (acero), Papier, Eisen, Silber, Fleisch, das Holz (madera), das Glas (cristal, vidrio); v. gr.: Woraus ist die Feder gemacht? Die Feder ist aus Stahl gemacht.

ZEHNTE LEKTION LECCIÓN DÉCIMA

Irregularidades en la formación del plural

Las irregularidades se relacionan casi todas con el plural.

Substantivos de la primera declinación:

der Bauer[1]	el aldeano, labrador	*pl.* die Bauer*n*
der Vetter	el primo	» die Vetter*n*
der Pantoffel	la zapatilla	» die Pantoffel*(n)*
der Stachel	el aguijón, púa	» die Stachel*n*

Un corto número de monosílabos masculinos toman en el plural *en*, en lugar de *e*, sin modificar la vocal radical.

Substantivos de la tercera declinación:

der Staat	el estado	*pl.* die Staat*en*
der Strahl	el rayo (de luz)	» die Strahl*en*
der Schmerz	el dolor	» die Schmerz*en*
der Dorn	la espina	» die Dorne(*n*)
der See	el lago	» die Seen

Las palabras siguientes toman *er* en el plural y modifican la vocal radical:

der Mann	el hombre	*pl.* die Männer
der Gott	el dios	» die Götter
der Wurm	el gusano	» die Würm*er*
der Wald	el bosque	» die Wäld*er*
der Nachbar[1]	el vecino	» die Nachbar*n*

Substantivos de la cuarta declinación:

die Mutter	la madre	*pl.* die *Mütter*
die Tochter	la hija	» die *Töchter*

[1] Se declina también en el singular según la 2.ª declinación «des Bauers» o «des Bauern», etc.; «des Nachbars» y «Nachbarn».

Los neutros siguientes forman el plural en *en:*

Substantivos de la quinta declinación:

das Herz[1]	el corazón	*pl.* die Herz*en*
das Ohr	la oreja	» die Ohr*en*
das Auge	el ojo	» die Aug*en*
das Bett	la cama	» die Bett*en*
das Hemd	la camisa	» die Hemd*en*
das Insekt	el insecto	» die Insekt*en*

Algunos monosílabos neutros no toman en el plural *er*, como lo exige la regla, sino sólo *e*, sin modificar la vocal radical:

das Jahr	el año	*pl.* die Jahr*e*
das Haar	el cabello, el pelo	» die Haar*e*
das Tier	el animal	» die Tier*e*
das Paar	el par, la pareja	» die Paar*e*
das Tor	la puerta grande	» die Tor*e*
das Schaf	la oveja	» die Schaf*e*
das Schiff	el buque	» die Schiff*e*
das Spiel	el juego	» die Spiel*e*
das Heft	el cuaderno	» die Heft*e*
das Pferd	el caballo	» die Pferd*e*
das Schwein	el puerco, cerdo	» die Schwein*e*
das Bein	la pierna	» die Bein*e*
das Brot	el pan, panecillo	» die Brot*e*
das Knie	la rodilla	» die Knie(*e*)
das Netz	la red	» die Netz*e*

Nota. Los compuestos terminados en singular en *mann* forman el plural generalmente en *leute:*

der Kauf*mann*	el comerciante	*pl.* die Kauf*leute*
der Seemann	el marino	» die Seeleüte
der Zimmermann	el carpintero	» die Zimmerleute
der Hauptmann	el capitán	» die Hauptleute

Pero «der Staatsmann» (el estadista) forma el plural: die *Staatsmänner*.

Pretérito imperfecto de SEIN		
ich war	era, fui, estaba, estuve	wir waren
		ihr wart
du warst	etc.	sie waren
er war		Sie waren

[1] *Gen. sing.* «des Herz*ens*»; *dat. sing.* «dem Herz*en*».

Wörter

Deutschland *(n.)*	Alemania *(f.)*	er verkauft	vende
der Amerikaner	el americano	sie verkaufen	venden
die Sonne	el sol	sie lieben	ellos (ellas) aman ellos (ellas)quieren
blond	rubio	er (sie) kennt	él (ella) conoce
blau	azul	wärmen	calentar
zwölf	doce	sie wärmen	calientan
wir verkaufen	vendemos	täglich	diario,-a
schmackhaft	sabroso		

Übung

1. Die Bauern wohnen in den Dörfern in kleinen Häusern; in dem Stall haben sie Pferde, Kühe, Schweine und Schafe. Diese Männer sind Deutsche, jene sind Engländer. Die Augen dieses Mädchens sind blau. Die Mütter lieben ihre Töchter. Die Städte dieses Landes sind schön. Die Eier der Hühner sind klein, aber schmackhaft. Der Schüler hat Hefte und Bleistifte gekauft.

2. *Fórmense oraciones en sing. y plur.:* Pferd — hat — Bein. Gott — kennt — Herz — Mensch. Heft — hat — Blatt. Bauer — verkauft — Schwein — Schaf. Baum — ist — in — Wald. Rose — hat — Dorn. Pferd — ist — Tier. Mensch — hat — Ohr — Auge — Herz — Arm — Hand — Bein — Knie — Fuß.

Tema

Las casas de los aldeanos $_{2}$no $_{1}$son $_{3}$altas. Esperamos todos los días carta de nuestros padres. ¿Cuántas libras de café quiere usted? ¡Déme usted una libra de café y dos libras de azúcar! Mis primos no estuvieron en la escuela; estaban enfermos. Las ovejas y las vacas de nuestro vecino están en *(dat.)* el campo. ¿Dónde está mi sombrero? Está en su cuarto de usted. ¿Estuvisteis en la ciudad? Sí, estuvimos en la ciudad mi hermano y yo; teníamos que comprar algunas cosas.

Aus dem täglichen Leben	**De la vida de todos los días**
Guten Tag, mein Herr (gnädige Frau, gnädiges Fräulein)	Buenos días, caballero (señora, señorita)
Wie geht es Ihnen?	¿Qué tal le va a usted?
Danke, es geht mir sehr gut, und Ihnen?	Gracias, me va muy bien, ¿y a usted?

Ich bin zufrieden, danke	Estoy contento, gracias
Und wie geht es bei Ihnen zu Hause?	Y ¿qué tal se encuentran en su casa de usted?
Danke! Alles wohlauf und munter	Gracias, todos están bien
Auf Wiedersehen!	¡Hasta la vista!
Leben Sie wohl	¡Usted lo pase bien!

ELFTE LEKTION LECCIÓN UNDÉCIMA

I. El género de los substantivos

Es imposible dar reglas exactas sobre el género de los substantivos alemanes. Indicaremos, sin embargo, algunas de carácter general.

A. *Son masculinos:*

a) Los nombres de *varones* y *animales machos*, y los que designan *dignidades*, *profesiones* u *oficios* propios de *varones:*

Der Vater, der Lehrer, der Schneider, der Löwe, der Hund.
Excepciones: das Pferd (el caballo), das Huhn (la gallina), etc.

b) Los nombres de los *días*, *meses*, *estaciones del año* y *vientos:*

Der Montag (el lunes), der März (marzo), der Frühling (la primavera), der Norden (el norte).

c) Los nombres de *piedras* y *piedras preciosas:*

Der Stein (la piedra), der Diamant (el diamante).

B. *Son femeninos:*

a) Los nombres de *mujeres*, *animales hembras* y los que designan *empleo* u *oficio de mujer:*

Die Frau, die Tochter, die Magd (la moza, criada), die Amme (la nodriza), die Kuh (la vaca), die Henne (la gallina).
Excepción: das Weib (la mujer).

b) Los nombres de las *ciencias*, *artes*, *plantas*, *flores* y muchas *frutas:*

Die Geschichte (la historia), die Erdkunde (la geografía), die Musik (la música), die Rose, die Nelke (el clavel), die Birne, die Kirsche. *Excepciones:* der Apfel (la manzana), der Pfirsich (el melocotón).

C. *Son neutros:*

a) Los nombres de *países* y *ciudades* precedidos de un adjetivo:

Das schöne Spanien. La hermosa España.
Excepciones: die Schweiz (Suiza), die Türkei (Turquía).

b) Los nombres de los *metales* y *letras* del *alfabeto:*

Das Gold (el oro), das Silber (la plata), das Eisen (el hierro); das A, das Z.

c) Todos los *diminutivos:*

Das Mädchen (la muchacha), das Blümchen, das Häuschen, das Brüderchen.

d) Los *infinitivos* y los *adjetivos* empleados como substantivos:

Das Essen (el comer), das Trinken (el beber), das Gute (lo bueno), das Warum (el porqué).

e) Los terminados en *tum:*

Das Eigentum (la propiedad), das Christentum (el cristianismo).
Excepciones: der Reichtum (la riqueza), der Irrtum (el error).

D. *Substantivos de dos géneros*

Algunos substantivos son de dos géneros, pero de distinta significación:

der Band	el volumen	das Band	la cinta
der Erbe	el heredero	das Erbe	la herencia
der Kunde	el parroquiano	die Kunde	la noticia
der See	el lago	die See	el mar
der Tor	el loco	das Tor	la puerta (cochera)
der Verdienst	la ganancia	das Verdienst	el mérito
der Weise	el sabio	die Weise	la manera
der Gehalt	el contenido	das Gehalt	el sueldo

y muchos otros.

II. Formación de los nombres femeninos

1. La mayor parte de los substantivos que designan *varón* o *animal macho* forman el femenino añadiendo la terminación *in*, después de eliminar la *e* final, si la hubiera, y modificando en casi todos la vocal radical:

der Freund	el amigo	die Freundin	la amiga
der Nachbar	el vecino	die Nachbarin	la vecina
der Franzose	el francés	die Französin	la francesa
der Wolf	el lobo	die Wölfin	la loba
der Graf	el conde	die Gräfin	la condesa

2. Algunos substantivos tienen una forma especial para expresar el femenino:

der Vater	el padre	die Mutter	la madre
der Mann	el hombre	die Frau	la mujer
der Sohn	el hijo	die Tochter	la hija
der Bruder	el hermano	die Schwester	la hermana
der Knabe	el muchacho	das Mädchen	la muchacha
der Onkel	el tío	die Tante	la tía
der Neffe	el sobrino	die Nichte	la sobrina
der Bräutigam	el novio	die Braut	la novia
der Vetter	el primo	die Base (Cousine)	la prima

y muchos otros.

Wörter

der Kunde	el parroquiano	viel, -e	mucho, muchos
das Land	el país	auch	también
hier	aquí	gut, -e	bueno, -a
sehr	muy	kaufen	comprar
weiß	blanco	gekauft	comprado
schicken	mandar	gering	pequeño
hübsch	guapo, -a	rund	redondo
hart	duro	tief	profundo
teuer	caro, -a	klug	inteligente
		hoch	alto

Übung

1. Wir sind die Nachbarn dieser Herren und Damen. Meine Schwester hat viele Freundinnen. Das Eisen ist ein Metall. Die Hunde sind die Freunde der Menschen. Diese Dame ist eine gute Kundin. Die Mädchen haben viele Bän-

der gekauft. Geben Sie mir den ersten Band dieses Werkes! Der Verdienst dieses Mannes war sehr groß. Dieser See ist sehr tief.

2. *Complétense las oraciones:* D— Gesang d— Vogel — ist schön. D— Reichtum d— Mann— ist sehr groß. Diese Frau hat drei — Töchter und zwei — Söhn—, diese sind Kaufl—. Ich kenne d— Geschichte d— Land— nicht. Geben Sie mir zwei Flasche— Bier und ein— Tasse Kaffee.

ZWÖLFTE LEKTION LECCIÓN DUODÉCIMA

Substantivos compuestos

1. Se llama substantivo compuesto aquel en cuya formación entran dos o más vocablos; v. gr.: «der *Hausvater*» (el padre [jefe] de la casa), compuesto de *Haus* y *Vater;* «das *Neujahr*» (el año nuevo), «die *Baukunšt*» (la arquitectura). Algunas veces se coloca entre las palabras componentes una letra eufónica *(e, n, s)*, v. gr.: «das *Volkslied*» (la canción popular).

2. El *género* de los compuestos es siempre el que corresponde al *componente final;* v. gr.: «die *Haustür*» (la puerta de la casa), «das *Schlafzimmer*» (el dormitorio), «der *Schullehrer*» (el maestro de escuela).

3. La *declinación* de los compuestos es la que corresponde al componente final; la primera parte del substantivo compuesto permanece invariable. Así, «die *Haustür*», se declina según «die *Tür*», o sea la 4.ª declinación; «das *Schlafzimmer*» según «das *Zimmer*», o sea la 5.ª declinación.

4. Si el componente final pertenece a las excepciones, el compuesto seguirá la misma declinación. Así, «das *Bergwerk*» (la mina) forma el plural «die *Bergwerke*», porque «das *Werk*» (la obra) forma «die *Werke*».

5. En todo substantivo compuesto hay que distinguir el *término fundamental*, que suele ser el último componente, y el *término determinante*, que se halla al principio del com-

puesto. El término fundamental es siempre un substantivo, mientras que el término determinante puede ser otro substantivo o bien un adjetivo, un numeral, un pronombre, un verbo, un adverbio o una preposición.

Wörter

verloren	perdido	er unternimmt	él emprende
verlieren	perder	unternehmen	emprender
mit	con	wärmen	calentar
geräumig	espacioso	machen	hacer
hell	claro	er verkauft	él vende
brauchen	necesitar	offen	abierto, -a
gekommen	venido	immer	siempre
kommen	venir	vergessen	olvidado
sondern	sino	Taschentuch	pañuelo de bolsillo
modern	moderno	Bücherschrank	librería
Kirschbaum	cerezo	Schuhmacher	zapatero
Eisenbahn	ferrocarril	Apfelbaum	manzano
Flugzeug	avión	Landhaus	quinta
Schreibtisch	escritorio		
gehören	pertenecer		

Übung

1. Ich habe mein Taschentuch verloren. In unserem Garten haben wir vier Kirschbäume. Bist du mit der Eisenbahn gekommen? Nein, ich bin nicht mit der Eisenbahn gekommen, sondern mit dem Flugzeug. In meinem Wohnzimmer habe ich einen Schreibtisch, zwei Armstühle, einen Bücherschrank und viele Bücher.

2. *Fórmense oraciones con las palabras:* Hutmacher — machen — Hut. Schuhmacher — verkaufen — Schuh. Mein — Lesebuch — haben — Bild. Apfelbaum — haben — Apfel. Mein — Vater — haben — Landhaus — gekauft. Ein — Jahr — haben — Jahreszeit. D — Hauptstadt — Spanien — sein — Madrid.

DREIZEHNTE LEKTION LECCIÓN DECIMOTERCIA

Las preposiciones

Hay preposiciones alemanas que rigen al substantivo en genitivo, otras que lo rigen en dativo y también otras que lo rigen en acusativo. Las más usuales son:

1. *Preposiciones de genitivo*

Anstatt o statt	en vez (lugar) de	ungeachtet	no obstante
außerhalb	fuera de	oberhalb	más arriba de
innerhalb	dentro de, en	unterhalb	más abajo de
diesseit(s)	de este lado	(ver)mittels	por medio de, con
jenseit(s)	al otro lado, allende	(ver)mittelst	por medio de, con
unweit	no lejos de	während	durante
längs	a lo largo de *(gen.* y *dat.)*	†wegen[1] *halber[2]	a causa de
trotz	a pesar de	†zufolge	según, en vista de

anstatt eines Briefes	en lugar de una carta
außerhalb des Landes	fuera del país
innerhalb der Mauern	dentro de los muros
unterhalb der Brücke	más abajo del puente
oberhalb des Dorfes	más arriba de la aldea
diesseit(s) des Flusses	de este lado del río
jenseit(s) des Meeres	al otro lado del mar
während des Sommers	durante el verano
wegen der Hitze o der Hitze wegen	a causa del calor

2. *Preposiciones de dativo*

aus	(salir, venir, saber) de	seit	desde (hace)
bei	junto a, cerca de, en casa de	von	de, de casa de
mit	con, en compañía de	zu	a, en casa de
nach	a, después de, según	†gegenüber	enfrente de, frente a

aus dem Garten gehen	salir del jardín
bei meinem Onkel	en casa de mi tío
nach der Stunde	después de la lección
mit einem Stock	con un bastón
seit jenem Tage	desde aquel día
von meiner Kindheit an	desde mi niñez
er kam zu mir	vino a mi casa
dem Bahnhofe gegenüber	enfrente de la estación

3. *Preposiciones de acusativo*

durch	a través de, por	wider	contra
für	para, por	um (... herum)	alrededor de
ohne	sin	†entlang	a lo largo de
gegen	hacia, contra		

durch das Fenster	por la ventana
für meine Schwester	para mi hermana
ohne einen Freund	sin un amigo
gegen den Baum	contra el árbol

---

[1] Las preposiciones señaladas con † pueden preceder y posponerse al substantivo regido por ellas. [2] Las preposiciones señaladas con * sólo se posponen al substantivo regido por ellas.

wider *(o* gegen) seinen Willen	contra su voluntad
um die Stadt (herum)	alrededor de la ciudad
den Fluß entlang	a lo largo del río

Wörter

die Treppe	la escalera	ich gehe	voy
das Dach	el tejado	er geht	él va
der Hof	el patio	ich komme	vengo
die Erlaubnis	el permiso	ich spreche	hablo
die Brücke	el puente	er (sie) scheint	brilla, luce
es ist kalt	hace frío	er (sie) wohnt	vive, habita
der Brunnen	el pozo, la fuente	sie fliegen	ellos (ellas) vuelan
der Knopf	el botón	gesehen	mirado, visto
ich wohne	yo vivo	†ausgegangen	salido[1]
ich bin gekommen	he venido	wir wohnen	vivimos
		morgens	por la mañana
versteckt	escondido	abends	por la noche
er steht	él está	neben	al lado de
gehen Sie?	¿va usted?	zwischen	entre

Übung

1. Ich komme aus Deutschland und bin seit drei Tagen hier. Ich bin mit meinem Freund gekommen, aber ich habe ihn seit jenem Tage nicht gesehen. Er wohnt bei seinen Eltern. Ich wohne bei einem Bauer(n); das Haus ist zwischen den Bäumen versteckt. Der Garten neben unserem Hause hat viele Obstbäume. Ich gehe morgens in die Stadt und komme abends zurück. Meinem Hause gegenüber steht die Kirche. Die Post ist bei der Kirche. Abends gehe ich um das Dorf (herum) oder durch den Garten.

2. *Añádase la preposición con su correspondiente caso:* Die Schüler sind — mein— Erlaubnis ausgegangen. Ich komme — d— Stadt. Ich habe den Vater — sein— Sohne gesehen. Der Deutsche wohnt — d— Kirche. Die Kinder sind — d— Regen— nicht ausgegangen. — des Winters ist es kalt. Unser Garten ist — d— Haus— des Kaufmanns.

Tema

Voy por (o atravieso) el jardín. Esta rosa es para mi amiga. Estos libros son para mi amo. Las hijas han (sind)

[1] Véase la nota al pie de la p. 39.

salido sin su madre. Alrededor de la mesa están las sillas. El hijo ha salido[1] sin el permiso de su padre. El niño vive en casa de su profesor. Vengo de casa de mi sobrina. Cerca del puente hay (ist) un jardín. El palacio del conde está junto a la iglesia. El criado está en casa de su amo. Mi hermana está enferma desde hace un mes. No ha salido[1] durante la lluvia.

4. *Preposiciones que rigen al substantivo unas veces en dativo y otras en acusativo*

Las nueve preposiciones siguientes rigen al substantivo en dativo, cuando se quiere indicar el reposo o designar el lugar *donde* se verifica la acción y, sobre todo, después de los verbos «estar» (sein), «encontrarse» (sich befinden), «permanecer» (bleiben), «vivir» (leben, wohnen), etc.; v. gr.: «Está en el jardín», «Er ist in dem Garten». Pero serán de acusativo, siempre que se quiera indicar movimiento o cambio de lugar; v. gr.: «Va al jardín», «Er geht in den Garten».

an	a, en, cerca de	in	a, en	unter	debajo de, entre
auf	a, en	neben	al lado de		
hinter	detrás de	über	sobre, encima de	vor	delante de
				zwischen	entre

Observación. Por contracción, algunas de las preposiciones forman una sola palabra con el dativo o con el acusativo del artículo determinado; v. gr.:

am	por	an dem	im	por	in dem
ans	»	an das	ins	»	in das
beim	»	bei dem	übers	»	über das
durchs	»	durch das	vom	»	von dem, etc.

Ich stehe an *dem* (o *am)* Fenster *(dat.)*	Estoy en la ventana
Das Buch liegt auf *dem* Tisch *(dat.)*	El libro está encima de la mesa
Legen Sie das Buch auf *den* Tisch *(ac.)*	Ponga usted el libro en la mesa
Die Fische leben in *dem (o* im) Wasser *(dat.)*	Los peces viven en el agua

---

[1] Los verbos que expresan movimiento de un lugar a otro forman los tiempos compuestos por medio del auxiliar «sein»; así se traduce: «ha salido», (er) ist ausgegangen»; van señalados con †.

Wörter

der Bäcker	el panadero	er geht	va
der Knecht	el criado	ihr geht	vais
der Boden	el suelo, desván	wir gehen	vamos, andamos
der Stall	la cuadra	sie gehen	ellos (ellas) van, andan
das Bad	el baño		
das Theater	el teatro	Sie gehen	usted(es) va(n)
zu Hause	en casa	er (sie) ist gefallen	ha caído
nach Hause	a casa	so	así
er hängt	él cuelga	woher?	¿de dónde?
er liegt	está echado	wohin?	¿adónde?
kommen	venir	das Postamt	la oficina de correos

Übung

1. Der Apfel hängt an dem (am) Aste. Der Knabe steht (está) an der Tür(e). Ich bin in dem (*o* im) Hause. Die Kinder sind in der Schule. Sie gehen in die Schule. Die Pferde sind in dem (im) Stalle. Die Kühe gehen in den Hof. Geht ihr auf das (aufs) Feld? Der Hund liegt unter dem (unterm) Stuhle. Die Frauen sind in der Kirche. Gehen Sie zum (ins) Theater? Nein, wir gehen zum (ins) Konzert. Die Sonne scheint in das (ins) Zimmer.

2 *Complétense las oraciones siguientes:* Der Hund steht hinter — Tür(e). Ich gehe in d— Haus meines Freund—. Das Bett steht zwischen d— Tür und d— Fenster. Mein Vater wohnt in d— Stadt. Die Katze liegt (está echado) unter d— Bett—.

Tema

El criado va a (in *con ac.)* la cuadra. Los caballos estaban en (in *dat.)* el patio. La casa de correos está al lado de la iglesia. Los alumnos van al colegio. ¿Dónde ha encontrado usted mi lápiz? Estaba debajo de la mesa. El perro esta (ist *o* liegt) delante de la puerta. Las flores están (sind *o* stehen) delante de la ventana. El perro estaba debajo de la cama.

Aus dem täglichen Leben

Guten Morgen, Karl	Buenos días, Carlos
Ach, guten Morgen, Heinrich, wie geht es dir heute?	¡Ay! Enrique, buenos días, ¿qué tal te encuentras hoy?
Leider bin ich nicht ganz wohl	Desgraciadamente, no estoy del todo bien

Was fehlt dir denn?	Pues, ¿qué te pasa?
Ich bin etwas erkältet und habe keinen Appetit	Estoy algo constipado y no tengo apetito
Na, das wird nichts Ernstliches sein	¡Ah, no será nada grave!
Ich hoffe es auch	Así lo espero también
Auf baldiges Wiedersehen!	Hasta pronto
Lebe wohl!	¡Que te vaya bien!

VIERZEHNTE LEKTION
LECCIÓN DECIMOCUARTA

Nombres propios Eigennamen

Los nombres propios de personas, que por regla general se usan sin artículo, forman el genitivo añadiendo una *s;* los demás casos no admiten desinencia.

1. *Nombres de pila Vornamen*

N. Ludwig		Luis	Friedrich		Federico	Anna		Ana
G. Ludwig*s*	de	»	Friedrich*s*	de	»	Anna*s*	de	»
D. Ludwig	a	»	Friedrich	a	»	Anna	a	»
A. Ludwig	a	»	Friedrich	a	»	Anna	a	»

De esta manera se declinan:

Wilhelm	Guillermo	Heinrich	Enrique	Klara	Clara
Georg	Jorge	Eduard	Eduardo	Laura	Laura
Karl	Carlos	Philipp	Felipe	Johanna	Juana
Alfred	Alfredo	Robert	Roberto	Helene	Elena

2. *Apellidos Zunamen*

N. Homer		Homero	Schiller		Schiller
G. Homer*s*	de	»	Schiller*s*	de	»
D. Homer	a	»	Schiller	a	»
A. Homer	a	»	Schiller	a	»

Observaciones

1.ª El genitivo singular carece de desinencia siempre que el nombre propio se halle precedido del artículo determinado, o de éste y algún adjetivo; v. gr.:

N. Heinrich	der kleine Heinrich	el pequeño E.
G. Heinrichs *o* des Heinrich	des kleinen »	del » »
D. Heinrich *o* dem »	dem » »	al » »
A. Heinrich *o* den »	den » »	al » »

2.ª El genitivo, usado sin artículo, se antepone muchas veces al nominativo de que depende; en este caso también el nominativo carece de artículo; v. gr.:

der Hut Karls *o* Karls Hut	el sombrero de Carlos
die Werke Schillers *o* Schillers Werke	las obras de Schiller

3.ª Los nombres propios masculinos que terminan en *s*, *ß*, *x* y *z* o *sch*, como también los femeninos en *e*, forman el genitivo sing. por medio de la desinencia *ens;* el dativo y acusativo carecen de desinencia o toman *en;* v. gr.:

N. Franz Francisco	Max Máximo	Luise Luisa
G. Franz*ens*	Max*ens*	Luis*ens*
D. Franz(*en*)	Max(*en*)	Luise(*n*)
A. Franz(*en*)	Max(*en*)	Luise(*n*)

Nota. En los nombres de difícil pronunciación, especialmente tratándose de apellidos, se forman los diferentes casos por medio del artículo (véase 1.ª observ.). Cuando el nominativo se pospone al genitivo, se hace uso del apóstrofo (') para indicar este último caso; v. gr.: Hartzenbusch' Werke (las obras de Hartzenbusch).

4.ª Si al nombre propio precede un título u otro determinativo parecido *sin artículo*, entonces se declina únicamente el nombre propio; v. gr.:

Kaiser Rudolf*s* Tod	la muerte del emperador Rodolfo
die Siege Kaiser Wilhelm*s* I (des Ersten).	las victorias del emperador Guillermo I.

Pero si al título precede el artículo, entonces se declinan los determinativos («Kaiser», etc.) y el nombre propio permanece invariable; v. gr.:

der Tod des Kaisers Rudolf	la muerte del emperador Rodolfo
die Siege des Kaisers Wilhelm *des Ersten*	las victorias del emperador Guillermo I.

La palabra «Herr» (señor), antepuesta a un apellido, se declina aunque no vaya precedida del artículo; v. gr.:

N. Herr Müller	el señor Müller			der Herr Müller
G. Herr*n* Müller*s*	del	»	»	des Herr*n* Müller
D. Herr*n* Müller	al	»	»	dem Herr*n* Müller
A. Herr*n* Müller	al	»	»	den Herr*n* Müller

Wörter

Julie *'ju:liə*	Julia	die Kappe (Mütze)	la gorra
Emilie *e'mi:liə*	Emilia	das Gedicht	la poesía
Spanien *'ʃpa:niən*	España	gelesen	leído
die Fabel	la fábula	er (sie) heißt	él (ella) se llama
das Werk (*pl.*-e)	la obra	†gestorben	muerto
berühmt	célebre, afamado	gern	con gusto, gustoso
streng	severo	groß	alto
ich ·lese	leo		

Übung

Ludwig ist jung. Die Bücher Wilhelms (*o* Wilhelms Bücher) sind (*o* liegen) auf meinem Tische. Der Name des Cervantes (*o* Cervantes' Name) ist sehr berühmt. Haben Sie Schillers Werke gelesen? Ich habe Schillers Gedichte gelesen. Haben Sie Calderons Werke? Emmas Mutter war krank. Der Kaiser Karl war Philipps des Zweiten Vater. Mein Sohn heißt Wilhelm, meine Tochter heißt Helene. Der Oheim Maxens (*o* des Max *o* Maxens Oheim) ist mein Bruder. Luisens Tante heißt Johanna. Wo sind Friedrichs Bücher? Sie sind (*o* liegen) auf (en) dem Tische.

Tema

¿Es Eduardo alto? ¿Dónde está Enrique? Enrique ha salido, y Guillermo $_1$ha $_3$salido $_2$también. Luisa estuvo enferma. ¿Cómo se llama su hermano de usted? Se llama Luis. ¿Dónde está el sombrero de Carlos? He visto los guantes de Luisa. Mi amiga se llama Emilia. La hermana de María es muy pequeña. ¿Ha leído usted las poesías de Goethe? El padre del pequeño Enrique estuvo enfermo. Dé usted las manzanas a Julia, y las flores a Laura. ¿Conoce usted al señor Müller? Sí, señor, conozco al señor Müller, a la señora Müller y a la señorita Emilia, su (*pl.*) hija.

Lesestück

Unser Haus

Ich wohne[1] bei meinen Eltern, in der Ludwigstraße Nr. 5. Unser Haus ist ein stattliches[2] Gebäude, das vier Stockwerke[3] hat. Wir wohnen[4] im ersten[5] Stockwerk. Unsere Wohnung[6] besteht aus sieben Räumen[7]: einem Empfangszimmer[8], einem Eßzimmer[9], einem Wohnzimmer[10], einem Arbeitszimmer[11], zwei Schlafzimmern[12] und einer Küche[13]; außerdem haben wir ein Badezimmer[14], eine Speisekammer[15] und ein Klosett. Alle Zimmer haben elektrisches Licht und Zentralheizung[16].

Unter dem Erdgeschoß[17] haben wir zwei sehr geräumige[18] Keller[19], wo wir Holz und Kohlen, Bier, Wein, Kartoffeln[20] und andere Vorräte[21] aufbewahren[22]. Unmittelbar unter dem Dache befindet sich der Bodenraum[23] mit mehreren Kammern, wo die Mädchen zu schlafen[24] pflegen[25]; der größte[26] Teil[26] des Bodens wird aber zum Trocknen[27] der Wäsche[28] gebraucht. Eine Treppe führt[29] vom Erdgeschoß hinab[29] in den Keller und hinauf zu den verschiedenen Stockwerken.

Unser Haus hat auch einen großen Garten mit herrlichen[30] Obstbäumen und Blumen. Wir zahlen[31] zweihundert Mark Miete[32] monatlich[33].

[1] vivo. [2] majestuoso. [3] piso. [4] vivimos. [5] primer. [6] casa, habitación. [7] cuartos. [8] sala. [9] comedor. [10] gabinete. [11] despacho. [12] dormitorio. [13] cocina. [14] cuarto de baño. [15] despensa. [16] calefacción central. [17] piso bajo. [18] espacioso. [19] cueva. [20] patatas. [21] provisiones. [22] guardamos. [23] desván. [24] dormir. [25] acostumbran. [26] la mayor parte. [27] secar. [28] ropa blanca. [29] conduce. [30] magnífico. [31] pagamos. [32] alquiler. [33] mensualmente.

FÜNFZEHNTE LEKTION
LECCIÓN DECIMOQUINTA

Nombres propios de continentes, países, ciudades, etc.

1. Los nombres de continentes, países, ciudades e islas son del género neutro y se emplean sin artículo en alemán: v. gr.:

Asien *'a:ziən*	Asia	Australien	*au'stra:liən*	Australia
Frankreich	Francia	Paris		París
Deutschland	Alemania	London		Londres
Stockholm	Estocolmo	Berlin		Berlín

Se exceptúan los femeninos «die Schweiz» (Suiza), «die Türkei» (Turquía), y algunos otros.

2. El genitivo de estos nombres propios se forma por medio de la desinencia *s*, a no ser que terminen ya en *s*, *x* o *z*. En este caso se emplea la preposición «von», o se antepone al nombre propio el genitivo del nombre genérico correspondiente, como «Stadt», «Dorf», etc. La preposición «de», que en este caso se emplea en castellano, se omite en alemán; v. gr.:

Paris ist die Hauptstadt Frankreichs	París es la capital de Francia
Viele Straßen *von* Paris *(o* der Stadt Paris) sind sehr breit	Muchas calles de París (de la *ciudad de* París) son muy anchas

Nota. Se puede emplear también la preposición «von» con todos los demás nombres de países o ciudades, pero el genitivo en *s* es preferible; v. gr.:

Die Produkte von England *o*, *mejor*, die Produkte Englands (die Produkte des Königreichs England)	Los productos de Inglaterra (del reino de Inglaterra)
Die Straßen von London *o* die Straßen Londons (der Stadt London)	Las calles (de la ciudad) de Londres

3. En el dativo y acusativo no admiten desinencia; v. gr.:

Wir wohnen in Madrid *(dat.)*	Vivimos en Madrid
Kennen Sie Madrid *(ac.)?*	¿Conoce usted a Madrid?

4. Después de los *verbos* que expresan *movimiento*, como «gehen (fahren)» (ir), «reisen» (viajar), «schicken» (enviar), etc., la preposición «a», que precede a los nombres de países y ciudades, se traduce en alemán por «nach»; v. gr.:

Wir reisen *nach* Amerika, — *nach* Rom, — *nach* Straßburg	Vamos a América, — a Roma — a Estrasburgo

5. Después de los *verbos* que expresan idea de reposo, la preposición «en», que precede a los nombres de países o ciudades, se traduce por «in»; v. gr.:

Mein Bruder ist *in* Amerika, — *in* Rom, — *in* Paris	Mi hermano está en América, — en Roma, — en París

6. He aquí los nombres de algunos países:

Europa	Europa	Bayern	Baviera
Asien *'aːziən*	Asia	Norwegen	Noruega
Afrika	África	Rußland	Rusia
Amerika	América	Belgien *'bɛlgiən*	Bélgica
England	Inglaterra		
Österreich	Austria	Holland	Holanda
Ägypten	Egipto	die Schweiz	Suiza
Spanien	España	die Türkei	Turquía
Deutschland	Alemania	Schweden	Suecia
Italien *i'taːliən*	Italia	Sachsen	Sajonia
Griechenland	Grecia	Argentinien	la Argentina

7. La mayor parte de los nombres gentilicios derivados de nombres de países y de ciudades, terminan en *er* y toman las desinencias de la primera declinación.

Tales son:

der Europäer	el europeo	der Schweizer	el suizo
der Engländer	el inglés	der Römer	el romano
der Spanier	el español	der Madrider	el madrileño
der Italiener	el italiano	der Pariser	el parisiense
der Belgier	el belga	der Bayer	el bávaro

Gen. des Europäers, des Engländers; *pl.* die Spanier, etc.

Nota. El *femenino* de estos nombres gentilicios se forma del masculino añadiendo la terminación *in;* v. gr.: die Europäer*in*, die Spanier*in*, die Römer*in*, etc.

8. Entre otros, los siguientes terminan en *e* y toman las desinencias de la *segunda* declinación; el femenino se forma añadiendo la terminación *in*, después de haber eliminado la *e;* v. gr.:

der Franzose	el francés	die Französ*in*	la francesa
der Grieche	el griego	die Griech*in*	la griega
der Russe	el ruso	die Russ*in*	la rusa
der Türke	el turco	die Türk*in*	la turca, etc.

Nota. De «Asien» se deriva «der Asiat»; el femenino de «der Deutsche» (el alemán) es «die Deutsche» (la alemana).

9. Los adjetivos derivados de nombres de países terminan en *-isch*; v. gr.:

französ*isch*	francés	engl*isch*	inglés
italien*isch*	italiano	russ*isch*	ruso
span*isch*	español	dän*isch*	danés
portugies*isch*	portugués	amerikan*isch*	americano

Se exceptúa: « deutsch » (alemán).

10. Estos mismos adjetivos se emplean para indicar el idioma correspondiente; v. gr.: «ich spreche Deutsch (hablo [en] alemán); «ich lerne Englisch» (aprendo [el] inglés). También se emplean estos adjetivos, terminados en *e* y precedidos del artículo neutro «das», para indicar el idioma en su totalidad; v. gr.: «das Spanische ist leicht» (el [idioma] español es fácil), «das Deutsche ist schwer» (el [idioma] alemán es difícil).

11. Los adjetivos derivados de nombres de ciudades terminan en *er*, son invariables y se escriben con inicial mayúscula; v. gr.:

die Pariser Mode	la moda de París
das Straßburger Münster	la catedral de Estrasburgo

12. Los nombres de los *ríos*, *lagos*, *montañas*, etc., se usan siempre con el artículo determinado y se declinan como los correspondientes apelativos; v. gr.:

N. der Rhein	*N.* die Elbe
G. des Rhein(e)s	*G.* der Elbe
D. dem Rhein(e)	*D.* der Elbe
A. den Rhein	*A.* die Elbe

Plur.: *N.* die Pyrenäen (los Pirineos), *G.* der Pyrenäen, etc.

13. Los nombres de los *meses* se usan siempre con artículo y se declinan como los nombres propios de personas o toman *(e)s* en el gen. del sing.; quedan invariables al ir precedidos del apelativo «der Monat»; v. gr.: des Januar *o* des Januars, des Monat Januar, *plur.* die Januare.

14. Los nombres de los *días* se consideran como nombres compuestos y pertenecen a la 3.ª declinación.

Nombres de los meses

der Januar	enero	der Juli	julio
der Februar	febrero	der August	agosto
der März	marzo	der September	septiembre
der April	abril	der Oktober	octubre
der Mai	mayo	der November	noviembre
der Juni	junio	der Dezember	diciembre

im Oktober (o im Monat Oktober) en (el mes de) octubre.

Nombres de los días

der Montag	lunes	der Freitag	viernes
der Dienstag	martes	der Samstag (*o* der Sonnabend)	sábado
der Mittwoch	miércoles		
der Donnerstag	jueves	der Sonntag	domingo

Wörter

der Durchgangsverkehr	el tráfico	stets	siempre
		die schönste	la más bonita
die Lage	la situación	es liegt	está situado
die Parkanlage	el parque	er entspringt	él nace
Wien	Viena	er teilt	divide
das Gebirge	la montaña	sich kreuzen	cruzarse
die Hauptstadt	la capital	fast	casi
hübsch	bonito	gleich	igual
der Bewohner	el habitante	fruchtbar	fértil
geographisch	geográfica	ich reise	voy, viajo
wasserreich	caudaloso	er reist	va, viaja
schiffbar	navegable	sie (Sie) reisen	viajan
bedeutend	importante	†angekommen	llegado
öffentlich	público, -a		

Übung

1. Deutschland hat viele Flüsse. Die Flüsse Deutschlands sind groß. Die Täler der Schweiz sind schön. Die Straßen Londons sind breit. Welches Land ist dies? Dies ist Griechenland. Kennen Sie die Stadt Frankfurt? Nein, aber ich kenne Straßburg. Der Monat Mai ist sehr schön. Der Rhein ist ein Fluß Deutschlands. Mein Freund ist im Juni angekommen. Der Dienstag war kalt. Paris ist die Hauptstadt Frankreichs. Karl der Erste war König von Spanien und Kaiser von Deutschland.

2. *Complétense las oraciones siguientes:* London ist die Hauptstadt —. Dieser Mann ist ein —. Meine Eltern wohnen in —. Mein Bruder heißt —, und meine Schwester —. Ich bin in — geboren. Die Gebirge der — sind sehr hoch. Die Reise von — nach — war lang, aber schön. Mein Bruder ist in —.

Tema

América es muy grande. Amo a España. Los pueblos de Francia son bonitos. Las calles de Londres son largas. Conozco los productos de España. Las montañas de Suiza son altas. Italia es muy fértil. Londres es la capital de Inglaterra. Buenos Aires es la capital de la Argentina. Mi hermano está en Berlín. Su amigo (de él) ha llegado de (von) París. Los franceses viven en Francia y hablan el francés. Los habitantes de España son españoles y hablan el español. ¿Aprende usted el alemán? Sí, señor, aprendo el alemán y el italiano. Quiero ir a Alemania y a Italia.

Lesestück

Der menschliche[1] Körper[2]

Der menschliche Körper besteht aus[3] Kopf[4], Rumpf[5] und Gliedmaßen[6]. Der Kopf besteht aus dem Schädel[7] und dem Gesicht[8]. Der Schädel ist mit Haaren bedeckt[9]. Das Gesicht besteht aus der Stirn[10], den Augen, der Nase[11], den Ohren, den Schläfen[12], den Wangen[13], dem Munde[14] mit den Lippen[15] und dem Kinn[16]. Die Haare können[17] schwarz[18], braun[19], dunkel[20] oder blond[21] sein. Im Innern[22] des Rumpfes sind das Herz, die Lungen[23], der Magen[24], die Eingeweide[25] und die Leber[26]. Der Hals verbindet[27] den Kopf mit dem oberen Teile des Rumpfes, den Schultern[28]. Der Rücken[29] ist der hintere[30] Teil des Rumpfes. Der Mensch hat zwei Hände und zwei Füße. Mit den Augen sehen wir. Mit den Zähnen[31] kauen wir[32], mit der Zunge[33], den Lippen und dem Gaumen[34] sprechen[35] und schmecken[36] wir.

[1] humano. [2] cuerpo. [3] se compone. [4] cabeza. [5] tronco. [6] extremidades. [7] cráneo. [8] cara. [9] cubierto. [10] frente. [11] nariz. [12] las sienes. [13] mejilla. [14] boca. [15] labio. [16] barba. [17] pueden ser. [18] negro. [19] castaño. [20] moreno. [21] rubio. [22] interior. [23] pulmón. [24] estómago. [25] intestinos. [26] hígado. [27] une. [28] hombros. [29] espalda. [30] posterior. [31] diente. [32] mascar. [33] lengua. [34] paladar. [35] hablamos. [36] gustamos.

SECHZEHNTE LEKTION LECCIÓN DECIMOSEXTA

Conjugación de un verbo regular

LOBEN, alabar

Presente de indicativo

ich	lobe	yo alabo
du	lobst	tú alabas
er	lobt	él alaba
sie	lobt	ella alaba
es	lobt	(él, ella) alaba
man	lobt	uno (se) alaba
wir	loben	nosotros, -as alabamos
ihr	lob(e)t	vosotros, -as alabáis
sie	loben	ellos, -as alaban
Sie	loben	usted(es) alaba(n)

Pretérito imperfecto y perfecto simple

ich	lobte	alababa, alabé
du	lobtest	alababas, alabaste
er	lobte	alababa, alabó
sie	lobte	alababa, alabó
es	lobte	alababa, alabó
wir	lobten	alabábamos, alabamos
ihr	lobtet	alababais, alabasteis
sie	lobten	alababan, alabaron
Sie	lobten	usted(es) alababan, alabaron

Participio pasivo

gelobt	alabado

Observaciones generales

1. El *infinitivo* de todos los verbos alemanes termina en *en* o *n*, v. gr.: lieb*en* (amar), komm*en* (venir), handel*n* (obrar), bewunder*n* (admirar).

2. En los verbos regulares, la vocal radical es la misma para todos los tiempos y modos, v. gr.: *lieb-en; pres.* ich *lieb*-e; *pret. imperf.* ich *lieb*-te; *part. pas.* ge-*lieb*-t.

3. Lo que caracteriza al verbo regular en alemán es la terminación del pret. imperfecto, *te*, y la del participio pasivo, *t*, añadidas a la raíz.

4. Los *números* y *personas* son los mismos que en español.

5. Los *tiempos* del verbo son los mismos que en español, salvo el *pretérito perfecto simple*, que no tiene equivalente en alemán, traduciéndose unas veces por el pret. imperfecto y otras por el pret. perfecto compuesto.

6. El *participio pasivo* de los verbos regulares tiene siempre el prefijo *ge*; v. gr.: *ge*lobt (alabado), *ge*liebt (amado), *ge*kauft (comprado).

7. Los tiempos compuestos se forman con ayuda del verbo auxiliar «haben»; v. gr.: ich habe gelobt, ich habe gekauft.

Los verbos que expresan movimiento de un lugar a otro forman dichos tiempos por medio del auxiliar «sein»; v. gr.: er ist ausgegangen (ha salido); ich bin gekommen (he venido).

Tema

Conjúguense los verbos regulares siguientes en los tiempos antes indicados:

kaufen	comprar	wohnen	vivir
leben	vivir	wünschen	desear
lieben	amar	zeigen	enseñar, mostrar
legen, stellen	poner	wählen	elegir
lernen	aprender	strafen	castigar
brauchen	necesitar	zählen	contar
sagen	decir	machen	hacer
schicken	enviar	grüssen	saludar
suchen	buscar	danken	dar gracias

Fórmese de dichos verbos la 1.ª persona de estas formas; así:

ich kaufe	ich kaufte	ich habe gekauft
ich liebe	ich liebte	ich habe geliebt

Übung

1. Was suchen Sie? Ich suche meine Brieftasche. Was machen Sie jetzt? Wir machen unsere Aufgaben für die Schule. Ich habe meine Aufgaben schon gestern gemacht. Was suchst du? Ich suche meine Bücher und meine Hefte; ich habe sie verloren und brauche sie heute in der Schule. Hier sind einige Bücher; vielleicht sind auch deine Bücher dabei.

2. *Complétense las oraciones siguientes, poniendo el verbo en presente y pret. imperfecto:* Der Lehrer (loben) d— fleissigen Schüler. Die Schülerin (lernen) ihre Aufgabe. Mein Freund (haben) viele Buch— (kaufen). Wo (wohnen) du? Ich (wohnen) in der Stadt. Wir (zeigen) d— Lehrer unsere Aufgaben. Du (sagen) mir nicht die Wahrheit.

Tema

Hemos comprado en la ciudad muchas cosas. ¿Habéis comprado también algo? No, no hemos comprado nada porque no tenemos dinero. Nuestro padre ha comprado una casa. Los maestros alaban a los discípulos porque son aplicados. Mi madre escogió esta tela para un vestido. Buscamos a nuestro padre y a nuestra hermana. He aprendido bien mi lección y he hecho también mis temas.

SIEBZEHNTE LEKTION
LECCIÓN DECIMOSÉPTIMA

Adjetivos y pronombres demostrativos

1. *Adjetivos demostrativos*

Singular (masc.)	(fem.)	(neutro)		*Plural* (para los 3 géneros
dieser	diese	dieses	este, esta	diese
jener	jene	jenes	aquel, ese, esa aquella	jene
(ein) solcher	(eine) solche	(ein) solches	tal	solche
derselbe	dieselbe	dasselbe	el mismo	dieselben
der nämliche	die nämliche	das nämliche	la misma	die nämlichen
der and(e)re	die and(e)re	das and(e)re	el otro, la otra	die and(e)ren
ein and(e)rer	eine and(e)re	ein and(e)res	otro, -a	and(e)re

Dieses Buch ist gut	Este libro es bueno
Geben Sie mir jenen Stock!	¡Déme usted ese bastón!
Kennen Sie jene Damen?	¿Conoce usted a aquellas señoras?
Ich habe den and(e)ren Band	Tengo el otro tomo
Dieselben Wörter	Las mismas palabras
Ich habe einen ander(e)n Stock	Tengo otro bastón

2. *Pronombres demostrativos*

Se emplean como pronombres demostrativos todos los adjetivos demostrativos, excepto «ein solcher» y «ein and(e)rer». Además:

Singular				*Plural*
derjenige der	diejenige die	dasjenige das	el (la, lo) de	diejenigen die

Dieser hat es getan	Éste lo ha hecho
Dieser ist neu, *jener* ist alt	Éste es nuevo, aquél es viejo
Mein Hut und derjenige (*o* der) meines Bruders	Mi sombrero y el de mi hermano
Unsere Kinder und diejenigen (*o* die) unseres Nachbars	Nuestros hijos y los de nuestro vecino

Observaciones

1.ª Sobre la declinación de «dieser» y «jener» véase p. 5. «Derjenige, derselbe, der nämliche, der andere», así como «ein and(e)rer, ein solcher» se declinan como adjetivos precedidos del artículo (v. lecc. 30 y 31); v. gr.:

genitivo masc.:	*dativo masc.:*
desjenigen, desselben, des nämlichen, eines solchen	demjenigen, demselben, *etc.*

2.ª Los pronombres «éste, ése, aquél», etc., separados del substantivo a que hacen referencia por el auxiliar «sein» (ser), se traducen siempre por la forma neutra «dieses (dies)» o «das»; v. gr.:

***Dieses** (**dies** o **das**)* ist mein Vater	Éste es mi padre
Das (o ***dieses***) sind meine Bücher	Ésos son mis libros
Sind ***das*** Ihre Bücher?	¿Son éstos tus libros?
Das ist gut	Esto es bueno

3.ª Cuando los pronombres «éste, ése, él, ella», etc., se refieren a cosas y van precedidos de una preposición, entonces se traducen por combinaciones formadas de *da* con la preposición correspondiente. Si la preposición principia por vocal se emplea la forma *dar:*

damit	con él, con eso	da*r*auf	después de esto
dadurch	por él, por esto	da*r*unter	bajo ello
davon	de él, de eso	da*r*in	en esto
dazu	a él, a (para) eso	da*r*aus	de esto
dafür	para (por) esto	da*r*an	a eso, etc.

Wörter

die Richtung	la dirección	verzeihen Sie	usted dispense
die Wohnung	la habitación		
der Bahnhof	la estación	Sie gehen	usted va
die Uhr	el reloj	gesagt	dicho
der Schinken	el jamón	teuer	caro
die Seite	la página	Sie sprechen	usted habla
entgegengesetzt	contrario	zufrieden	contento
er führt	él conduce	verloren	perdido

Übung

Verzeihen Sie, führt diese Straße nach dem Bahnhof? Nein, mein Herr, Sie gehen ganz in entgegengesetzter Richtung; diese Straße führt nach dem Siegestor. Wer hat Ihnen das gesagt? Dieser Herr hat es mir gesagt, nicht jener. Ist das Ihr Buch? Ja, das ist mein Buch. Sind das Ihre Kinder? Ja, das sind meine Kinder. Hier ist mein Buch und dasjenige (*o* das) meines Bruders. Ihre Handschuhe sind schöner als diejenigen (*o* die) meiner Schwester. Dieses Buch ist teu(e)rer als jenes. Haben Sie noch von demselben Papier? Ja, ich habe noch davon. Ist der Knabe noch in der Schule? Ja, er ist darin. Sprechen Sie davon? Nein, ich spreche nicht davon. Wie sind Sie mit Ihrer Wohnung zufrieden? Ich bin sehr damit zufrieden. Das ist gut.

Tema

Este hombre es viejo, aquél es joven. Esta ciudad es grande. Aquella casa es nueva. ¿Está usted contento con su reloj? Sí, estoy contento con él. Aquel hombre es mi hermano; éste es mi primo. He hecho la misma falta que usted. ¿Está su padre en el jardín? Sí, está en él. Aquí hay jamón; ¿quiere usted un poco (de él)? Sí, déme usted un poco (de él). No estoy contento con eso. El niño ha perdido sus guantes y los de su madre. Dé usted $_{4}$este $_{5}$pan $_{1}$a $_{2}$esos $_{3}$niños. He leído varias páginas de este libro.

Aus dem täglichen Leben

Guten Abend, ist (die) gnädige Frau zu Hause?	Buenas noches, ¿está la señora en casa?
Nein, mein Herr, (die) gnädige Frau ist vor einer Viertelstunde ausgegangen.	No, señor, la señora acaba de salir hace un cuarto de hora.

Das tut mir sehr leid	Lo siento mucho
Soll ich ihr etwas ausrichten?	¿Quiere usted dejar algún recado?
Nein, danke, ich möchte persönlich mit ihr sprechen	No, gracias, quisiera hablar con ella personalmente
Wann kann ich sie sicher zu Hause treffen?	¿Cuándo la encontraré de seguro en casa?
Morgen zwischen elf und zwölf Uhr	Mañana entre 11 y 12
Ich werde dann morgen wiederkommen	Volveré entonces mañana
Bitte, geben Sie ihr einstweilen meine Karte	Tenga usted la bondad de entregarle entre tanto mi tarjeta
Vielen Dank	Muchas gracias
Bis morgen!	¡Hasta mañana!
Auf Wiedersehen!	¡Hasta la vista!

ACHTZEHNTE LEKTION
LECCIÓN DECIMOCTAVA

Adjetivos y pronombres interrogativos

1. *Adjetivos interrogativos*

1. «Welcher, welche, welches»? (¿qué?), *plur.* «welche?» Se declina como «dieser, diese, dieses» (v. p. 5; v. gr.:

Welchen Brief haben Sie geschrieben?	¿Qué carta ha escrito usted?
Welche Federn haben Sie gekauft?	¿Qué plumas ha comprado Vd.?

2. «Was für ein, was für eine, was für ein?» (¿qué clase de?), *plur.* «was für?»

Se declina únicamente el artículo indeterminado «ein», que debe concordar con el substantivo siguiente; v. p. 5.

Was für *eine* Pflanze ist dieses?	¿Qué clase de planta es ésta?
Was für *einen* Hut haben Sie?	¿Qué sombrero tiene usted?
Mit was für *einer* Feder haben Sie diesen Brief geschrieben?	¿Con qué (clase de) pluma ha escrito usted esta carta?

Nota. En plural, así como ante los substantivos tomados en sentido partitivo, se suprime el artículo «ein»; v. gr.:

Was für Bäume haben Sie gepflanzt?	¿Qué clase de árboles ha plantado usted?
Was für Bänder wünschen Sie?	¿Qué clase de cintas desea usted?
Was für Fleisch kaufen Sie?	¿Qué clase de carne compra Vd.?
Was für Wein trinken Sie?	¿Qué clase de vino bebe usted?

2. *Pronombres interrogativos*

Además del adjetivo interrogativo «welcher? welche? welches?» (¿qué? ¿cuál?), se usan como pronombres interrogativos:

wer?	¿quién?, ¿quiénes?	was?	¿qué?

Declinación

N. wer	¿quién?, ¿quiénes?	was	¿qué?
G. wessen	¿de quién?	wessen	¿de qué?
D. wem	¿a quién?		(no se usa; v. obs. 2.ª)
A. wen	¿a quién?	was	¿qué?

Observaciones

1.ª «Wer», tanto en singular como en plural, se refiere siempre a personas, y «was» a cosas; v. gr.:

Wer ist da?	¿Quién está allí?
Wer sind diese Herren?	¿Quiénes son estos caballeros?
Wessen Hut ist die(se)s?	¿De quién es este sombrero?
Wem geben Sie dieses Buch?	¿A quién da usted este libro?
Wer ist das?	¿Quién es ése (hombre), ésa (mujer)?
Was ist das?	¿Qué es eso?
Was wollen Sie?	¿Qué (cosa) quiere usted?
Haben Sie ein Buch verloren? — Welches?	¿Ha perdido usted un libro? — ¿Cuál?
Welcher von Ihren Söhnen ist krank?	¿Cuál *de* sus hijos de usted está enfermo?

2.ª El dativo de *was* no se usa. Cuando «was» va regido de una preposición, ambos se combinan, transformándose «was» en «wo» o «wor» (ante vocales) y siguiendo la preposición (cf. p. 53, 3.ª, y lec. 37, obs. 1.ª); v. gr.:

wovon (von was)?	¿de qué?	woran (an was)?	¿en qué?
womit (mit was)?	¿con qué?	woraus (aus was)?	¿de qué?
wofür (für was)?	¿por qué?	worin (in was)?	¿en qué?
wozu (zu was)?	¿para qué?	worüber (über was)?	¿sobre qué?
wodurch (durch was)?	¿por qué?		

Wovon sprechen Sie?	¿De qué (cosa) habla usted?
Woran denken Sie?	¿En qué piensa usted?

3.ª «¿Cuál es?, ¿cuáles son?» se traduce siempre por «welches ist? welches sind?»; v. gr.: Welches ist Ihr Stock? (¿cuál es su bastón de usted?), Welches sind Ihre Federn? (¿cuáles son sus plumas de usted?), Welches ist Ihre Uhr? (¿cuál es su reloj?).

4.ª También «was für ein?», etc., puede usarse como pronombre interrogativo, cuando no va seguido inmediatamente de un substantivo. El nom. sing. es entonces «was für ein*er*?, was für ein*e*?, was für ein*es*? (v. pp. 5 y 55, *plur.* «was für welche?»..

5.ª En las preguntas se coloca el verbo — en los tiempos compuestos, el auxiliar — al final de la oración siempre que ésta no empiece con dichos pronombres (preguntas indirectas); v. gr.:

Wer hat das gesagt?	¿*Quién* ha dicho eso?
Wissen sie, wer das gesagt hat?	¿Sabe usted *quién* ha dicho eso?
Worüber lachte man?	¿De qué se rieron?
Kannst du dir denken, worüber man gelacht hat?	¿Puedes figurarte de qué se han reído?

Wörter

das Kalbfleisch	la carne de ternera	gelernt	aprendido
der Ring	la sortija	getrunken	bebido
die Dame	la señora	ich will	quiero
der Fehler	la falta	Sie wollen	usted quiere
das Veilchen	la violeta	ich denke	pienso
die Tasche	el bolsillo	Sie denken	usted piensa
schwarz	negro	ich sage	digo
schon	ya	Sie sagen	usted dice
der Rotwein	el vino tinto	ich kann	puedo
solche	de esta clase	ich weiß	yo sé
die Stahlfeder	la pluma metálica	ich wünsche	deseo
der Briefträger	el cartero	gepflanzt	plantado
eingeschrieben	certificado	geschrieben	escrito
er kommt	él viene	sie (Sie) wünschen	desean; usted(es) desea(n)
er bringt	él trae	sie kaufen	ellos compran
ich gebe	yo doy	Sie kaufen	Vd(s). compra(n)
Sie geben	usted da	sie trinken	ellos (ellas) beben
die Schachtel	la caja	Sie trinken	Vd(s). bebe(n)
		noch nicht	todavía no

Übung

1. Wer kommt da? Es ist der Briefträger; er bringt einen Brief. Von wem ist der Brief? Er ist von meinem Freund. Wem geben Sie dieses Brot? Ich gebe es dem Kinde. Woran denken Sie? Ich denke an meine Arbeiten. Was für ein Gebäude ist dies? Es ist das Stadttheater. Haben Sie dieses Theater schon gesehen? Ja, ich war gestern abend darin. Wovon sprechen Sie? Wir sprechen von unserer Reise nach Deutschland. Wohin wollen Sie gehen? Wir werden nach Hamburg, Berlin, München und Köln fahren. Mit wem fahren Sie? Ich fahre mit meinem Freund. Was für Wein haben Sie getrunken? Wir haben Rotwein getrunken.

2. *Complétense las oraciones siguientes:* Welch— Wörter haben Sie gelernt? Ich habe dieselb— Wört— gelernt wie Karl. Was für Fleisch ist dies—? Dies— ist Kalbfleisch. Welch— Wein haben Sie gekauft? Ich habe dies— Wein gekauft. Welch— Kind hat sei— Buch verloren, dies— oder jen—? Mit was für ein— Messer hat er sich geschnitten? Welch— sind Ihre Bedingungen?

Tema

¿Quién está ahí? Es el cartero. ¿Qué trae? Tiene una carta certificada. ¿De quién es la carta? No sé de quién es. ¿Qué dice usted? No digo nada. ¿En qué puedo servirle a usted (Ihnen dienen)? ¿Con quién tengo el honor de hablar? ¿Qué desea usted? Deseo un libro. ¿Qué libro desea usted? ¿Éste? Tengo ya el mismo libro. ¡Entonces quiere usted otro! Sí, déme usted aquél. ¿Qué libros han leído ustedes? ¿Qué clase de papel ha comprado usted?

Lesestück

Doch möglich

Mitten in der Nacht wurde Dr. Münsinger durch das Telefon aus dem Schlaf geklingelt[1]. Es meldete sich Herr Mager. «Herr Doktor», sagte der aufgeregte[2] Herr Mager, «kommen Sie bitte sofort zu uns. Meine Frau leidet schreckliche[3] Schmerzen, und ich bin sicher, daß es Blinddarmentzündung[4] ist». Der Arzt blätterte[5] verschlafen in seiner Kartei[6], bis er die vergangenen Krankheiten der Magerschen Familie vor sich hatte, und sagte dann: «Nein, nein, das ist es bestimmt nicht. Ich komme morgen früh vorbei. Beunruhigen[7] Sie sich nur nicht. Es ist wahrscheinlich nur eine Magenverstimmung[8]. «Aber Herr Doktor, Sie müssen kommen!», protestierte der fassungslose Ehemann. «Es ist bestimmt Blinddarmentzündung». «Aber ich bitte Sie, Herr Mager», sagte der Doktor etwas verärgert[9], «ich habe doch Ihrer Frau vor zwei Jahren den Blinddarm herausgenommen[10] Und Sie wissen ebensogut wie ich, daß sie inzwischen[11] keinen anderen bekommen hat». «Das stimmt»[12], sagte der Ehemann, «aber ich habe jetzt eine andere Frau...»

[1] despertado. [2] excitado. [3] atroz, insoportable. [4] apendicitis. [5] hojeó. [6] cartoteca. [7] tranquilícese usted. [8] un malestar del estómago. [9] enfadado. [10] quitar. [11] entre tanto. [12] sin duda.

NEUNZEHNTE LEKTION
LECCIÓN DECIMONOVENA

Adjetivos y pronombres posesivos

1. *Adjetivos posesivos*

Mein	meine	mein	mi	*pl.*	meine	mis
dein	deine	dein	tu	»	deine	tus
sein	seine	sein	su (de él)	»	seine	sus
ihr	ihre	ihr	su (de ella)	»	ihre	sus
unser	uns(e)re	unser	nuestro, -a	»	uns(e)re	nuestros, -as
euer	eu(e)re	euer	vuestro, -a	»	eu(e)re	vuestros, -as
Ihr	Ihre	Ihr	su (de usted[es])	»	Ihre	sus (de usted[es])
ihr	ihre	ihr	su (de ellos, -as)	»	ihre	sus (de ellos, -as)

Todos ellos toman en la declinación las mismas desinencias que el artículo indeterminado (v. p. 5).

	Singular			Plural
	(masc.)	*(fem.)*	*(neutro)*	*(los 3 géneros)*
N.	unser	uns(e)re	unser	uns(e)re[1]
G.	unser(e)s	uns(e)rer	unser(e)s	uns(e)rer
D.	unser(e)m	uns(e)rer	unser(e)m	uns(e)ren
A.	unser(e)n	uns(e)re	unser	uns(e)re
N.	euer	eu(e)re	euer	eu(e)re
G.	eu(e)res	eu(e)rer	eu(e)res	eu(e)rer
D.	eu(e)rem	eu(e)rer	eu(e)rem	euer(e)n
A.	eu(e)ren	eu(e)re	euer	eu(e)re
N.	ihr (Ihr)	ihre (Ihre)	ihr (Ihr)	ihre (Ihre)
G.	ihres	ihrer	ihres	ihrer
D.	ihrem	ihrer	ihrem	ihren
A.	ihren	ihre	ihr	ihre

Observaciones

1.ª Se traduce «su, sus» por «sein, seine», si el poseedor es de los géneros masculino o neutro, y por «ihr, ihre», si es del género femenino, o si se trata de varios poseedores; v. gr.:

Karl hat *seinen* Bleistift verloren (*seine* Federn, Bücher)	Carlos ha perdido su lapicero (sus plumas, sus libros)
Luise hat *ihren* Bleistift (*ihre* Federn, *ihre* Bücher) verloren	Luisa ha perdido su lapicero (sus plumas, sus libros)
Karl und Luise haben *ihren* Bleistift (*ihre* Bücher) verloren	Carlos y Luisa han perdido su lapicero (sus libros)

Luise hat *seinen* (su — de él, de Carlos) Bleistift verloren

2.ª «Su ... de usted» y «su ... de ustedes» se traducen por «Ihr, Ihre», cuya declinación es idéntica a la de «ihr»; v. gr.: su señor padre de usted (*o* de ustedes) Ihr Herr Vater; su señora madre de usted (de ustedes) Ihre Frau Mutter; sus padres de usted (de ustedes) Ihre Eltern.

3.ª Dirigiendo la palabra a alguien, la expresión «señor» o «caballero» se traduce por «mein Herr»; pero si a la palabra «señor» sigue el apellido o un título, se traduce literalmente; v. gr.:

Guten Morgen, mein Herr	Buenos días, caballero
Guten Tag, Herr Graf	Buenas tardes, señor conde
Guten Abend, meine Dame *(al encontrarse)*, *y* gute Nacht, Frau... *(añadiendo al apellido) o* gnädige Frau *(al despedirse)*	Buenas noches, señora

[1] En las formas con *(e)* se puede suprimir esta *e*.

2. *Pronombres posesivos*

1.º Los pronombres posesivos se forman de los adjetivos posesivos «mein, dein (Ihr), sein, unser, euer (Ihr), ihr», añadiendo a éstos la terminación *ige* y anteponiéndoles el artículo determinado. Se declinan como adjetivos precedidos de dicho artículo (v. lec. 30).

der (die, das) meinige	el mío, la mía, lo mío
der (die, das) deinige	el tuyo, la tuya, lo tuyo
der (die, das) seinige	el suyo, la suya (de él)
der (die, das) ihrige	el suyo, la suya (de ella)
der (die, das) uns(e)rige	el nuestro, la nuestra
der (die, das) eu(e)rige	el vuestro, la vuestra
der (die, das) Ihrige	el (la) de usted, de ustedes
der (die, das) ihrige	el suyo (de ellos, de ellas)

Pl. die meinigen (los míos), die deinigen, die seinigen, etc.

2.º Hay otra forma, muy en uso en el estilo familiar, formada de «mein, dein, sein», etc., con las terminaciones *er*, *e*, *es*, que se emplea *sin artículo* y se declina como los adjetivos determinativos «dieser», etc. (v. p. 5):

mein*er*	mein*e*	mein(*e*)*s*	el mío, la mía
dein*er*	dein*e*	dein(*e*)*s*	el tuyo, la tuya
sein*er*	sein*e*	sein(*e*)*s*	el suyo, la suya (de él)
ihr*er*	ihr*e*	ihr*es*	el suyo, la suya (de ella)
uns(e)r*er*	uns(e)r*e*	uns(e)r*es*	el nuestro, la nuestra
eu(e)r*er*	eu(e)r*e*	eu(e)r*es*	el vuestro, la vuestra
Ihr*er*	Ihr*e*	Ihr*es*	el (la) de usted, de ustedes
ihr*er*	ihr*e*	ihr*es*	el suyo, la suya (de ellos, -as)

Declinación

	Singular			*Plural*
	(masc.)	*(fem.)*	*(neutro)*	*(para los 3 géneros)*
N.	mein*er*	mein*e*	mein(*e*)*s*	mein*e*
G.	mein*es*	mein*er*	mein*es*	mein*er*
D.	mein*em*	mein*er*	mein*em*	mein*en*
A.	mein*en*	mein*e*	mein(*e*)*s*	mein*e*

Ist das Ihr Heft?	¿Es aquél su cuaderno (de usted)?
Ja, es ist das meinige *o* mein(e)s	Sí, es el mío
Ist das mein Stock?	¿Es aquél mi bastón?
Ja, es ist der Ihrige *o* Ihrer	Sí, es el de usted
Sind das Ihre Stiefel?	¿Son éstas sus botas de usted?
Nein, das sind nicht meine *(o* die meinigen)	No, éstas no son las mías

Wörter

die Übersetzung	la traducción	erhalten	recibido
die Handschuhe	los guantes	wieviel?	¿cuánto?
die Minute	el minuto	wie viele?	¿cuántos?
sterblich	mortal	einige	algunos
der Sonnenschirm	la sombrilla	zuviel	demasiado
		nur	sólo, únicamente
gegessen	comido	der Regenschirm	el paraguas

Übung

1. Mein Vater ist alt, der Ihre ist noch jung. Mein Haus ist neu, ihres ist alt. Ich frage nach meinem Vater, du fragst nach deinem (*o* dem deinigen), und Karl fragt nach seinem (*o* dem seinigen). Emilie hat ihre Handschuhe verloren. Die Eltern lieben ihre Kinder. Unser Oheim ist nicht reich. Meine Brüder sind angekommen. Ich habe mehrere Seiten dieses Buches gelesen.

2. *Complétense las oraciones siguientes:* Wie viel— Fehler habe ich in mein— Übersetzung? Sie haben ein— Fehler in Ihr— Übersetzung. Haben Sie gestern mein— Brief erhalten? Nein, ich habe gestern kein— Brief erhalten. Friedrich hat sein— Hut verloren.

Tema

Mi padre está enfermo. Su caballo (de él) es malo. ¿Dónde están vuestros cuadernos? Aquí están nuestros cuadernos. Tengo algunos amigos en París. ¿Es éste su hijo de usted? No, señor, éste no es mi hijo, es mi sobrino. Su casa y la mía son grandes. ¿De quién es este cuaderno? Es de mi amigo.

ZWANZIGSTE LEKTION LECCIÓN VIGÉSIMA

Verbo auxiliar «haben» (haber, tener)

1. El verbo «haben» se emplea como auxiliar para formar los tiempos compuestos de los verbos transitivos; en español equivale a «haber»; v. gr.:

Ich habe gekauft	He comprado
Ich hatte ein Haus gekauft	Había comprado una casa

2. Cuando «haben» va seguido de un substantivo equivale a «tener»; v. gr.:

Wir haben ein Buch	Tenemos un libro
Sie haben Brot	Ustedes tienen pan

3. El verbo «haben», seguido de un infinitivo con «zu», equivale a «tener que», «estar obligado a»; v. gr.:

Ich habe zu arbeiten	Tengo que trabajar
Ich habe dir zu danken	Tengo que darte las gracias

Tiempos simples

Modo indicativo

Presente

ich habe	tengo	wir haben	tenemos
du hast	tienes	ihr habt	tenéis
er (sie, es) hat	él (ella) tiene	Sie haben[1]	Vd(s). tiene(n)
man hat	uno (se) tiene	sie haben	ellos (ellas) tienen

Pretérito imperfecto

ich hatte	tenía, tuve	wir hatten	teníamos, tuvimos
du hattest	tenías, tuviste	ihr hattet	teníais
er (sie, es) hatte	tenía	Sie hatten	Vd(s). tenía(n)
man hatte	uno (se) tenía	sie hatten	ellos tenían

Futuro imperfecto

ich werde...[2] haben	tendré	wir werden... haben	tendremos
du wirst... haben	tendrás	ihr werdet... haben	tendréis
er wird... haben	tendrá	sie(Sie) werden haben	(Vds). tendrán

Condicional imperfecto

ich würde ... haben	tendría	wir würden... haben	tendríamos etc.
du würdest... haben	etc.	ihr würdet... haben	
er würde... haben		sie (Sie) würden... haben	
sie würde... haben			

[1] Al pronombre «Sie» (usted, ustedes) se une siempre la 3.ª persona del plural del verbo.

[2] Estos puntos indican el lugar del régimen; v. gr.: ich werde (würde) einen Freund haben (tendré [*o* tendría] un amigo). Acerca de la conjugación de «werden», v. lec. 39, p. 129.

Imperativo		*Infinitivo*	
Habe	ten	*Pres.* haben *o* zu haben	haber o tener para tener
hab(e)t	tened	*Part. pas.* gehabt	habido / tenido
haben Sie	tenga(n) Vd(s).		

Modo subjuntivo

Presente

(daß) ich habe[1]	(que) yo tenga	wir haben	tengamos
du habest	tú tengas	ihr habet	tengáis
er habe	él tenga	sie (Sie) haben	tengan

Pretérito imperfecto

wenn ich... hätte	si tuviese	wenn wir... hätten	si tuviésemos
» du... hättest	si tuvieses	» ihr... hättet	si tuvieseis
» er... hätte	si tuviese	» sie... hatten	si tuviesen

Wörter

das Vergnügen	el placer, gusto	die Geduld	la paciencia
die Klasse	la clase	die Ferien	las vacaciones
der Strohhut	el sombrero de paja	die Wiese	la pradera
der Mut	el valor	das Päckchen	el paquetito
interessant	interesante	schenken	regalar
der Gewinn	la ganancia	die Arbeit	el trabajo
die Zeitung	el periódico	abgehen	salir
der Füllhalter	la estilográfica	der Briefbogen	el pliego de papel
das Briefpapier	el papel para cartas	der Umschlag	el sobre

Übung

1. Wo habe ich nur meinen Füllhalter gelassen; ohne Füllhalter ist man nur ein halber Mensch. Sie haben recht, ein guter Füllhalter ist einfach unentbehrlich. Was wollen Sie schreiben? Einen Brief, aber ich habe kein Briefpapier. Hier haben Sie einen Briefbogen. Danke, aber ich brauche zwei, denn ich habe zwei Briefe zu schreiben. Dann nehmen Sie diese beiden Briefbogen und diese beiden Umschläge! Vielen Dank, ich werde sogleich schreiben, denn die Briefe müssen heute noch abgehen.

[1] Después de las conjunciones «daß» y «wenn», el verbo — en los tiempos compuestos el auxiliar — se coloca al final de la oración; v. gr.: wenn ich ein Buch *hätte* (si yo tuviera un libro); wenn ich ein Buch *gehabt hätte* (si yo hubiese tenido un libro).

2. *Póngase la forma correspondiente de* «haben» *y complétese la oración:* Ich — kein— Fehler in mein— Aufgabe. Wir haben Kirschen — Unser Garten — viel— Bäume und Blumen. Wenn wir unser— Bücher —, würden wir lesen. Unser Haus — drei Stockwerk—. Ihr — gestern keine Schule. Wenn ich Geld —, würde ich Freunde —.

Tema

Tengo un libro muy interesante, que me ha regalado mi primo. ¿Tienes una pluma estilográfica? No, pero tengo un bolígrafo muy bueno. Mi hermana Luisa tiene dos cuadernos y vários libros. Nosotros teníamos amigos en París, pero ahora no tenemos ninguno allí, pues se han marchado a América. Si yo tuviese dinero compraría un reloj.

Brief Carta

Bewerbungsschreiben

Sehr geehrter[2] Herr! Durch einen Freund habe ich erfahren[3], daß Sie einen jungen Mann anzustellen[4] wünschen. Da ich in ein anderes Haus[5] zu kommen[6] suche[6], um meine Kenntnisse[7] zu erweitern[8] und zu üben[9], so erlaube[10] ich[10] mir[10], Ihnen für diesen Posten meine Dienste[11] anzubieten[12]. Ich bin[13] 21 Jahre[13] alt[13] und bestand[14] meine Lehrzeit[15] im Hause des Herrn N. Nach Beendigung (después de acabar) meiner Lehrzeit war ich einige Monate in Spanien, um die Sprache zu erlernen[16]. Die Zeugnisse[17] meines Chefs[18] erlaube ich mir hier beizufügen[19]. Ebenso ist mein jetziger[20] Chef jederzeit bereit[21], Ihnen über meine Person Auskunft zu erteilen (dar informes). Sie dürfen[22] versichert[23] sein[23], daß ich alles[24], was[24] von mir abhängt[25], tun werde[26], um Ihre volle Zufriedenheit[27] zu erwerben[28].

Ihrer gefälligen[29] Antwort entgegensehend[30], verbleibe[31] ich mit vorzüglicher[32] Hochachtung[32] ergebenst N. R.

[1] carta de solicitud. [2] muy distinguido. [3] sabido. [4] tomar, emplear. [5] casa de comercio. [6] deseando colocarme. [7] conocimientos. [8] profundizar. [9] practicar. [10] me permito. [11] servicios. [12] ofrecer. [13] tengo 21 años. [14] terminé. [15] aprendizaje. [16] aprender. [17] certificados. [18] jefe. [19] incluir. [20] actual. [21] dispuesto. [22] puede usted. [23] estar seguro. [24] todo lo que. [25] dependa. [26] haré. [27] satisfacción. [28] merecer. [29] grata. [30] esperando. [31] quedo. [32] con la mayor consideración.

EINUNDZWANZIGSTE LEKTION
LECCIÓN VIGÉSIMA PRIMERA

Formas interrogativa y negativa de «haben»

Forma interrogativa

	Presente		
habe ich?	¿tengo yo?	haben wir?	¿tenemos nosotros?
hast du?	¿tienes tú?	habt ihr?	¿tenéis vosotros?
hat er?	¿tiene él?	haben sie?	¿tienen ellos (o ellas)?
hat sie?	¿tiene ella?	haben Sie?	¿tiene Vd.? ¿tienen Vds.?
	Pretérito imperfecto		
hatte ich?	¿tenía, tuve yo?	hatten wir?	¿teníamos?
hattest du?	¿tenías tú?	hattet ihr?	¿teníais?
hatte er?	¿tenía él?	hatten sie?	¿tenían?
	Futuro imperfecto		
werde ich... haben?	¿tendré?	werden wir haben?	¿tendremos?
wirst du... haben?	¿tendrás?	werdet ihr haben?	¿tendréis?
wird er... haben?	¿tendrá?	werden sie haben?	¿tendrán?
	Condicional imperfecto		
würde ich... haben?	¿tendría?	würden wir haben	¿tendríamos?
würdest du... haben?	¿tendrías?	etc.	etc.

En la forma interrogativa, el sujeto de la oración se coloca inmediatamente después del verbo; en los tiempos compuestos, después del auxiliar; v. gr.:

Lobt der Lehrer den Schüler?	¿Alaba el profesor al discípulo?
Hat der Lehrer den Schüler gelobt?	¿Ha alabado el maestro al discípulo?

Forma negativa

	Presente		
ich habe... nicht[1]	no tengo	wir haben... nicht	no tenemos
du hast... nicht	no tienes	ihr habt... nicht	no tenéis
er hat... nicht	él no tiene	sie haben... nicht	no tienen
sie hat... nicht	ella no tiene	Sie haben nicht	Vd(s). no tiene(n)
habe ich... nicht?	(¿no tengo?)	haben wir nicht?	etc.
hast du... nicht?	(¿no tienes?)		

[1] V. lec. 3.ª, obs. 2.ª, p. 6.

Pretérito imperfecto

ich hatte... nicht	no tenía	wir hatten nicht	no teníamos
du hattest... nicht	no tenías	ihr hattet nicht	no teníais
er hatte... nicht	no tenía	sie hatten nicht	no tenían

Futuro

ich werde... nicht haben (no tendré), du wirst nicht haben, etc.

Condicional

ich würde... nicht haben (no tendría), du würdest nicht haben, etc.

Wörter

die Briefmarke	el sello	das Fleisch	la carne
die Sprache	el idioma	Geduld haben	tener paciencia
das Tintenfaß	el tintero	recht haben	tener razón
das Schreibheft	el cuaderno de escritura	unrecht haben	no tener razón
		morgen	mañana
das Rechenheft	el cuaderno de cuentas	da	ahí
		sehr gut	muy bien
das Wetter / die Zeit	el tiempo	herum	alrededor
		kein	no ... ningún
Lust haben	tener ganas	Wilhelm	Guillermo
lernen	aprender	frei	libre
gelernt	aprendido	übersetzen	traducir

Übung

Wer hat mein Buch gefunden? Ich habe es gefunden. Wo hast du es gefunden? Im Garten auf einer Bank. Ich danke dir dafür, dass du es mir gebracht hast. Werden Sie Zeit haben, dieses Buch zu lesen? Wir werden heute keine Zeit haben, aber morgen.

Tema

¿Habla usted alemán? Sí, señor, hablo alemán y francés. Mis amigos en Alemania hablan también español, estuvieron dos años en España y han aprendido muy bien este idioma. ¿Qué tiene usted en la mano? Tengo una carta de mis padres; ellos tienen mucho trabajo. Hoy no tengo ganas de trabajar, tengo dolor de cabeza. ¿Tendría usted tiempo para traducirme esta carta al alemán? Sí, señor, mañana se la traduciré a usted, pues hoy no tengo tiempo.

Aus dem täglichen Leben

Ist Frau Schmidt heute zu sprechen?	¿Puedo hablar hoy con la señora de Schmidt?
Ja! Bitte, treten Sie näher. Ich werde Sie anmelden	Sí, señor, tenga usted la bondad de entrar. Voy a anunciarle
Die Dame bittet Sie einzutreten	La señora le ruega que se sirva usted entrar
Guten Tag, gnädige Frau	Buenos días, señora
Entschuldigen Sie, bitte, wenn ich störe...	Perdone usted si molesto...
Aber gar nicht! Wollen Sie, bitte, Platz nehmen!	¡De ninguna manera! Siéntese, haga usted el favor
Ich komme, um Sie zu unserer neuen Modeausstellung einzuladen	Vengo para invitar a usted para nuestra nueva exposición de modelos
Ich danke Ihnen sehr für Ihre Liebenswürdigkeit und werde gerne von Ihrer Einladung Gebrauch machen	Le agradezco mucho su amabilidad y haré con gusto uso de su invitación

ZWEIUNDZWANZIGSTE LEKTION
LECCIÓN VIGÉSIMA SEGUNDA

I. Continuación de la conjugación de «haben»

Tiempos compuestos

Pretérito perfecto comp.		*Pret. pluscuamperfecto*	
ich habe... gehabt	he tenido	ich hatte... gehabt	había tenido
du hast ... gehabt	has tenido	du hattest gehabt	habías tenido
er hat ... gehabt	ha tenido	er hatte gehabt	había tenido
wir haben gehabt	hemos tenido	wir hatten gehabt	habíamos tenido
ihr habt gehabt	habéis tenido	ihr hattet gehabt	habíais tenido
sie haben gehabt	han tenido	sie hatten gehabt	habían tenido

Futuro perfecto	*Condicional perfecto*
ich werde ... gehabt haben habré tenido	ich würde ... gehabt haben habría tenido
du wirst ... gehabt haben	du würdest ... gehabt haben
er wird ... gehabt haben	er würde ... gehabt haben
wir werden ... gehabt haben	wir würden ... gehabt haben
ihr werdet ... gehabt haben	ihr würdet ... gehabt haben
sie werden ... gehabt haben	sie würden ... gehabt haben

Forma interrogativa

Pret. perf.	habe ich (seinen Stock) gehabt?	¿he tenido?
Pret. plusc.	hatte ich ... gehabt?	¿había tenido?
Fut. perf.	werde ich ... gehabt haben?	¿habré tenido?
Cond. perf.	würde ich ... gehabt haben?	¿habría tenido?

Forma negativa

Pret. perf.	ich habe (mein Band) nicht gehabt	no he tenido
Pret. plusc.	ich hatte... nicht gehabt	no había tenido, etc.

Forma negativo-interrogativa

Pret. perf.	habe ich... nicht gehabt?	¿no he tenido?
Pret. plusc.	hatte ich... nicht gehabt?	¿no había tenido?

Pretérito pluscuamperfecto de subjuntivo

wenn ich (einen Freund) gehabt hätte	si yo hubiese tenido
wenn du ... gehabt hättest	si tú hubieses tenido
wenn er ... gehabt hätte	si él hubiese tenido, etc.
wenn ich (deine Uhr) nicht gehabt hätte	si yo no hubiese tenido (tu reloj), etc.

II. Observaciones sobre la construcción alemana

1.ª El participio pasivo de un tiempo compuesto o el infinitivo se colocará siempre *al final* de la oración. En la construcción regular, el sujeto (nominativo) ocupa el primer lugar; el verbo auxiliar, el segundo; el régimen, el tercero; la expresión adverbial, el cuarto; y el participio o el infinitivo termina la frase; v. gr.:

Der Knabe *hat* das Buch nicht *gehabt*	*Lit.:* El muchacho ha el libro no tenido
Der Knabe *wird* das Buch jetzt nicht in seinem Zimmer haben	*Lit.:* El muchacho tendrá el libro ahora no en su cuarto. (El muchacho no tendrá ahora el libro en su cuarto)
Die Mutter wird ihre Tochter in Berlin besuchen	La madre visitará a su hija en Berlín

2.ª Cuando la oración consta de dos complementos, uno directo (en acusativo) y otro indirecto (en dativo), el *indirecto precede al directo;* v. gr.:

Die Mutter wird *ihrem Sohn ein Buch* bringen	La madre traerá un libro a su hijo

3.ª Los adverbios de *tiempo* preceden generalmente al régimen, aunque pueden también hallarse al principio de la oración; en este último caso el sujeto se coloca después del verbo; v. gr.:

Der Knabe hat *gestern* ein Buch gefunden. *Gestern* hat der Knabe *(no:* der Knabe hat!) ein Buch gefunden	Ayer ha encontrado el muchacho un libro

4.ª Los adverbios de *modo* preceden a los de lugar; v. gr.:

Wir werden das Buch *ruhig zu Hause* lesen	Leeremos el libro tranquilamente en casa

5.ª El complemento del infinitivo precede al infinitivo; v. gr.:

Es ist sehr angenehm, einen Freund zu haben	Es muy agradable tener un amigo

6.ª Las oraciones de relativo y ciertas conjunciones transpositivas piden que se coloque el *verbo* — en los tiempos compuestos el *auxiliar* — al final de la oración. Tales conjunciones transpositivas son: «daß» (que); «weil» (porque); «wenn» (si) (condic.); «da» (puesto que); «als» (cuando); «ob» (si).

Hier ist das Buch, welches ich gestern gefunden habe	Aquí está el libro que he encontrado ayer
Ich weiss, weshalb er gestern nicht gekommen ist	Yo sé por qué no ha venido ayer
Ich fragte ihn, ob er meinen Brief erhalten habe	Le pregunté si había recibido mi carta

7.ª En las oraciones subordinadas se coloca el verbo (o el auxiliar) al final de la oración. Si la oración subordinada se coloca al principio, entonces el sujeto de la oración principal se coloca después del verbo (inversión); v. gr.:

Wir werden die Mutter fragen, wenn sie zu Hause ist	Preguntaremos a la madre, si está en casa
Wenn die Mutter zu Hause ist, *werden wir* sie fragen	Si la madre está en casa, le preguntaremos

Nota. Las dos oraciones van separadas por una coma.

Wörter

frühstücken	desayunar	sagen	decir
genug	bastante	grüssen	saludar
unrecht haben	no tener razón	noch nicht	todavía no
recht haben	tener razón	die Schuld	la deuda
gesagt	dicho	fortsetzen	continuar
das Frühstück	el desayuno	das Bier	la cerveza
schon	ya	das Vergnügen	el placer

Übung

1. Haben Sie Ihr Frühstück schon gehabt? Noch nicht, aber ich habe einen Apfel gehabt. Sie werden mit mir frühstücken, ich habe Kaffee genug. Hat Ihr Vater nicht eine Tasse Milch gehabt? Ja, er hat Milch gehabt, er würde auch Kaffee haben, wenn er wollte.

2. *Complétense las oraciones siguientes:* Wieviel Bier — Sie gehabt? Wir — eine Flasche Bier —. — Sie viel Vergnügen auf dem Lande —? Nein, wir — nicht viel Vergnügen —. Das Wetter war sehr schlecht.

Tema

¿Ha escrito usted ya una carta a sus padres? No, señor, no he tenido tiempo, pero escribiré hoy. He leído la carta de su amigo con gran interés. Cuando le escriba, salúdele también de mi parte. Mi hermano ha vivido dos años en Alemania; él habla muy bien el alemán. ¿Qué idiomas aprendéis? Aprendemos el inglés y el francés; hemos aprendido ya el español. ¿Ha leído usted el periódico de hoy? No, señor, no lo he leído todavía. He preguntado a mi amigo si había recibido mi carta, pero no me ha contestado todavía.

Brief

Meine lieben[1] Freunde! Ihr werdet[2] wohl[2] gedacht[2] haben[2], ich sei krank[3] oder habe Euch vergessen[4]. Aber es ist nicht so; ich gedenke[5] Euer oft[6] und habe oft gewünscht,[7] an Euch zu schreiben. Vor einigen Wochen aber habe ich mir die rechte[8] Hand verletzt[9], und bis heute[10] ist mir das Schreiben nicht erlaubt[11] worden. Auch jetzt darf[12] ich nur einige Zeilen[13] schreiben. Für Euren langen Brief danke[14] ich Euch[14] sehr. Ich habe ihn mit großem Interesse[15] gelesen. Gewiß[16] erinnere ich mich[17] an Herrn González; wir waren[18] einige Tage zusammen[18] in Madrid. Viele Grüße[19] an Eure lieben Eltern! Euch und ihnen wünsche[20] ich recht[21] glückliche Ferienzeit[22] in Deutschland. Ihr könnt[23] Euch gar[24] nicht denken, wie gern[25] ich Euch begleiten[26] möchte[27], aber es ist leider[28] unmöglich[29].

Euer treuer[30] Freund Emil

[1] queridos. [2] habréis pensado seguramente. [3] enfermo. [4] olvidado. [5] pienso en vosotros. [6] a menudo. [7] deseado. [8] derecha. [9] lesionado. [10] hasta hoy. [11] permitido. [12] me está permitido. [13] líneas. [14] os doy las gracias. [15] interés. [16] ciertamente. [17] me acuerdo de. [18] estuvimos juntos. [19] recuerdos. [20] deseo. [21] muy. [22] vacaciones. [23] podéis. [24] absolutamente. [25] gustoso. [26] acompañaros. [27] quisiera. [28] desgraciadamente. [29] imposible. [30] fiel.

DREIUNDZWANZIGSTE LEKTION
LECCIÓN VIGÉSIMA TERCERA

Verbo auxiliar «sein» ser, estar

Tiempos simples

Modo indicativo

Presente		*Pretérito imperfecto*	
ich bin	soy (estoy)	ich war	era, fui (estaba o estuve)
du bist	eres (estás)	du warst	eras (estabas, estuviste)
er (sie, es) ist	es (está)	er war	era (estaba, estuvo)
wir sind	somos (estamos)	wir waren	éramos (estábamos)
ihr seid	sois (estáis)	ihr wart	erais (estabais)
Sie sind	Vd. es (Vds.están)	Sie waren	Vd. era, Vds. eran
sie sind	son (están, hay)	sie waren	eran (estaban)

Futuro imperfecto		*Condicional imperfecto*	
ich werde sein	seré (estaré)	ich würde sein	sería (estaría)
du wirst sein	serás, etc.	du würdest sein	serías, etc.
er wird sein	será	er würde sein	sería
wir werden sein	seremos	wir würden sein	seríamos
ihr werdet sein	seréis	ihr würdet sein	seríais
sie werden sein	serán	sie würden sein	serían

Imperativo		Infinitivo	
sei	sé (tú), está	*Pres.* sein *o* zu sein	ser, estar: de ser.
seid	sed (vosotros), estad		
seien Sie	sea Vd.; sean Vds.	*Part. pas.* gewesen	sido estado

Modo subjuntivo

Presente		*Pretérito imperfecto*	
ich sei	yo sea, esté	(wenn) ich wäre	(si) yo fuera, fuese
du seiest	tú seas, estés	» du wärest	» tú fueras
er (sie, es) sei	él (ella) sea, etc.	» er wäre	» él fuera
wir seien	seamos, estemos	» wir wären	» fuéramos
ihr seiet	seáis, estéis	» ihr wäret	» fuerais
Sie seien	Vd. sea; Vds. sean	» Sie wären	» Vd(s) fueran
sie seien	ellos (ellas) sean	» sie wären	» fueran

1. El verbo auxiliar «sein» equivale en español a los verbos «ser» y «estar». En alemán no se hace diferencia entre estos dos verbos; así se dice:

Der Kaffee *ist* süß	El café *está* dulce
Dieses Zimmer *ist* feucht	Este cuarto *es* húmedo

2. El verbo «sein» se usa para la formación de los tiempos compuestos de los verbos intransitivos, así como también del mismo «sein» y del verbo «werden» (llegar a ser, ponerse); v. gr.:

Ich bin gegangen	He ido
Er war gekommen	Había venido
Wir sind krank gewesen	Estuvimos enfermos
Sie ist krank geworden	Se ha puesto mala

3. El verbo «sein», empleado como impersonal, se usa para indicar el tiempo. la hora, etc.:

es ist Tag	es de día	es ist warm	hace calor
es ist Nacht	es de noche	es ist früh	es temprano
es ist ein Uhr	es la una	es ist spät	es tarde
es ist kalt	hace frío	es ist drei Uhr	son las tres

4. El verbo «sein» se emplea también para indicar la distancia de un lugar a otro; v. gr.:

Welche Entfernung ist von Giessen nach Frankfurt?	¿Qué distancia hay de Giessen a Francfort?
Es sind ungefähr sechzig Kilometer	Hay unos sesenta kilómetros

5. El verbo «sein» se emplea también como verbo autónomo, en el sentido de «vivir, permanecer, tener lugar»; v. gr.:

Die Vorstellung ist (= findet statt) morgen	La función es mañana
Sein oder Nichtsein, das ist hier die Frage	Ser o no ser, ésta es aquí la cuestión
Mehr sein wollen	Querer ser más

Wörter

Julius	Julio	die Reise	el viaje
der Kuchen	el pastel	unzufrieden	descontento
glücklich	dichoso, feliz	artig	juicioso, bueno, cortés
unglücklich	desgraciado, infeliz	ruhig	tranquilo, quieto
zufrieden (mit)	contento, satisfecho	gerecht	justo
		treu	fiel
träge *o* faul	perezoso, holgazán	traurig	triste
		gestern	ayer
†angekommen	llegado	morgen	mañana
arm	pobre	wann?	¿cuándo?
†abgereist	marchado, partido	zuviel	demasiado
der Schnee	la nieve	zahlreich	numeroso
reif sein	estar maduro	zwischen	entre

Übung

1. Ich bin jung, du bist alt. Diese Veilchen sind weiß, und jene Rosen sind rot. Der Schnee ist weiß. Diese Früchte werden noch nicht reif sein. Waren Sie gestern im Theater? Nein, wir waren zu Hause; unsere Mutter war krank. Ist diese Reise angenehm? Sie würde sehr angenehm sein, wenn es nicht so warm wäre. Wann werden Sie heute zu Hause sein? Ich bin zwischen zwei und drei (Uhr) zu Hause.

2. *Póngase la forma correspondiente de* «sein»: Ich — in der Schule. Die Schüler — fleißig. Dieser Mann — krank. Wo — du gestern? Wo — ihr morgen —? Wir — morgen in Paris —. Ich — unglücklich —, wenn meine Mutter krank —.

Tema

El niño es débil. El enfermo está débil. Esto es muy caro. Es preciso que seáis obedientes. Mi hijo es comerciante y está actualmente en Alemania. Mi padre quiere que yo esté en casa a las ocho. Hoy hace mucho frío.

Lesestück

Die Schule

1. In der Schule sind viele Kinder, Knaben und Mädchen. In manchen[1] Schulen sind nur Knaben; solche[2] Schulen heißen[3] Knabenschulen. Schulen, in welchen nur Mädchen sind, heißen Mädchenschulen. Die Stube, in welcher die Kinder während des Unterrichts sitzen[4], heißt die Schulstube; der Hof hinter dem Schulhause heißt der Schulhof.

2. In der Schulstube sind Bänke, darauf (en ellos) setzen sich[5] die Kinder. Vor den Bänken stehen (hay) Tische, darauf (sobre ellas) legen[6] die Kinder ihre Hefte, wenn sie schreiben. In den Tischen stecken[7] die Tintenfässer[8]. Unten befinden sich[9] Fächer[10], da hinein legen die Kinder ihre Lesebücher, ihre Schreibhefte, ihre Schiefertafeln[11], ihre Lineale und ihre Federkasten.

3. Vor den Schulbänken steht (está) das Pult[12] des Lehrers. Nicht weit davon ist die Schultafel. Unsere Schultafel ist aus Holz[13] gemacht[14]. Auf die Schultafel schreibt[15] der Lehrer mit Kreide[16]. Die Kinder schreiben auf ihre Tafeln mit einem Griffel[17]. An den Wänden der Schulstube sind Haken[18] oder Nägel[19], daran hängen[20] die Kinder ihre Mützen, ihre Hüte und ihre Mäntel.

4. Was lernen[21] die Kinder in der Schule? Die Kinder lernen in der Schule lesen[22], schreiben[23], singen[24], rechnen[25] und zeichnen[26]. — Wenn die Schule beendet ist, so gehen die Kinder nach Hause.

[1] muchas. [2] tales. [3] se denominan. [4] están sentados. [5] se sientan. [6] ponen, colocan. [7] están metidos. [8] tinteros. [9] encuéntranse. [10] cajones. [11] pizarras. [12] pupitre. [13] madera. [14] hecho. [15] escribe. [16] tiza. [17] pizarrín. [18] ganchos. [19] clavo. [20] cuelgan. [21] aprenden. [22] leer. [23] escribir. [24] cantar. [25] contar, echar cuentas. [26] dibujar.

VIERUNDZWANZIGSTE LEKTION
LECCIÓN VIGÉSIMA CUARTA

Formas interrogativa y negativa de «sein»

Forma interrogativa

Presente		*Pret. imperfecto*	
bin ich (jung)?	¿soy? ¿estoy?	war ich?	¿era (fui)? ¿estaba (estuve)?
bist du?	¿eres (estás)?	warst du?	¿eras?
ist er (es)?	¿es (está)?	war er (es)?	¿era?
sind wir?	¿somos?	waren wir?	¿éramos?
seid ihr?	¿sois?	wart ihr?	¿erais?
sind Sie?	¿es Vd.? ¿son Vds.?	waren Sie?	¿era(n) Vd(s).?
sind sie?	¿son?	waren sie?	¿eran?

Futuro imperfecto		*Condicional imperfecto*	
Werde ich... sein?	¿seré?	würde ich... sein?	¿sería?
wirst du... sein?	¿serás?	würdest du... sein?	¿serías?
wird er... sein?	¿será? etc.	würde er... sein?	¿sería? etc.

Forma negativa

Presente		*Pret. imperfecto*	
ich bin nicht	no soy, estoy	ich war nicht	no era, estaba
du bist nicht	no eres, etc.	du warst nicht	no eras
er ist nicht	no es	er war nicht	no era
sie ist nicht	no es	sie war nicht	no era
wir sind nicht	no somos	wir waren nicht	no éramos
ihr seid nicht	no sois	ihr wart nicht	no erais
Sie sind nicht	usted no es, ustedes no son	Sie waren nicht	usted no era, ustedes no eran
sie sind nicht	no son	sie waren nicht	no eran

Futuro imperfecto	
ich werde nicht (zufrieden) sein	no seré, no estaré (contento)
du wirst nicht... sein	no serás, no estarás
er wird nicht... sein	no será, no estará
wir werden nicht... sein	no seremos, etc.

Condicional imperfecto	
ich würde nicht (traurig) sein	no sería, no estaría (triste)
du würdest nicht... sein	no serías, no estarías, etc.
Pretérito imp. de subjuntivo	
wenn ich nicht (krank) wäre	si yo no fuese, si no estuviera
wenn du nicht ... wärest	si tú no fueses, si no estuvieras
wenn er nicht ... wäre	si él no fuese, si no estuviera
wenn sie nicht ... wäre	si ella no fuese, si no estuviera
wenn wir nicht... wären	si nosotros no fuésemos, etc.

Forma negativo-interrogativa

bin ich nicht (zufrieden)?	¿no estoy yo (contento)?
war ich nicht (krank)?	¿no estaba yo (enfermo)?, etc.

Wörter

das Wörterbuch	el diccionario	genug	bastante
†fortgegangen	marchado	hier	aquí
teuer	caro	dort	allí
billig	barato	oft	a menudo
unwohl	indispuesto	fertig	dispuesto, listo
gestern abend	anoche	gleich	en seguida
schwach	débil	denn	pues
gewiß	ciertamente, seguramente	was?	¿qué?
		warum?	¿por qué?
ich dachte	pensé	neulich	el otro día

Übung

Wo bin ich? Sie sind am Bahnhof. Bist du krank? Nein, aber ich bin sehr müde. Wirst du heute zu Hause sein? Nein, ich werde im Theater sein. Neulich war ich beim Fotographen, denn ich brauchte ein Passbild für meinen Führerschein, und gestern habe ich die Aufnahmen abgeholt. Na, dachte ich, als ich sie gesehen hatte, für 1,50 DM. (= deutsche Mark) kann man wohl nicht besser aussehen. Schließlich ist es ja nur ein Passbild. Erstaunlich ist nur, dass mein Freund das Bild sehr schön findet.

Tema

¿Dónde estás, Carlos? Estoy en *(dat.)* mi cuarto. ¿Dónde está tu hermano? Se ha marchado, no está en casa. Mi amigo es hijo de un comerciante. La semana pasada estuvimos en el campo, hizo muy buen tiempo. El maestro quiere que seamos aplicados. Mañana estaremos en Berlín, y tú estarás en Madrid. ¿Quién ha estado en mi cuarto? Su hermano (de usted) estuvo en su cuarto (de usted); se ha marchado hace poco. Esta tarde estará en casa. $_3$No $_1$estaré $_4$aquí $_2$mañana, estaré en Sevilla. ¿Por qué no estuvo usted ayer en (auf, *dat.)* el baile? Tenía dolor de cabeza. Estaría contento, si estuviese con (bei) mis padres.

Lesestück

Die Kinderzeche

Weithin berühmt ist das Dankfest[1] der Dinkelsbühler Kinder, die in schwerer Kriegsnot[2] im Jahre 1632 unter der Führung der «Kinderlore» zu Rettern[3] ihrer Vaterstadt wurden. Seit Jahrhunderten wird es gefeiert[4]. Im Mittelpunkt aller Veranstaltungen[5] steht heute das historische Festspiel «Die Kinderzeche», verfaßt von dem verstorbenen Münchner Dramaturgen Hofrat Ludwig Stark. Es zählt nicht nur zu den ältesten, sondern auch, wie dies von berufener[6] Seite immer wieder bestätigt[7] wird, zu den wertvollsten deutschen Heimatspielen. Eine stimmungsvolle Einführungsmusik[8] geht dem Hauptspiel im Schrannensaal, dem riesigen Festraum[9] aus der Zeit der Reichsfreiheit, voraus. Den Abschluß[10] bildet eine ernste und rührende[11] Freilichtszene[12] auf dem Altrathausplatz, die Übergabe[13] der Stadt an die siegreichen[14] Schweden und ihre Rettung durch die Kinder darstellend. Diesem Nachspiel folgt ein großer farbenprächtiger[15] Festzug, der mit dem althergebrachten[16] «Spruche» des kleinen Obristen vom Knabenbatallion endet. Die Reihe der Darbietungen[17] wird ergänzt durch Vorführungen der Tanzgruppe, Konzerte der berühmten Dinkelsbühler Knabenkapelle u. a. m. In der Zeltstadt auf dem nahen Schießwiesen wickelt[18] sich ein lustiges[19] Volksfest[20] ab mit allem Drum und Dran, das zum Treffpunkt[21] aller Festbesucher[22] wird. Das traditionelle Heimatfest[23] wird alljährlich[24] im Juli gefeiert.

[1] oración de gracia. [2] en la penuria a causa de la guerra. [3] salvador, héroe. [4] celebrado. [5] solemnidades. [6] parte competente. [7] certificado. [8] intervención musical. [9] sala de festejo. [10] final. [11] conmovedor. [12] escena al aire libre. [13] la rendición. [14] victorioso. [15] rico en colorido. [16] del conocido antiguo. [17] programa festival. [18] se desarrolla. [19] alegre. [20] fiesta popular. [21] punto de partida. [22] participantes a la fiesta. [23] fiesta del lugar. [24] todos los años.

FÜNFUNDZWANZIGSTE LEKTION
LECCIÓN VIGÉSIMA QUINTA

Continuación de la conjugación de «sein»

Tiempos compuestos

Pretérito perfecto comp.	*Pluscuamperfecto*
ich bin (krank) gewesen he sido,	ich war... gewesen había sido
du bist... gewesen [estado	du warst... gewesen
er ist... gewesen	er war... gewesen
wir sind... gewesen	wir waren... gewesen
ihr seid... gewesen	ihr waret... gewesen
Sie sind... gewesen	Sie waren... gewesen
sie sind... gewesen	sie waren... gewesen
Futuro perfecto	*Condicional perfecto*
ich werde... gewesen sein habré	ich würde... gewesen sein habría
du wirst... gewesen sein [sido	du würdest... gewesen sein [sido
er wird... gewesen sein	er würde... gewesen sein
wir werden... gewesen sein	wir würden... gewesen sein
ihr werdet... gewesen sein	ihr würdet... gewesen sein
sie werden... gewesen sein	sie würden... gewesen sein

Pretérito pluscuamperfecto de subjuntivo	
wenn ich... gewesen wäre	si (yo) hubiese sido, hubiera estado
wenn du... gewesen wärest	si hubieses sido, hubieras estado
wenn er... gewesen wäre	si hubiese sido, hubiera estado
wenn wir... gewesen wären	si hubiésemos sido, etc.

Forma interrogativa

Pret. perf.	bin ich... gewesen?	¿he sido, he estado?
	bist du... gewesen?	¿has sido?
	ist er... gewesen?	¿ha sido?, etc.
Pret. plusc.	war ich... gewesen?	¿había sido, estado?
Fut. perf.	werde ich... gewesen sein?	¿habré sido?
Cond. perf.	würde ich... gewesen sein?	¿habría sido?

Forma negativa

Pret. perf.	Ich bin (gestern) nicht (fleißig) gewesen	no he sido (ayer
	du bist (gestern) nicht (fleißig) gewesen, etc.	(aplicado)

Pretérito pluscuamperfecto de subjuntivo	
wenn ich nicht... gewesen wäre	si no hubiese sido, estado
wenn du nicht... gewesen wärest	si no hubieses sido, estado
wenn er nicht... gewesen wäre	si no hubiese sido, estado
wenn wir nicht... gewesen wären	si no hubiésemos sido, etc

Forma negativo-interrogativa

Bin ich (heute) nicht (artig) gewesen?	¿no he sido, estado? etc.

Wörter

Wortgruppe: Kleidungsstücke Prendas de vestir

das Hemd	la camisa	die Weste	el chaleco
das Taghemd	la camisa de vestir	der Rock	la chaqueta
das Nachthemd	la camisa de dormir	der Kragen	el cuello
		die Halsbinde	la corbata
die Socke	el calcetín	der Mantel	el abrigo
die Unterjacke	la camiseta	der Überzieher	el gabán
die Unterhose	los calzoncillos	der Hut	el sombrero
die Pantoffeln	las zapatillas	der Handschuh	el guante
die Hose	el pantalón		

Übung

Ich bin gestern mit meinem Freund in Berlin gewesen. Er ist in Berlin geblieben und ich bin nach München weitergereist. Mein Bruder ist auf der Post gewesen; er wird eine deutsche Zeitung in der Stadt kaufen. Unser Nachbar ist heute hier gewesen. Alfred wird nicht in der Schule gewesen sein. Die Mädchen würden unglücklich gewesen sein (wären . . . gewesen), wenn sie nicht im Theater gewesen wären.

Tema

El año pasado hice un viaje con mi jefe por casi toda Europa. Hicimos un viaje de negocios y estuvimos en las principales capitales europeas, entre ellas en Londres, París, Berlín y Viena. ¿Has estado tú ya en Viena? No, señor, pero estuve en Francfort y en Colonia. ¿Dónde estuvisteis durante las vacaciones? Estuvimos en el campo. Tuvimos muy buen tiempo; hizo mucho calor.

SECHSUNDZWANZIGSTE LEKTION
LECCIÓN VIGÉSIMA SEXTA

El verbo

Los verbos, por su valor y oficios gramaticales, se dividen en las cuatro clases siguientes:

1.ª *Verbos activos o transitivos;* así se llaman aquellos que expresan una acción ejecutada por el sujeto de la oración (nominativo) y recibida directamente por el complemento (acusativo). Tales son: «lieben» (amar), «loben» (alabar), «schlagen» (pegar), «sehen» (ver), etc.; v. gr.:

Gott liebt die Menschen	Dios ama a los hombres

La acción de amar es ejecutada por el sujeto «Gott» *(nom.)* y directamente recibida por el complemento «die Menschen» *(acus.)*

Ich *(nom.)* sehe den Knaben *(acus.)*	Veo al muchacho
Ich *(nom.)* esse einen Apfel *(acus.)*	Como una manzana

Todo verbo activo puede tomar la *forma pasiva;* v. gr.:

Der Lehrer lobt den fleißigen Schüler	El maestro alaba al alumno aplicado
Der fleißige Schüler wird von dem Lehrer gelobt	El alumno aplicado es alabado por el maestro

2.ª *Verbos neutros;* éstos son los que expresan una acción *intransitiva* o que no puede pasar de una persona o cosa a otra, como: «schlafen» (dormir), «laufen» (correr), «bleiben» (quedarse), «sprechen» (hablar); v. gr.:

Die Kinder schlafen	Los niños duermen
Wir sprechen von dem Wetter	Hablamos del tiempo

En este último ejemplo, el complemento «das Wetter» no recibe la acción de hablar; tan sólo está puesto en relación con ella por medio de la preposición «von».

3.ª *Verbos reflexivos* o *reflejos*, que son aquellos cuya acción recae sobre la persona o cosa que la ejecuta. Tales son: «sich freuen» (alegrarse); «sich wundern» (admirarse); v. gr.:

Die Mutter freut sich *(acus.)*. La madre se alegra.

4.ª *Verbos impersonales;* expresan una acción o un estado, cuyo sujeto no se nombra; v. gr.:

es regnet (llueve), es schneit (nieva), etc.

En la conjugación de los verbos alemanes se expresan, como en la de los castellanos, *cuatro accidentes*, a saber: 1) *modos*, 2) *tiempos*, 3) *números*, 4) *personas*.

Hay *cinco modos:* infinitivo, indicativo, imperativo, subjuntivo y condicional.

El *infinitivo* de todos los verbos alemanes termina en *en* o *n;* v. gr.: «lieb*en*» (amar); «komm*en*» (venir); «handel*n*» (obrar); «bewunder*n*» (admirar).

En alemán, los tiempos del verbo son los mismos que en castellano, salvo el pretérito perfecto *simple*, que no tiene forma equivalente en alemán, traduciéndose unas veces por el pretérito imperfecto y otras por el pretérito perfecto *compuesto*.

Los *números* y *personas* en nada difieren de nuestro idioma.

En cuanto a la manera de conjugar los verbos, conviene advertir que los dividimos en *regulares* e *irregulares*. Los gramáticos alemanes llaman generalmente a los primeros *verbos débiles* (schwache Verben) y a los últimos, *verbos fuertes* (starke Verben).

Verbos regulares

«Regelmäßige Zeitwörter» o «schwache Verben»

Lo que caracteriza al verbo regular en alemán es la terminación del pretérito imperfecto *te*, y la del participio pasivo *t*, añadidas a la raíz. En todos los verbos se consideran: 1.º) las letras radicales (o la raíz), que son las que preceden a la terminación *en* o *n* del infinitivo, y 2.º) las terminaciones. En los verbos regulares, la vocal radical es la misma para todos los tiempos y modos; la conjugación se efectúa únicamente por la adición de las terminaciones correspondientes a los tiempos y personas. Estas terminaciones se añaden al radical del verbo; v. g.: *infinitivo*, l*ie*b-en; *pres.*, ich l*ie*b-e; *pret. imperf.* y *pret. perf. simple*, ich l*ie*b-te; *participio*, ge-l*ie*b-t.

Formación de los tiempos

La primera persona de singular del *presente de indicativo* de *todos* los verbos se forma, exceptuando algunos verbos irregulares (v. p. 132) añadiendo *e* a la raíz o letras radicales. La primera persona del presente de subjuntivo es idéntica a la del mismo tiempo del indicativo: «ich lob*e*» = «yo alabo» y «yo alabe», de «loben» (alabar); ich stell*e* = «yo pongo» y «yo ponga», de «stellen» (poner, colocar).
He aquí las desinencias del *presente:*

	Indicativo		*Subjuntivo*	
	Sing.	*Plur.*	*Sing.*	*Plur.*
1.ª	—*e*	—*en*	—*e*	—*en*
2.ª	—*st* (est)	—*t* (et)	—*est*	—*et*
3.ª	—*t* (et)	—*en*	—*e*	—*en*

La *primera* persona de singular del *pretérito imperfecto de ind.* de los verbos regulares se forma añadiendo a la raíz la terminación *te.* Si la última letra radical es *d* o *t*, se añade *ete:* reden — redete; beten — betete. El pretérito imperfecto de subjuntivo tiene las mismas terminaciones que el de indicativo; v. gr.: «ich lob-te» (yo alababa y alabase), «ich red-ete» (yo hablaba y hablase). La tercera persona de estos tiempos es igual a la primera. He aquí las terminaciones del *pretérito imperfecto:*

	Indicativo		*Subjuntivo*	
	Sing.	*Plur.*	*Sing.*	*Plur.*
1.ª	—(e)*te*	—(e)*ten*	—(e)*te*	—(e)*ten*
2.ª	—(e)*test*	—(e)*tet*	—(e)*test*	—(e)*tet*
3.ª	—(e)*tè*	—(e)*ten*	—(e)*te*	—(e)*ten*

El *futuro imperfecto* se forma con el infinitivo del verbo que se conjuga precedido del presente de ind. de «werden»

(v. p. 139, n.º 26); v. gr.: «ich werde loben» (yo alabaré), «ich werde gehorchen» (yo obedeceré). El *condicional imperfecto* se forma anteponiendo el pretérito imperfecto de subj. de «werden» (v. p. 129) al infinitivo del verbo que se conjuga; v. gr.:

ich würde lieben (yo amaría); ich würde handeln (yo obraría), etc.

El *participio presente* o *gerundio* se forma añadiendo *end* o *nd* a la raíz (*-d* al infinitivo): «lob*end*» (alabando), «zitter*nd*» (temblando).

Para formar el *participio pasivo*, añádase la letra *t* a la raíz, que en los *verbos simples* va precedida del prefijo *ge:* «*ge*-lob-t» (alabado), «*ge*-stell-t» (puesto o colocado), «*ge*-zitter-t» (temblado). Exceptúanse sólo los verbos compuestos inseparables; v. gr.: «be-decken» (cubrir, tapar), *part. pas.:* «*be*-deckt»; «ver-kaufen» (vender), *part. pas.:* «ver-kauft»; «über-setzen» (traducir), *part. pas.:* «über-setzt» (v. lec. 47, p. 158).

Los *pretéritos compuestos* (el pretérito perfecto y el pluscuamperfecto) se forman, como en castellano, con un auxiliar («haben» o «sein»), seguido del *participio pas.:* «ich *habe* gelobt» (he alabado), «ich habe übersetzt» (he traducido), «ich *hatte* gelobt» (yo había alabado). Asimismo el *futuro perfecto:* «ich werde geliebt haben» (yo habré amado), y el *condicional perfecto:* «ich würde gezittert haben» (yo habría temblado).

El *imperativo sing.* es igual a la primera persona de singular del presente de indicativo, omitiendo el pronombre «ich»; v. gr.: «lobe» (alaba), «zittere» (tiembla). El *plural* es igual a la 2.ª pers. de plural del presente de indicativo; v. gr.: «lobt» (alabad); «zittert» (temblad).

El pronombre de cortesía «usted, ustedes» va seguido siempre de la tercera persona de plural; v. gr.: «Sie loben» (usted alaba, ustedes alaban). Para no confundir este «Sie» con el «sie» de la tercera persona, se escribe el primero con inicial mayúscula. En el imperativo se pospone el pronombre «Sie» al verbo: «geben Sie» (dé usted *o* den ustedes); «kommen Sie» (venga usted *o* vengan ustedes).

Conjugación de un verbo regular

«Loben» (alabar) *(pret. imp.:* lobte; *part. pas.:* gelobt)

Indicativo		**Subjuntivo**	
	Presente		
ich lobe	yo alabo	ich lobe	yo alabe
du lobst	tú alabas	du lob*est*	tú alabes
er lobt	él alaba	er lob*e*	él alabe
sie lobt	ella alaba	sie lob*e*	ella alabe
es lobt	(él o ella) alaba	es lob*e*	alabe
man lobt	uno (o se) alaba	man lob*e*	uno alabe
wir lob*en*	alabamos	wir lob*en*	alabemos
ihr lob(*e*)*t*	alabáis	ihr lob*et*	alabéis
Sie lob*en*	Vd(s). alaba(n)	Sie lob*en*	Vd(s). alabe(n)
sie lob*en*	ellos alaban	sie lob*en*	ellos alaben
	Pretérito imperfecto y perfecto simple		
ich lob*te*	alababa, alabé	ich lob*te*	alabase, alaba- [ra
du lob*test*	alababas	du lobtest	alabases
er (sie, es) lob*te*	alababa	er lobte	él alabase
wir lob*ten*	alabábamos	wir lob*ten*	alabásemos
ihr lob*tet*	alababais	ihr lob*tet*	alabaseis
Sie lob*ten*	Vd(s). alaba-ba(n)	Sie lob*ten*	Vd(s). alaba-se(n)
sie lob*ten*	ellos alababan	sie lob*ten*	ellos alabasen
	Futuro imperfecto		
ich werde...[1] loben	alabaré	Ich werde... loben	alabare
du wirst... loben	alabarás	du werdest... loben	alabares
er wird... loben	alabará	er werde... loben	alabare
wir werden... loben	alabaremos	wir werden... loben	alabáremos
ihr werdet... loben	alabaréis	ihr werdet... loben	alabareis
sie werden... loben	alabarán	sie werden... loben	alabaren
	Pretérito perfecto compuesto		
ich habe... gelobt	he alabado	ich habe... gelobt	haya alabado
du hast... gelobt	»	du habest... gelobt	»
er hat... gelobt	»	er habe... gelobt	»
sie hat... gelobt	»	sie habe... gelobt	»
wir haben... gelobt	»	wir haben... gelobt	»
ihr hab(e)t... gelobt	»	ihr habet... gelobt	»
sie haben... gelobt	»	sie haben... gelobt	»

[1] Estos puntos indican el lugar que debe ocupar el complemento; v. gr.: ich werde *den fleißigen Schüler* loben.

Pretérito pluscuamperfecto

ich hatte... gelobt había y hube alabado	ich hätte... gelobt / wenn ich gelobt... hätte } yo hubiera alabado
du hattest... gelobt	du hättest... gelobt
er hatte... gelobt	er hätte... gelobt
wir hatten... gelobt	wir hätten... gelobt
ihr hattet... gelobt	ihr hättet... gelobt
sie hatten... gelobt	sie hätten... gelobt

Futuro perfecto

ich werde... gelobt haben yo habré alabado	ich werde... gelobt haben yo hubiere alabado
du wirst... gelobt haben	du werdest... gelobt haben
er wird... gelobt haben, etc.	er werde... gelobt haben, etc.

Condicional imperfecto

ich würde... loben	yo alabaría
du würdest... loben	tú alabarías
er würde... loben	él alabaría
wir würden... loben	nosotros (nosotras) alabaríamos
ihr würdet... loben	vosotros (vosotras) alabaríais
Sie würden... loben	Vd. alabaría, Vds. alabarían
sie würden... loben	ellos (ellas) alabarían

Condicional perfecto

ich würde... gelobt haben *o* ich hätte... gelobt	yo hubiera alabado
du würdest... gelobt haben *o* du hättest ... gelobt	tú hubieras alabado
er würde... gelobt haben *o* er hätte... gelobt	él hubiera alabado, etc.

Imperativo

lobe	alaba	loben wir / lasset(laßt) uns loben / wir wollen loben } alabemos
lob(e)t	alabad	
loben Sie	alabe Vd., alaben Vds.	

Infinitivo

Pres.	loben	alabar
	zu loben	a (*o* de) alabar
	um... zu loben	para alabar
Pret.	gelobt haben	haber alabado
	gelobt zu haben	de (para) haber alabado
Part. pres. (gerundio):	lobend	alabando
Part. pas.:	gelobt	alabado, alabada

Formas interrogativa y negativa

lobe ich?	¿alabo?	loben wir?	¿alabamos?
lobst du?	¿alabas?	lobt ihr?	¿alabáis?
lobt er?	¿alaba?	loben sie?	¿alaban?, etc.

ich lobe... nicht (no alabo), du lobst nicht, etc.
ich werde... nicht loben (no alabaré), etc.
ich habe... nicht gelobt (no he alabado), etc.

Lobt der Lehrer seine Schüler nicht?	¿No alaba el profesor a sus alumnos?
Hat der Lehrer den Schüler nicht gelobt?	¿No ha alabado el maestro al alumno?

Las formas «yo estoy aprendiendo, estuve aprendiendo, he estado aprendiendo», etc., se traducen respectivamente por «ich lerne, ich lernte, ich habe gelernt», etc.

He aquí algunos verbos de la conjugación regular:

lieb*en*—lieb*te*—*ge*lieb*t*[1] amar
leb*en*—leb*te*—*ge*leb*t* vivir
such*en*—such*te*—*ge*such*t* buscar

holen	ir por, traer	lachen	reir
führen	conducir, guiar	kaufen	comprar
strafen	castigar	hören	oir, escuchar
bauen	construir, edificar	lehren	enseñar
wohnen	habitar, vivir	schicken	enviar, mandar, remitir
sagen	decir	legen	poner, echar
†reisen (nach)	viajar (o ir) a	danken	dar gracias
ruhen	descansar	stellen	poner, colocar
wählen	elegir, escoger	zeigen	mostrar, enseñar
dienen	servir	spielen	jugar; tocar (piano, etc.)
fragen (nach) *(dat.)*	preguntar (por)	brauchen	necesitar; usar
		lernen	aprender
füllen	llenar	wünschen	desear
zählen	contar	weinen	llorar
grüßen	saludar	†folgen	seguir
schenken	regalar	teilen	partir, dividir
machen	hacer	setzen	sentar

[1] Fórmense de todos los verbos mencionados estas tres formas.

SIEBENUNDZWANZIGSTE LEKTION
LECCIÓN VIGÉSIMA SÉPTIMA

Particularidades de algunos verbos regulares

1.ª Los verbos acabados en *-eln* (en vez de *-elen)* y *-ern* (en vez de *-eren)* pierden generalmente la *e* ante la *l* o *r* en la *primera* persona de singular del presente; en el plural suprimen, como en el infinitivo, la *e* de la terminación; v. gr.:

Tadeln (reprender)

	Presente		
ich tad(e)*le*	reprendo	wir tadel*n*	reprendemos
du tadelst	reprendes	ihr tadel*t*	reprendéis
er tadel*t*	reprende	sie tadel*n*	reprenden
	Pretérito imperfecto		
ich tadelt*e* (reprendí), du tadeltest, etc.			
	Pretérito perf. compuesto		
ich habe *ge*tadelt (he reprendido), du hast getadelt, etc.			

Tales verbos son:

handeln	obrar, comerciar	zittern	temblar
lächeln	sonreir	fordern	pedir
sammeln	recoger, coleccionar	klettern	trepar
schütteln	sacudir, menear	liefern	suministrar

2.ª Los verbos regulares acabados en *-den* y *-ten* conservan en el *presente*, en el *imperfecto* y en el *participio pasivo* la *e* de la terminación del infinitivo; lo mismo hacen los acabados en *-men* y *-nen* si a estas letras precede otra consonante (menos la *x y* la *h*); v. gr.:

Warten (auf) *(con acus.)* (esperar [a])

Presente		*Pretérito imperfecto*	
ich warte	espero	ich wart*ete*	esperaba
du wart*e*st	esperas	du wart*etest*	esperabas
er wart*et*	espera	er wart*ete*	esperaba
wir wart*en*	esperamos	wir wart*eten*	esperábamos
ihr wart*et*	esperáis	ihr wart*etet*	esperabais
sie wart*en*	esperan	sie wart*eten*	esperaban
Part. pasivo		*Pretérito perf. compuesto*	
gewar*tet*	esperado	ich habe gewartet	he esperado, etc.

De la misma manera se conjugan:

baden	bañar(se)	töten	matar
bilden	formar	fürchten	temer
reden	hablar	öffnen	abrir
schulden	deber	regnen	llover
schaden	causar daño	†begegnen	*(con dat.)* encontrar
beten	orar, rezar	widmen	dedicar
arbeiten	trabajar	atmen	respirar
antworten	contestar, responder	umarmen	abrazar
achten	estimar, respetar	lernen	aprender

Pret. imp.: ich bad*ete*, arbeitete, begegnete, atmete, etc.
Part. pas.: gebad*et*, gearbeitet, begegnet, geatmet, etc.

3.ª Los verbos, cuya sílaba radical acaba en s, ss, ß, *z*, *tz* o *x* forman la segunda persona del singular del presente en *est* o también idénticamente a la tercera persona del mismo número y tiempo; v. gr.:

reisen (viajar): du reisest *o* reist, er reist, etc.
küssen (besar): du küssest, *o* küßt, er küßt, etc.
grüßen (saludar): du grüßest *o* grüßt, er grüßt, etc.
pflanzen (plantar): du pflanzest *o* pflanzt, er pflanzt, etc.

4.ª Los verbos acabados en *-ieren* forman el participio pasivo *sin* el prefijo *ge;* v. gr.:

stud*ieren* (estudiar); *part. pas.:* studier*t*
prob*ieren* (probar); » » probier*t*, etc.

5.ª Los verbos «brennen, kennen, nennen, rennen, senden», en el pret. imperf. y en el part. pas., cambian su *e* radical en *a:*

		Presente	*Imperfecto*	*Part. pas.*
brennen	arder	ich brenne	ich br*a*nnte	gebr*a*nnt
kennen	conocer	ich kenne	ich k*a*nnte	gek*a*nnt
nennen	nombrar	ich nenne	ich n*a*nnte	gen*a*nnt
rennen	correr	ich renne	ich r*a*nnte	ger*a*nnt
senden	enviar	ich sende	ich s*a*ndte	ges*a*ndt

6.ª Los tres verbos «bringen» (traer, llevar), «denken (an)» (pensar [en]) y «wissen» (saber), que toman las terminaciones de los verbos regulares, alteran su sílaba radical en el pret. imperf. y en el participio pasivo; el último es irregular también en el *singular* del presente:

Presente	*Imperfecto*	*Part. pas.*
ich bringe	ich br*ach*te	gebr*acht*
ich denke	ich d*ach*te	ged*ach*t
ich *weiß*, du *weißt*, er *weiß*, wir *wissen*, etc.	ich w*u*ßte	gew*u*ßt

Wörter

die Geschichte	la historia	alt	antiguo
der Gefangene	el prisionero	böse	malo
der Regen	la lluvia	unartig	malo, travieso
der Schuhmacher	el zapatero	recht handeln	obrar bien (con justicia)
der Wolf	el lobo	stark	fuerte
der Briefträger	el cartero	†gekommen	venido
der Korb	el cesto	nicht mehr	no más; ya no
der Blinde	el ciego	so sehr	(con verbo) tanto
sonderbar	extraño, singular	prachtvoll	magnífico, -a

Übung

1. Ich warte in dem Garten. Ich wartete eine Stunde. Der Knabe badete gestern in dem Flusse; er badet jeden Tag. Was fürchtest du? Ich fürchte nichts. Es regnet sehr stark. Ich achte diesen Mann nicht, denn er arbeitet nichts. Ich habe vier Stunden studiert. Ich dachte nicht an Sie. Der Briefträger hat meinem Vater einen Brief gebracht. Wissen Sie, wo meine Schwester ist? Nein, ich weiß es nicht. Ich wußte nicht, daß Sie hier waren.

2. *Póngase el verbo en pres., imperfecto y pret. perf. comp.:* Ich (denken) an Sie. Du (wissen) es nicht. Wir (kennen) jenen Herrn nicht. Das Haus (brennen). Ihr (bringen) gute Nachrichten. Du (studieren) deine Lektion. Wer (bringen) diesen Korb? Ich (wissen) es nicht, ich (kennen) den Mann nicht, der ihn (bringen). Der Briefträger (bringen) drei Briefe. Die Sonne (brennen). Du (handeln) gut. Das Kind (lächeln).

Tema

Reprendo a los niños malos. El maestro ha reprendido a los niños perezosos. El viento ha sacudido el árbol. ¡Respóndame usted! Los gatos temen el agua. ¿Llueve? No, no llueve. Este zapatero no trabaja bien; su padre trabajaba mejor. ¡Ora y trabaja! ¿Qué contestó usted? Respondí [que] sí. ¿Quién ha traído esta carta? ¿Ha estudiado usted historia? He estudiado la historia antigua. ¿Sabe usted dónde está mi padre? Sí, lo sé; está en el jardín. Es extraño que (daß) Federico no $_2$haya *(trad.* ha) $_1$contestado. Un ciego $_4$no $_1$puede $_5$enseñar $_3$el camino $_2$a (un) otro ciego.

ACHTUNDZWANZIGSTE LEKTION
LECCIÓN VIGÉSIMA OCTAVA

Verbos auxiliares modificativos

A los tres auxiliares anteriores es preciso añadir los siete siguientes, que sirven para *modificar* la acción de los verbos, expresando una *posibilidad*, una *voluntad*, un *deber*, una *necesidad* o un *permiso*. Dichos auxiliares son: «können, wollen, sollen, müssen, mögen, dürfen, lassen».

El verbo por ellos modificado se pone en infinitivo y *sin* la preposición «zu»; v. gr.:

Ich muß gehen	Debo ir
Er will essen	Quiere comer

Können (poder, saber)

Indicativo		Subjuntivo	
	Presente		
ich kann	puedo, sé	ich könne	pueda, sepa
du kannst	puedes, sabes	du könnest	puedas, sepas
er kann	él puede, sabe	er könne	él pueda, sepa
sie kann	ella puede, sabe	sie könne	ella pueda, sepa
es kann	él (ella) puede	es könne	él (ella) pueda, sepa
man kann	se (o uno) puede	man könne	se pueda, sepa
wir können	podemos	wir können	podamos
ihr könn(e)t	podéis	ihr könnet	podáis
Sie können	Vd(s). puede(n)	Sie können	Vd(s). pueda(n)
sie können	pueden	sie können	puedan
	Pretérito imperfecto y pret. perf. simple		
ich konnte	podía, pude	ich könnte	yo pudiera, pudiese
du konntest	podías, pudiste	du könntest	
er konnte	podía, pudo	er könnte	
wir konnten	podíamos	wir könnten	
ihr konntet	podíais	ihr könntet	
sie konnten	podían	sie könnten	
	Futuro imperfecto		
ich werde ... können	yo podré	ich werde ... können	yo pudiere

Condicional imperfecto

ich würde ... können	yo podría
du würdest ... können	tú podrías, etc.

Pret. imp. de subj.:	wenn ich (lesen) könnte	si yo supiera, etc.
Participio pasivo:	gekonnt *(o* können)[1]	podido; sabido

Wollen (querer)

Presente		*Pret. imperfecto*	
ich *will* (arbeiten)	quiero	ich wollte	quería, quise
du *willst*	quieres	du wolltest	querías
er (sie) *will*	quiere	er (sie) wollte	quería, quiso
wir wollen	queremos	wir wollten	queríamos, etc.
ihr woll(e)t	queréis	ihr wolltet	queríais, etc.
Sie wollen	Vd(s). quiere(n)	Sie wollten	Vd(s). quería(n)
sie wollen	quieren	sie wollten	querían

[1] Con un infinitivo, v. gr.: «ich habe nicht liesen können», no he podido leer.

Futuro imperfecto		*Condicional imperfecto*	
ich werde... wollen	querré,	ich würde... wollen	querría,
du wirst... wollen	etc.	du würdest... wollen	etc.

Pret. imp. de subj.:	wenn ich wollte	si yo quisiera, etc.
Participio pasivo:	gewollt (*o* wollen)[1]	querido.

Wörter

die Post	el correo	ausgehen	salir
der Wein	el vino	übersetzen	traducir
der Essig	el vinagre	bezahlen	pagar
der Zucker	el azúcar	essen	comer
tragen	llevar	entziffern	descifrar
machen, tun	hacer	trinken	beber
kaufen	comprar	singen	cantar
abreisen	partir, ponerse en viaje	empfangen	recibir
		bleiben	quedarse
wie	como	ich will lieber	prefiero

Übung

1. Kannst du morgen kommen? Ja, ich kann kommen. Können Sie $_2$Ihre $_3$Übersetzung $_1$machen? Nein, ich kann es (lo) nicht. Sie können bleiben. Ich konnte nicht bleiben. Wir konnten den Wein nicht trinken, denn er war sauer wie Essig. Wollen Sie heute kommen? Nein, ich will lieber morgen kommen.

2. *Complétense las oraciones siguientes:* Ich (wollen) heute abreisen, aber ich (können) nicht. Die Schüler würden ihre Aufgaben machen —, wenn sie Zeit —. Wir werden heute nicht kommen —. Mein Bruder hat gestern nicht ausgehen —, weil er krank war. Wir — nicht immer tun, was wir —. Viele Leute — lesen, aber sie — nicht schreiben. Alfred hat nicht lesen —.

Tema

¿Quiere usted comprar este libro? Quiero, pero no puedo. ¿Por qué $_3$no $_1$puede $_2$usted? No tengo dinero. ¿Puede usted traducirme esta carta? Está tan mal escrita que no puedo descifrarla. ¿Puedes quedar[te] en casa, Carlos?

[1] Véase «können», pág. 92.

Puedo quedar[me], pero no quiero. Yo no (kein) quería beber cerveza. Mi tía $_3$no $_1$podía $_4$leer $_2$la carta. Mis hermanos $_2$no $_1$han $_5$podido $_4$quedar[se] $_3$en París. Los niños $_3$no $_1$han $_5$querido $_4$comer $_2$su pan.

Aus dem täglichen Leben

Was! Sind Sie es?	¡Cómo! ¿Es usted?
Ich bin es selbst	El mismo
Sie überraschen mich ganz. Wann sind Sie zurückgekommen?	Me sorprende usted en extremo. ¿Cuándo ha vuelto usted?
Ich bin gestern abend angekommen	Llegué anoche
Wollen Sie einen kleinen Spaziergang mit mir machen?	¿Quiere usted dar un paseíto conmigo?
Von Herzen gern	Con muchísimo gusto
Wohin wollen wir gehen?	¿Adónde iremos?
Wohin es Ihnen gefällt	A donde le plazca
Erst wollen wir sehen, wie spät es ist	Pero primero veamos la hora que es
Wir haben nicht allzuviel Zeit	No tenemos mucho tiempo
Dann können wir etwas in die Stadt gehen	Entonces podemos ir un poco por el centro de la ciudad
Sehr gern	Con mucho gusto

NEUNUNDZWANZIGSTE LEKTION
LECCIÓN VIGÉSIMA NOVENA

Continuación de los verbos auxiliares

Sollen (deber)

Presente		*Pret. imperfecto*	
ich *soll*	debo (me mandan)	ich sollte	debía o debí
du *sollst*	debes	du solltest	
er (sie, es) *soll*	debe	er (sie, es) sollte	
wir sollen	debemos	wir sollten	
ihr sollt	debéis	ihr solltet	
Sie sollen	usted(es) debe(n)	Sie sollten	
sie sollen	deben	sie sollten	
Futuro imperfecto		*Condicional imperfecto*	
ich werde ... sollen	yo deberé	ich würde ... sollen	debería
du wirst ... sollen,	etc.	du würdest ... sollen, etc.	
Participio pasivo: gesollt *(o* sollen)[1] debido			

[1] Véase «können», pág. 92.

Müssen (deber, tener que, estar obligado, necesitar, ser preciso)

Presente		*Pret. imperfecto*	
ich *muß* (arbeiten)	tengo que	ich mußte	estaba (o estuve) [obligado a
du *mußt*	tienes que	du mußtest	
er (sie, es) *muß*	tiene que	er (sie, es) mußte	
wir müssen	tenemos que	wir mußten	
ihr müßt	tenéis que	ihr mußtet	
Sie müssen	Vd(s). tiene(n) que	Sie mußten	
sie müssen	tienen que	sie mußten	

Futuro imperfecto	*Condicional imperfecto*
ich werde ... müssen tendré que	ich würde ... müssen tendría que
du wirst ... müssen, etc.	du würdest... müssen, etc.

Pret. imp. de subj.:	wenn ich (ausgehen) müßte	si yo tuviese (que salir), etc.
Participio pasivo:	gemußt *(o* müssen)[1]	tenido que

Mögen (querer, gustar, tener gana)

Presente	*Pret. imperfecto*
ich *mag* (nicht) (no) tengo gana	ich *mochte* tenía gana, quise
du *magst*	du mochtest, etc.
er (sie, es) *mag*	*Pret. imp. de subjuntivo*
wir mögen	ich *möchte* quisiera, quisiese
ihr mög(e)t	du möchtest
Sie mögen	er (sie, es) möchte
sie mögen	wir möchten, etc.

Participio pasivo: gemocht *(o* mögen)[1] querido

Dürfen (poder, tener permiso)

Presente	*Pret. imperfecto*
ich *darf* puedo, tengo permiso	ich *durfte* podía, tuve permiso
du *darfst*	du durftest, etc.
er (sie, es) *darf*	*Pret. imp. de subjuntivo*
wir dürfen	ich dürfte pudiera, pudiese
ihr dürf(e)t	du dürftest
Sie dürfen	er dürfte, etc.
sie dürfen	

Participio pasivo: gedurft *(o* dürfen)[1] podido (tenido el permiso)

[1] Véase «können», pág. 92.

Wörter

der Arzt	el médico	behalten	guardar, quedarse con algo
lernen	aprender	arbeiten	trabajar
sehen	ver	spielen	jugar
sagen	decir	zu Bette gehen	acostarse
schreiben	escribir	um acht Uhr	a las ocho
ankommen	llegar	wahr	verdadero
um wieviel Uhr?	¿a qué hora?	wann?	¿cuándo?
erlauben	permitir	ihn	le *(ac.)*

Übung

1. Er soll bleiben, wo er ist. Wir sollen lernen. Mein Nachbar sollte heute abreisen. Ich muß ihn sehen. Wir müssen abreisen. Müssen Sie ausgehen? Nein, ich muß nicht ausgehen. Wilhelm mußte zu Hause bleiben. Ich möchte einen Brief schreiben. Die Kinder dürfen spielen. Ich darf heute nicht ausgehen. Ich muß etwas essen. Du solltest es nicht erlauben.

2. *Complétense las oraciones, añadiendo el verbo correspondiente:* Friedrich — sein Brot essen. Wir — artig sein. Ihr — fleißig sein. Ich — arbeiten. Karl — (sollen) einen Brief schreiben, aber er — nicht. Du — nicht arbeiten, denn du warst krank. Ich habe nicht ausgehen —, denn der Arzt hat es nicht erlauben —. Wann — Sie ausgehen? Ich — um acht Uhr ausgehen. — Sie morgen nicht kommen? Nein, ich — nicht, ich habe keine Zeit. — Sie Butter oder Käse? Nein, ich (mögen) Fleisch essen. Warum — Sie das Bier nicht trinken? Ich habe es nicht trinken —, denn es war zu schlecht.

Tema

Es preciso que me quede (ich muß bleiben). Debes salir. Los niños no deben beber este vino. Es preciso que yo [me] marche o necesito marchar[me]. Usted debe también marchar[se]. Debes también trabajar. Los niños no deben jugar hoy. Estoy obligado a escribir una carta. Es preciso que salgamos. Es menester que tú estés contento. $_2$Es preciso que $_1$los alumnos $_4$escriban $_3$sus temas. Es preciso $_1$que yo $_3$coma $_2$algo. Es preciso que trabajemos. Mi tío debía (müssen) vender su casa. He tenido que acostar[me], pues tenía dolor de cabeza.

Aus dem täglichen Leben

Darf ich Sie bitten, bei uns zum Mittagessen zu bleiben?	¿Me permite usted rogarle se quede a almorzar con nosotros?
Ich danke Ihnen herzlich, aber ich kann leider nicht bleiben	Se lo agradezco mucho, pero siento no poder quedarme
Warum haben Sie es so eilig?	¿Por qué tiene usted tanta prisa?
Ich muß verschiedene Einkäufe machen	Tengo que hacer varias compras
Dann will ich Sie nicht aufhalten	Entonces no le quiero entretener
Ein andermal werde ich länger bleiben	Otro día me quedaré más tiempo
Auf Wiedersehen!	¡Hasta la vista!
Leben Sie wohl!	¡Usted lo pase bien!

DREISSIGSTE LEKTION LECCIÓN TRIGÉSIMA

El adjetivo

En la oración, el adjetivo o hace veces de atributo o sirve como adjetivo adjunto para calificar un nombre substantivo. En el primer caso se pone en relación con el substantivo a que se refiere por medio del auxiliar «sein» y queda invariable, cualquiera que sea el género y número del sujeto (v. p. 2, *observ.* 1.ª); en el segundo, *precede* siempre al substantivo que califica, y concuerda con él en género, número y caso. Su declinación presenta tres diferentes formas, determinadas por la palabra que le precede.

Primera forma

Cuando el adjetivo adjunto va precedido del *artículo determinado* o de alguno de los adjetivos determinativos «dieser, jener, welcher, jeder» (v. p. 5), entonces toma las desinencias siguientes:

	Singular		*Plural*
(masc.)	*(fem.)*	*(neutro)*	*(para los tres géneros)*
N. —e	*—e*	*—e*	*—en*
G. —en	*—en*	*—en*	*—en*
D. —en	*—en*	*—en*	*—en*
A. —en	*—e*	*—e*	*—en*

Masculino

	Singular		Plural
N.	*der gute* Vater	el buen padre	*die guten* Väter
G.	des *guten* Vaters	del buen »	der *guten* Väter
D.	dem *guten* Vater	al buen »	den *guten* Väter*n*
A.	den *guten* Vater	al buen »	die *guten* Väter

N. dieser gut*e* Vater	este buen padre,
G. dieses gut*en* Vaters	etc.
N. jener gut*e* Vater	aquel buen padre,
G. jenes gut*en* Vaters	etc.
N. welcher gut*e* Vater?	¿qué buen padre?, etc.
N. jeder gut*e* Vater	todo buen padre, etc.

Femenino

	Singular		Plural
N.	*die* gut*e* Mutter	la buena madre	*die* gut*en* Mütter
G.	der gut*en* Mutter	de la buena »	der gut*en* Mütter
D.	der gut*en* Mutter	a la buena »	den gut*en* Mütter*n*
A.	*die* gut*e* Mutter	a la buena »	die gut*en* Mütter

N. diese (jene, welche, jede) gut*e* Mutter
G. dieser (jener, welcher, jeder) gut*en* Mutter, etc.

Neutro

	Singular		Plural
N.	*das* gut*e* Kind	el buen niño	*die* gut*en* Kinder
G.	des gut*en* Kindes	del buen »	der gut*en* Kinder
D.	dem gut*en* Kinde	al buen »	den gut*en* Kinder*n*
A.	das gut*e* Kind	al buen »	die gut*en* Kinder

N. y *A. dieses (jenes, welches, jedes)* gut*e* Kind
G. dieses (jenes, welches, jedes) gut*en* Kindes
D. diesem (jenem, welchem, jedem) gut*en* Kinde, etc.

Wörter

Wortgruppe: Farben Colores

rot	encarnado	blond	rubio
weiß	blanco	die Zusammenstellung	el conjunto
grün	verde	es gefällt mir	me gusta
grau	gris	die Adresse	las señas
braun	pardo	geschickt	mandado
blau	azul	reizend	encantador
schwarz	negro	laufend	corriente
gelb	amarillo	der Briefkasten	el buzón
violett	violeta		

leihen	prestar	im Laufe	en el transcurso de
beschreiben	describir	das Unglück	la desgracia
der größte	el mayor	erzählen	contar
rund	redondo	du bleibst	te quedas
lieb	querido, amado	du wohnst	habitas
breit	ancho	herzlichst	cordialmente
der Eindruck	el efecto	annehmen	aceptar
das Vergnügen	el placer, gusto	fahren	ir, viajar
die Beschreibung	la descripción	besuchen	visitar
		verlieren	perder
die Einladung	la invitación	zugebracht	pasado

Übung

Lieber Karl! Deinen lieben Brief vom elften des laufenden Monats habe ich erhalten. Meine Eltern und ich haben mit dem größten Vergnügen die hübsche Beschreibung des kleinen, reizenden Dorfes gelesen, in welchem Du jetzt wohnst. Ich danke Dir herzlichst für die freundliche Einladung. Leider kann ich sie nicht annehmen, weil ich im Laufe der nächsten Woche nach Mannheim fahren muß, um den lieben Fritz zu besuchen. Der arme Mann hat das große Unglück gehabt, im Laufe des vergangenen Monats seine gute Frau zu verlieren. Das kleine Kind dieses lieben, guten Mannes ist auch krank. Wie lange bleibst Du in jenem reizenden Dorf? Erzähle mir in dem nächsten Brief, was Du während der langen Zeit gemacht hast, die Du auf dem Lande zugebracht hast. Es grüßt Dich herzlich

Dein Artur.

Tema

Querido Enrique: Desde la primavera pasada no he visto a nuestro amigo Carlos. Ha estado todo el verano con sus padres en la bonita Alemania. Me ha mandado el nuevo libro titulado «Nuestra Alemania», que contiene muchas descripciones de toda Alemania. Con el mayor placer te prestaré, si quieres, este interesante libro. No te puedo describir el buen efecto que me ha hecho el conjunto de las preciosas vistas de ese país encantador. Este bonito libro me gusta mucho. Tengo que terminar esta corta carta, y quiero echarla en el próximo buzón para que salga hoy. A partir (ab) del 15 del próximo mes me puedes escribir a las siguientes (folgende) señas: Madrid, calle del Príncipe, 5.

Te abraza tu amigo,

Carlos

Lesestück

Sauerkraut und Bratwurst

Bei Professor Heim, dem beliebten Berliner Arzt, erschien[1] einmal eine redselige[2] Patientin in der Sprechstunde[3] und erklärte: «Sie wissen ja, ich leide ständig[4] an Kopfschmerzen und habe schon so viele Medikamente geschluckt[5]. Jetzt habe ich von einem Hausmittel[6] gehört, das empfiehlt den Scheitel[7] mit Sauerkraut[8] zu bedecken[9]! Was halten[10] Sie davon?» — «Sehr viel», meinte Papa Heim begeistert[11], «aber das hilft[12] nur, wenn Sie obenauf[12] noch eine Bratwurst[13] legen!»

[1] se presentó. [2] charlatana. [3] la consulta. [4] constantemente. [5] tragado. [6] remedio casero. [7] la raya del pelo. [8] choucrout. [9] cubrir. [10] ¿qué piensa usted? [11] entusiasmado. [12] no sirve si no pone encima. [13] salchicha asada.

EINUNDDREISSIGSTE LEKTION
LECCIÓN TRIGÉSIMA PRIMERA

Declinación del adjetivo

Segunda forma

1. Cuando el artículo indeterminado «ein, eine, ein», o un adjetivo posesivo (mein, dein, sein, unser, euer, Ihr, ihr; v. p. 6) o el indefinido «kein» precede al adjetivo, éste toma en el *nominativo del singular* del género *masculino* y del *neutro* la terminación distintiva del género, es decir: *er* para el masculino y *es* para el neutro, porque el artículo «ein» tiene la misma forma para ambos géneros. Así se dice, en el *nom. masc.*, «ein gut*er* Vater»; en el neutro *(nom. y acus.)*, «ein gut*es* Kind». En los demás casos de ambos géneros y en todos los del género femenino, las desinencias son idénticas a las ya expuestas en la lección anterior.

Masculino	*Femenino*	*Neutro*
N. ein gut*er* Mann	eine gut*e* Frau	*ein* gut*es* Kind
G. eines gut*en* Mannes	einer gut*en* Frau	eines gut*en* Kindes
D. einem gut*en* Manne	einer gut*en* Frau	einem gut*en* Kinde
A. einen gut*en* Mann	eine gut*e* Frau	ein gut*es* Kind

N. sing.	*(m.)*	mein (dein, sein, unser, etc.) gute*r* Freund							
»	»	*(f.)* meine (deine, seine, etc.) gute Tante							
»	»	*(n.)* mein (dein, sein, etc.) gute*s* Kind							
N. plur.	*(m.)*	meine (deine,	seine,	unsere,	etc.)	gute*n*	Freunde		
»	»	*(f.)* » (»	»	»	»)	»	Tanten		
»	»	*(n.)* » (»	»	»	»)	»	Kinder		

2. El número de adjetivos que preceden al substantivo no influye en la declinación; todos ellos llevan igual desinencia; v. gr.:

Nom. Ein arme*r*, alte*r*, blinde*r* Mann.
(Un hombre pobre, anciano y ciego.)
Gen. eine*s* arme*n*, alte*n*, blinde*n* Manne*s*.

3. Esta forma se emplea también después de un pronombre personal; v. gr.:

Ich arme*r* Mann!	¡ Pobre de mí!
Du träge*s* Kind!	¡ Niño perezoso!
Wir Deutsche[n].	Nosotros, los alemanes.

Wörter

der Band	el tomo	vierhundert	cuatrocientos
der Berg	el monte	verborgen	escondido
die Freude	la alegría	er fließt	él corre
das Kloster *(pl. ¨)*	el convento	mitten durch	a través de
		romantisch	romántico
die Traube	la uva, el racimo	spitz	puntiagudo
die Nähe	las cercanías	hölzern	de madera
der Einwohner	el habitante	reif	maduro
der Obstgarten	el huerto	unreif	verde
der Obstbaum	el árbol frutal	sauber, rein	limpio, aseado
die Linde	el tilo	er wird gelobt	él es alabado
die Mitte	el centro	sie schmecken gut	saben bien
am Abend	al anochecer		
das Volkslied	la canción popular	gelegen	situado
die Blüte	la flor	besucht	visitado

Übung

Das romantische Dorf

Ich wohne in einem kleinen Dorfe. Es hat nur vierhundert Einwohner. Die alten Häuser sind ganz verborgen in den Obstgärten. Ein Bach fließt mitten durch das romantische Dorf. In der Nähe dieses kleinen Dorfes steht die alte Kirche mit ihrem spitzen, gotischen Turm. Vor der Kirche ist ein großer, schöner Platz. Eine prachtvolle, alte Linde steht in der Mitte. Die jungen, lustigen Bauern und Mädchen sitzen am Abend auf den hölzernen Bänken, spielen, plaudern und singen die schönen Volkslieder. Mein alter Vater und meine alte Mutter sind auch öfters dort. Meine kleinen Brüder sind in unserem großen Garten; dort sitzen sie um einen runden Tisch herum und lesen ein deutsches Buch. Mein guter Freund Karl wohnt in einem schönen, neuen Hause, das von einem herrlichen Garten mit vielen duftenden Blumen und zahlreichen Obstbäumen umgeben ist. Und wenn der Frühling kommt, wenn es ganz in Blüten verborgen ist, wie ist dann mein kleines Dörfchen schön!

Tema

Felipe tiene un buen hermano. Elena es una niña buena. Mi buena hermana ha partido para Sevilla. Barcelona es una hermosa ciudad. Un niño aplicado es la alegría de sus padres. Nuestros niños aplicados están en *(dat.)* el colegio. Los libros de mi pequeño primo son muy buenos. Los nuevos vestidos de mi pequeña prima están en *(dat.)* el armario grande. Las hojas verdes de ese pequeño árbol son anchas. Nuestro querido amigo vive en *(dat.)* una ciudad grande. El convento está en (auf *dat.)* un monte alto.

ZWEIUNDDREISSIGSTE LEKTION
LECCIÓN TRIGÉSIMA SEGUNDA

Declinación del adjetivo (continuación)

Tercera forma

El adjetivo adjunto, que no se halla precedido del artículo ni de ninguno de los adjetivos determinativos antes mencionados, toma las desinencias del artículo determinado. Por razón de eufonía, la desinencia *es* del genitivo de los géneros masculino y neutro se substituye generalmente por *en.*

Cuadro de las desinencias de la tercera forma

	Singular			*Plural*
	(masc.)	*(fem.)*	*(neutro)*	*(para los tres géneros)*
N.	*—er*	*—e*	*—es*	*—e*
G.	*—es(en)*	*—er*	*—es(en)*	*—er*
D.	*—em*	*—er*	*—em*	*—en*
A.	*—en*	*—e*	*—es*	*—e*

Singular

	(masculino)	*(femenino)*	*(neutro)*
N.	gut*er* Wein (buen vino)	süß*e* Birne (pera dulce)	weiß*es* Band (cinta blanca)
G.	gut*es (o* gut*en)* Weines	süß*er* Birne	weiß*es* (weißen) Bandes
D.	gut*em* Weine	süß*er* Birne	weiß*em* Bande
A.	gut*en* Wein	süß*e* Birne	weiß*es* Band

Plural

	(masculino)	*(femenino)*	*(neutro)*
N.	gut*e* Weine	süß*e* Birnen	weiß*e* Bänder
G.	gut*er* Weine	süß*er* Birnen	weiß*er* Bänder
D.	gut*en* Weinen	süß*en* Birnen	weiß*en* Bändern
A.	gut*e* Weine	süß*e* Birnen	weiß*e* Bänder

Observaciones

1.ª El adjetivo toma estas mismas desinencias del plural cuando le precede uno de los números cardinales, como «zwei, drei», etc., o alguno de los adjetivos indefinidos «einige» (algunos), «mehrere» (varios), «viele» (muchos) y «wenige» (pocos); p. ej.:

zwei schöne Pferde	dos hermosos caballos
einige deutsche Wörter	algunas palabras alemanas

Sin embargo, en el *gen. del pl.* prevalece la terminación *en;* v. gr.: «viele brave» (probos) «Menschen, vieler braven Menschen».

2.ª Después de «alle» (todos), «manche» (varios) .y «keine» (ningunos) es preferida en todos los casos la segunda forma; v. gr.: alle grossen *(o* grosse) Männer; aller grossen Männer; Gott segnet alle guten Menschen.

3.ª Los adjetivos terminados en *el, er* y *en* suelen perder la *e* de estas terminaciones en la declinación. Si a los terminados en *el* y *er* se añade la desinencia *em* o *en,* se puede eliminar la *e* de la terminación o la *e* de la desinencia; v. gr.: der edele *(o* edle) Graf (el noble conde); des edelen *(o* edlen, edeln) Grafen; ein edeler *(o* edler) Graf; eines edelen *(o* edlen, edeln) Grafen.

Ein munterer *(o* muntrer) Knabe (un muchacho alegre); eines munteren *(o* muntren) Knaben; *plur.* muntere *(o* muntre) Knaben.

4.ª El adjetivo «hoch», colocado después del verbo auxiliar «sein», es invariable, pero empleado como calificativo, la *ch* se convierte en *h;* v. gr.:

der Baum ist hoch	el árbol es alto
der ho*he* Baum	el árbol alto
die ho*h*en Bäume	los árboles altos

5.ª Los adjetivos substantivados quedan sujetos a su propia declinación; esto es, se declinan como adjetivos seguidos de un substantivo; v. gr.:

der Gelehrt*e* (= der gelehrt*e* Mann) (el sabio), des Gelehrt*en* (= des gelehrt*en* Mannes); *plur.* die Gelehrt*en* (= die gelehrt*en* Männer).

Ein Gelehrt*er* (= ein gelehrt*er* Mann), eines Gelehrt*en* (= eines gelehrt*en* Mannes); *plur.* zwei Gelehrt*e*, etc.

Tales son:

der Reisende	el viajero	ein Reisender	un viajero
der Deutsche	el alemán	ein Deutscher	un alemán
der Fremde	el extranjero	ein Fremder	un extranjero
der Verwandte	el pariente	ein Verwandter	un pariente

Plural

die Reisend*en*	los viajeros
viele Reisend*e*	muchos viajeros

Nota. El femenino de estos substantivos tiene siempre la desinencia *e;* v. gr.: *die* Deutsche, *eine* Deutsch*e*; *die* Fremd*e*.

Wörter

der Tee	el té	kühl (*o* frisch)	fresco
golden	de oro	frisch	tierno, recién hecho
alter Wein	vino añejo	warm	caliente
weißer Wein (*o* Weißwein)	vino blanco	gemalt	pintado
schicken	enviar, remitir	die Tasse	la taza
trinken	beber	der Bäcker	el panadero
getrunken	bebido	erfrischen	refrescar

Übung

1. Hier ist guter Tee und warme Milch. Wir haben starken Wein getrunken. Hat der Bäcker gutes Brot? Ja, er hat immer gutes Bro . Hier sind schöne Blumen und reife Früchte. Gute Weine sind teuer. Geben Sie mir ein Glas süße Milch! Ich trinke weder (ni) Rotwein noch (ni)

Weißwein. Um mich zu erfrischen, habe ich ein Glas kalten Wassers getrunken. Ist jener Fremde ein Deutscher? Nein, er ist (ein) Italiener.

2. *Complétense las oraciones siguientes:* Wollen Sie frisch— Wasser? Nein, geben Sie mir gut— Bier. Ich habe schön—, weiß— Papier gekauft. Neu— Freunde sind nicht immer gut— Freund—. Mein Bruder hat zwei deutsch— Büch— gelesen. Diese Frau verkauft gut—, frisch—, süß— Milch.

Tema

Aquí hay buen vino y buena cerveza. Allí hay dos hermosos palacios. Mi hermana ha comprado guantes blancos. ¿Ha bebido usted vino tinto? Sí, he bebido vino tinto y agua fresca. ¿Tiene usted manteca fresca? La niña tiene hermosas flores. Nuestro jardinero vende uvas maduras. Mi buen hermano Luis ha comprado tinta encarnada y papel blanco. Tiene también papel azul. Usted tiene dos perros negros. Las niñas tenían cintas encarnadas y blancas. Estos discípulos tienen algunos libros franceses.

Aus dem täglichen Leben

Guten Abend, mein Herr!	¡Buenas tardes, caballero!
Guten Abend, meine Dame!	¡Buenas tardes, señora!
Was wünschen Sie?	¿Qué desea usted?
Ich möchte mir einige Bücher kaufen	Quisiera comprar algunos libros
Was für Bücher wünschen Sie?	¿Qué libros desea usted?
Können Sie mir eine gute spanische Grammatik empfehlen?	¿Puede usted recomendarme una buena gramática española?
Gewiß, meine Dame. Kaufen Sie sich doch die «Kleine spanische Sprachlehre» aus dem bekannten Verlag Julius Groos	Naturalmente, señora. Cómprese usted la «Kleine spanische Sprachlehre», de la conocida casa editorial Julio Groos
Und welches ist der Preis dieses Buches?	¿Qué precio tiene este libro?
Sieben Mark, gnädige Frau	Siete marcos, señora
Ist das die neueste Auflage?	¿Es ésta la última edición?
Jawohl, sie ist vor kurzem erschienen	Sí, señora, acaba de salir
Nun, ich werde mir ein Exemplar nehmen	Bueno, me llevaré un ejemplar

DREIUNDDREISSIGSTE LEKTION
LECCIÓN TRIGÉSIMA TERCERA

Grados de comparación

1. Se distinguen tres grados: *positivo*, *comparativo* y *superlativo*. Para formar el comparativo de los adjetivos, se añade al positivo la terminación *er* o *r;* la mayor parte de los monosílabos modifican al mismo tiempo las vocales radicales *a*, *o*, *u* en *ä*, *ö*, *ü* respectivamente; v. gr.:

klein	pequeño, -a	*comp.*	klein*er*	más pequeño, -a
schön	hermoso, -a	»	sch*ö*n*er*	más hermoso
groß	grande	»	gr*ößer*	más grande, mayor
alt	viejo, añejo	»	*ä*lt*er*	más viejo, de más edad
lang	largo, larga	»	l*ä*ng*er*	más largo
klug	prudente	»	kl*ü*g*er*	más prudente

2. Para formar el *superlativo*, se añade al positivo la desinencia *ste (este)* o *sten (esten)*, modificando su vocal radical, y anteponiéndole el artículo determinado «der, die, das» o «am»; v. gr.:

der, die, das klein*ste;* am klein*sten*	el más pequeño, la más pequeña
» » » schön*ste;* am schön*sten*	el más hermoso, la más hermosa
» » » *ä*lt*este;* am ält*esten*	el más viejo, la más vieja

Der kleinste Knabe	El muchacho más pequeño
Die schönste Blume	La flor más hermosa

3. El *superlativo absoluto*, formado en español por medio de «muy» o de «-ísimo», se forma en alemán con «sehr»; v. gr.: «sehr warm» (muy caliente), «sehr lang» (larguísimo), «sehr gut» (bonísimo, muy bueno), etc.

Der Löwe ist ein sehr starkes Tier	El león es un animal muy fuerte
Es ist ein sehr grosses Haus	Es una casa grandísima

4. Los superlativos se declinan como los adjetivos en la primera forma; p. ej.:

Sing.	*N.* der kleinste Knabe	el muchacho más pequeño
	G. des klein*sten* Knaben	del muchacho más pequeño
	D. dem klein*sten* Knaben	al muchacho más pequeño
	A. den klein*sten* Knaben	al muchacho más pequeño
Plur.	*N.* die sch*ö*n*sten* Blumen	las flores más hermosas, etc.

Observaciones

1.ª Los adjetivos terminados en *el*, *en*, y *er* suprimen generalmente en el *comparativo* la *e* de la terminación; pero la conservan en el superlativo; v. gr.:

edel	noble	*comp.*	ed(e)ler	*superl.*	der edelste
offen	abierto	»	off(e)ner	»	der offenste
bitter	amargo	»	bitt(e)rer	»	der bitterste

2.ª Los adjetivos que acaban en *s*, *z*, *sch*, *ß*, *st*, *d* o *t* intercalan en el superlativo una *e* delante de *st*, p. ej.:

schlecht	malo, mala	*superl.*	der, die, das schlecht*e*ste
kurz	corto, corta	»	der, die, das kürz*e*ste
süß	dulce	»	der, die, das süß*e*ste
alt	viejo	»	der, die, das ält*e*ste

3.ª La primera forma del superlativo «der, die das stärkste», etc., es la forma calificativa y se emplea cuando el adjetivo va seguido de un substantivo (expreso o tácito); v. gr.:

Der stärkste Mann	El hombre más fuerte
Der kleinste Knabe	El muchacho más pequeño
Die Rose ist die schönste Blume	La rosa es la flor más hermosa
Ich bin der jüngste (Knabe)	Yo soy el (muchacho) más joven

4.ª La segunda forma «am stärksten», etc., es invariable y se usa cuando el adjetivo es atributivo, es decir, cuando se halla después del verbo auxiliar «sein»:

Diese Rose ist *am* schönsten	Esta rosa es la más hermosa
Dieser Brief ist am schönsten geschrieben	Esta carta es la que mejor escrita está

5.ª Los adjetivos monosílabos terminados en *au*, *auh*, v. gr.: «blau», «rauh» y los siguientes *no modifican* su vocal radical:

blass	pálido	rund	redondo
falsch	falso	sanft	suave
flach	plano	schlank	esbelto
froh	alegre	stolz	orgulloso
klar	claro	stumpf	embotado
lahm	cojo	voll	lleno
nackt	desnudo	zahm	manso
roh	crudo		etc.

6.ª Tampoco modifican la vocal radical los adjetivos polisílabos; v. gr.:

mutig	valiente	*compar.*	mutiger
munter	alegre	»	munterer, etc.

7.ª Los adjetivos siguientes forman los grados de comparación de una manera *irregular:*

hoch	alto	*comp*	*höher*	*sup.*	der höch*ste* *o*	am höch*sten*
nahe	cerca	»	*näher*	»	der näch*ste* »	am näch*sten*
groß	grande	»	grö*ßer*	»	der größ*te* »	am größ*sten*
gut	bueno	»	*besser*	»	der *beste* »	am *besten*

Jeder ist sich selbst der Nächste. Das Leben ist der Güter höchstes nicht. Stroh gibt grössere Haufen als Korn. Das Bessere ist der Feind des Guten. Prüfet alles und behaltet das Beste! Er hatte nicht den mindesten Erfolg. Von allen Menschen traue dir selbst am wenigsten!

8.ª También puede expresarse el superlativo anteponiendo el adverbio «aufs» (= auf das); v. gr.: (aufs beste, aufs schönste», lo que indica el mejor grado posible. Algunos adverbios forman el superlativo por la adición de *st*, v. gr.: «äusserst» (extremadamente), «höchst» (sumamente), etc.

9.ª Cuando la comparación de igualdad se expresa por medio de los adverbios «tan ... como» o «menos ... que», éstos se traducen por «(eben)so ... wie (*o* als) y «nicht so ... wie» respectivamente; v. gr.:

Ludwig ist *eben*so jung *wie ich*	Luis es tan joven como yo
Ich bin *nicht so* fleißig *wie* Ludwig	Yo soy menos aplicado que Luis

Expresando la comparación desigualdad de dos o más objetos, el adverbio «que» se traduce por «als»; v. gr.:

Die Städte sind größer als die Dörfer	Las ciudades son mayores que las aldeas
Der gute Name(n) ist köstlicher als Gold	El buen nombre es más precioso que el oro

10.ª Las expresiones «cuanto más ... tanto más», o «cuanto menos ... tanto menos» se traducen al alemán por : «je ... desto», v. gr.:

Je höher der Berg, desto tiefer das Tal	Cuanto más alta (es) la montaña, tanto más profundo (es) el valle

Después del superlativo se pone el genitivo o la preposición «von» o «unter» con el dativo; v. gr.:

Goethe ist der bedeutendste aller deutschen Dichter (*o* von allen deutschen Dichtern *o* unter den deutschen Dichtern).

11.ª Los adjetivos siguientes carecen de positivo:

der (die, das) äussere	el exterior	der äusserste	el extremo
der innere	el interior	der innerste	el íntimo
der obere	el superior	der oberste	el supremo
der untere	el inferior	der unterste	el más bajo
der vordere	el anterior	der vorderste	el primero
der hintere	el de atrás	der hinterste	el último

Wörter

die Ankunft	la llegada	unbedeutend	sin importancia
der Reiz	el aliciente	entwickelt	desarrollado
im Gegenteil	al contrario	gezwungen	forzado
die Bedeutung	la importancia	er braucht	él necesita
der Ackerbau	la agricultura	ewig	eterno
die Viehzucht	la ganadería	bedeckt	cubierto
das Getreide	los cereales	erfreuen	alegrar
das Ausland	el extranjero	das Öl	el aceite
der Schnee	la nieve	das Kupfer	el cobre
das Tal	el valle	nützlich	útil
der Berg	el monte	breit	ancho
der Ausflug	la excursión	leicht	fácil, ligero (del peso)
das Recht	la razón		
es gehört	pertenece	tief	profundo, hondo
bedeutend	importante		

Übung

Die Schweiz ist eins der schönsten und reichsten Länder. Sie gehört zwar zu den kleinsten Staaten Europas, aber sie ist keineswegs ein unbedeutendes Land. Der Ackerbau ist in der Schweiz nicht so entwickelt wie in anderen Ländern. Die Viehzucht ist am bedeutendsten. Hohe und steile Gebirge, teilweise mit ewigem Schnee bedeckt, freundliche, grüne Täler und tiefe, blaue Seen erfreuen überall das Auge. Inmitten dieser hohen Berge liegen oft reizende, kleine Dörfer. Im Winter ist das Land ebenso schön wie im Sommer. Im Sommer kann man die schönsten Ausflüge machen, im Winter eifrig Sport treiben. Nicht umsonst nennt man die Schweiz mit vollstem Recht «den Garten Europas».

Tema

La rosa es más hermosa que la violeta. El hermano es más alto que la hermana. Europa es más pequeña que Asia. Estas peras son más dulces que aquellas manzanas.

Esta torre es más alta que aquella iglesia. La primavera es la más hermosa de las cuatro estaciones. El aceite es más ligero que el agua. El plomo es útil, el cobre es más útil, y el hierro es el más útil [de los] metal[es]. Su jardín de usted es tan hermoso y tan grande como el de mi vecino.

Gespräch

Ist das Veilchen schöner als die Rose?	Nein, die Rose ist schöner als das Veilchen
Wer ist stärker, Friedrich oder Karl?	Ich glaube (creo), Karl ist stärker
Welches ist das kostbarste Metall?	Das Gold ist das kostbarste Metall
Welches Metall ist am nützlichsten?	Das Eisen ist am nützlichsten
Woher kommt der beste Kaffee?	Er kommt aus Arabien
Welches ist die schönste Blume?	Die Rose ist die schönste Blume
Ist Alfred älter als Sie?	Nein, er ist jünger als ich
Welches ist das stärkste Tier?	Der Elefant ist das stärkste Tier
Ist der Rhein ein breiter Fluß?	Ja, er ist breiter als der breiteste Fluß Spaniens
Welches war der kälteste Monat dieses Jahres?	Der (Monat) Januar war der kälteste Monat dieses Jahres

Lesestück

Rübezahls Rache [1]

Rübezahl, der Geist der schlesischen Berge, hörte die Stimmen zweier Männer und spitzte die Ohren, als er seinen Namen nennen hörte. «Wer sich vor Rübezahl fürchtet[2]», prahlte der Stenzel Otto, das pfiffigste[3] Bäuerlein weit und breit, «ist ein Narr. So groß ist seine Macht ja gar nicht. Ich hab's ihm schon öfter gesagt. Und da ist er ganz klein geworden». Dem Berggeist[4] sträubten sich die weißen Rauschebarthaare[5]. «Warte[6]», dachte er, «dich werd' ich lehren, mich zu lästern[7]». Am nächsten Tag verkaufte der Stenzel seinem Nachbarn seinen besten Ochsen. Der Stenzel-Bauer wollte sich gerade zufrieden zum Mittagsschläfchen hinstrecken[8], da stürzte[9] der Nachbar durch die Tür. «Stenzel» schrie er, «dir sollen die Klöße[10] im Halse steckenbleiben, du Gauner[11], du Betrüger[12], 'raus mit den Talern oder . . . Da hast du ihn wieder, deinen Ochsen».

Draußen meckerte[13] der «Ochse», es war ein dürrer[14], alter Ziegenbock[15]. Oben vom Berg her aber kam ein gellendes, schauerliches[16] Lachen. Stenzel ging es durch Mark und Glieder; so lachte nur einer: Rübezahl. Und mit ihm spotteten[17] sie alle ringsum über Stenzels «fetten Ochsen».

Aber der Alte vom Berg war nicht rachsüchtig[18]. Als Stenzel Frieda abends den dürren Ziegenbock füttern wollte, stand er plötzlich wieder da — ihr bester Ochse.

[1] venganza. [2] tener miedo de. [3] chistoso. [4] fantasma del bosque. [5] pelos de la barba. [6] espera. [7] molestar. [8] echarse a dormir. [9] se lanzó. [10] pelotas de patata. [11] bribón. [12] embustero. [13] bruñir. [14] escuálido. [15] macho cabrío. [16] risa sarcástica. [17] se burlaba. [18] vengativo.

VIERUNDDREISSIGSTE LEKTION
LECCIÓN TRIGÉSIMA CUARTA

Adjetivos numerales

Números cardinales (Grundzahlen)

Ein, eine, ein (eins)	uno, una	vierundzwanzig	veinticuatro
zwei	dos	fünfundzwanzig	veinticinco
drei	tres	sechsundzwanzig	veintiséis
vier	cuatro	siebenundzwanzig	veintisiete
fünf	cinco	achtundzwanzig	veintiocho
sechs	seis	neunundzwanzig	veintinueve
sieben	siete	dreißig	treinta
acht	ocho	einunddreißig	treinta y uno
neun	nueve	vierzig	cuarenta
zehn	diez	fünfzig	cincuenta
elf	once	sechzig	sesenta
zwölf	doce	siebzig	setenta
dreizehn	trece	achtzig	ochenta
vierzehn	catorce	neunzig	noventa
fünfzehn	quince	hundert	ciento
sechzehn	dieciséis	(ein)hundert(und)eins	ciento uno
siebzehn	diecisiete	zweihundert	doscientos
achtzehn	dieciocho	dreihundert	trescientos
neunzehn	diecinueve	tausend	mil
zwanzig	veinte	zweitausend	dos mil
einundzwanzig	veintiuno	zehntausend	diez mil
zweiundzwanzig	veintidós	eine Million	un millón, etc
dreiundzwanzig	veintitrés	eine Null	un cero

1800	eintausend achthundert *o* achtzehnhundert [1]
1892	eintausend achthundert zweiundneunzig *o* achtzehnhundertzweiundneunzig [1].
1910	eintausend neunhundertundzehn *o* neunzehnhundertzehn [1].

Observaciones

1.ª Las expresiones siguientes responden a la pregunta: «wievielmal?» (¿cuántas veces?) y se forman añadiendo la palabra «mal» a los números cardinales:

einmal	una vez
zweimal	dos veces
dreimal	tres veces
zehnmal	diez veces
hundertmal	cien veces
tausendmal	mil veces, etc.

2.ª El signo aritmético + (más) se lee en alemán «und» o «plus», y – (menos) «weniger» o «minus»; v. gr.:

$5 + 8 = 13$	fünf und acht ist dreizehn
$16 - 9 = 7$	sechzehn weniger neun ist sieben

3.ª Las tablas de multiplicar y de dividir se forman de la manera siguiente:

$2 \times 2 = 4$ zweimal zwei ist vier (dos veces dos son cuatro).
$7 \times 5 = 35$ siebenmal fünf ist fünfunddreißig (siete veces cinco son treinta y cinco), etc.
$8 : 4 = 2$ acht geteilt durch vier ist zwei.
$15 : 3 = 5$ fünfzehn geteilt durch drei gleich fünf, etc.

4.ª «¿Qué edad tiene usted?» o «¿cuántos años tiene usted?» se traduce en alemán por «wie alt sind Sie?». La contestación se construye siempre con el verbo «sein» y el adjetivo «alt»; v. gr.:

Ich *bin* zwölf Jahre *alt.*	Tengo doce años.

5.ª He aquí cómo se expresa en alemán *la hora:*

Wieviel Uhr ist es?	¿Qué hora es?
Es ist zwei Uhr.	Son las dos.
Es ist ein Viertel *nach* zwei *o* es ist ein Viertel drei (Uhr).	Son las dos y cuarto.
Halb drei (Uhr).	Las dos y media.

[1] Esta última forma se emplea, por regla general, en las fechas.

Ein Viertel *vor* drei *o* drei Viertel drei (Uhr).	Las tres menos cuarto
Zehn Minuten *vor* drei	Las tres menos 10 minutos
Zehn Minuten *nach* drei	Las tres y 10 minutos
Um wieviel Uhr?	¿A qué hora?
Um drei Uhr	A las tres
Punkt drei Uhr	A las tres en punto
Gegen drei Uhr	A eso de (sobre) las tres

6.ª «En el año de» o «en», se traduce por «im Jahr(e)»; p. ej.:

Im Jahr(e) neunzehnhundertneunundfünfzig	En (el año de) 1959

7.ª «Quince días» se traduce por «vierzehn Tage»: «vor vierzehn Tagen» (hace 15 días).

Wörter

die Münzeinheit	la unidad monetaria	zu Mittag essen	comer (al medio día), almorzar
die Deutsche Mark	el marco	ich esse zu Mittag	yo como
die Münze	la moneda	zu Abend essen	cenar
das Papiergeld	el papel moneda	ich esse zu Abend	yo ceno
die Banknote	el billete de banco		
im Umlauf	en circulación	ich esse	como, estoy comiendo
das Geldstück	la moneda, pieza		
der Wert	el valor	er (sie) lebt	él (ella) vive
prägen	acuñar	gelernt	aprendido
es zerfällt	se divide	geschossen	matado, muerto (con arma de fuego)
abgekürzt	abreviado		
die Münzwerkstatt	la casa de la moneda	gewonnen	ganado
		wieviel? wie viele?	¿cuánto, -os?
sich befinden	encontrarse		
das Messing	el latón	noch	todavía, aún
ausgeben	emitir	schon	ya
ausüben	ejecutar	wie heißt?	¿cómo se llama?
genannt	mencionado	wie lange?	¿cuánto tiempo?

Übung

Das deutsche Geld

1. Die Münzeinheit Westdeutschlands ist die Deutsche Mark (abgekürzt DM); sie zerfällt in 100 Pfennig (abgekürzt Pf.). Es gibt Silber—, Nickel—, Messing— und Kupfermünzen, die in deutschen Münzwerkstätten geprägt werden. Die Geldstücke, welche in Westdeutschland sich im Umlauf befinden, sind folgende: Die 5—, 2— und 1—Markstücke, die 50—, 10—, 5—, 2— und 1—Pfennigstücke. Die 5—Mark-

stücke sind aus Silber. Die 2— und 1—Markstücke und die 50—Pfennigstücke sind aus Nickel. Die 10— und 5—Pfennigstücke sind aus Messing, die 2— und 1—Pfennigstücke aus Kupfer. Ausser dem genannten Metallgeld ist auch Papiergeld (Banknoten) im Umlauf. Es gibt Banknoten im Werte von 10, 20, 50 und 100 DM. Der Staat allein hat das Recht, Papiergeld zu drucken, er lässt dieses Recht durch die Deutsche Bundesbank ausüben.

2. *Complétense las oraciones siguientes:* Ein Kilogramm hat — Gramm. Eine Stunde hat — Minuten. Eine Woche hat — Tage. Ein Tag hat — Stunden. Ein Monat hat — Tage und ein Jahr hat — Tage oder — Monate oder — Wochen. Der Juli hat — Tage.

Tema

¿Cuántas son seis y nueve? Seis y nueve son quince. ¿Cuántas son tres por diez? Tres por 10 son 30. ¿Cuántos días tiene una semana? Una semana tiene siete días. El mes de junio tiene 30 días. ¿Qué edad tiene usted? Tengo veinte años. ¿Qué edad tiene su hermano de usted? Tiene 15 años. ¿Vive todavía su abuelo de usted? Sí, señor, vive aún, pero ya es muy viejo, tiene 85 años. ¿A qué hora come usted? Como a la una menos cuarto. 28 : 7 = 4. 19 — 11 = 8.

Aus dem täglichen Leben

Kellner!	¡Camarero!
Mein Herr!	¡Caballero!
Ich möchte zahlen	Quisiera pagar
Sofort, mein Herr!	¡En seguida, caballero!
Wieviel bin ich schuldig?	¿Cuánto le debo?
Drei Mark fünfzig	Tres marcos con 50
Können Sie mir auf einen 20-Markschein herausgeben?	¿Tiene usted cambio de un billete de 20 marcos?
Gewiß, mein Herr, hier sind 16 Mark und 50 Pf	Sí, señor, aquí tiene usted 16 marcos con 50
Behalten Sie die 50 Pf	¡Quédese usted con los 50 Pf.!
Besten Dank!	¡Muchas gracias!
Dieses 5-Markstück scheint mir falsch zu sein	Esta moneda de 5 DM me parece falsa
Bitte sehr, mein Herr, es ist echt	No, señor, es buena
Haben Sie kein kleines Geld? (*o* Kleingeld)	¿No tiene usted moneda pequeña (o suelta)?
Ich bedauere sehr, ich habe kein kleines Geld mehr	Lo siento mucho, no tengo moneda suelta

FÜNFUNDDREISSIGSTE LEKTION
LECCIÓN TRIGÉSIMA QUINTA

Adjetivos numerales

Números ordinales (Ordnungszahlen)

Se forman estos números añadiendo a los cardinales, hasta 19, la sílaba *te;* desde 20, se añade la silaba *ste.*

Exceptúanse: «der erste», «der dritte» y «der achte». Todos los ordinales se declinan como los adjetivos precedidos del artículo determinado (v. p. 97).

der (die, das) *erste*	el primero
» zwei*te*	el segundo
» *dritte*	el tercero
» vier*te*	el cuarto
» fünfte	el quinto
» sechste	el sexto
» sieb(en)te	el séptimo
» *achte*	el octavo
» neunte	el noveno, nono
» zehnte	el décimo
» elfte	el undécimo
» zwölfte	el duodécimo
» dreizehnte	el decimotercio
» vierzehnte	el decimocuarto
» fünfzehnte	el decimoquinto
» sechzehnte	el decimosexto
» siebzehnte	el decimoséptimo
» achtzehnte	el decimoctavo
» neunzehnte	el decimonono

der zwanzig*ste*	el vigésimo
» einundzwanzigste	el vigésimo primero
» zweiundzwanzigste	el vigésimo segundo
» dreißigste	el trigésimo
» vierzigste	el cuadragésimo
» fünfzigste	el quincuagésimo
» sechzigste	el sexagésimo
» siebzigste	el septuagésimo
» achtzigste	el octogésimo
» neunzigste	el nonagésimo
» hundertste	el centésimo
» zweihundertste	el ducentésimo
» tausendste	el milésimo
» (die, das) letzte	el último
» vorletzte	el penúltimo

Observaciones

1.ª Se usan en alemán los números ordinales para designar las fechas y para indicar el orden de sucesión de los monarcas; p. ej.:

Der erste März	El primero [de] marzo
Der zweite April	El dos [de] abril
Der sechsundzwanzigste September	El veintiséis de septiembre
Heinrich der Vierte[1]	Enrique Cuarto
Napoleon der Dritte	Napoleón Tercero

[1] Empleados con los nombres de monarcas, los números ordinales toman en alemán el artículo determinado y se escriben con letra inicial mayúscula.

2.ª La pregunta «¿A cuántos (del mes) estamos hoy?», se traduce por: «Der wievielte ist heute?» o por: «Den wievielten des Monats haben wir heute?»

3.ª La respuesta «Hoy estamos a 12 de diciembre» se traduce por: «Heute ist der zwölfte Dezember»; o bien se dice así: «Wir haben den ersten Mai» (Estamos a primero de mayo).

Wörter

der Morgen	la mañana
der Mittag	el mediodía
der Abend	el anochecer
die Nacht	la noche
die Mitternacht	la medianoche
der Geburtstag	el cumpleaños
das Jahrhundert	el siglo
der Neujahrstag	el día de año nuevo
entschuldigen Sie	usted dispense
ausgenommen	excepto
wird gebildet	se forma
das Schaltjahr	el año bisiesto
der Anfang	el principio.
die Mitte	la mitad
herrlich	magnífico
also	pues

die Art	la clase, manera
höflich	cortés
ich gehe	voy
geboren	nacido
finden	encontrar
es heißt	se llama
sie dauerten	duraron
verbracht	pasado
die Ferien	las vacaciones
der Schnellzug	el tren rápido
der Zeitunterschied	la diferencia de hora
wird sind abgereist	salimos
wir sind angekommen	llegamos
wir blieben	nos quedamos
wir gingen	fuimos
gereist	viajado

Übung

Wann ist dein Geburtstag? Mein Geburtstag ist am 30. (= dreißigsten) Juli. Wie alt bist du? Ich bin 22 Jahre alt, ich gehe ins 23. Jahr. In welchem Jahre bist du geboren? Ich bin im Jahre 1935 geboren. Entschuldigen Sie, ist der Arzt zu sprechen? Nein, mein Herr, er ist von 2 bis 4 Uhr zu sprechen, sonntags ausgenommen. Sie werden diese Stelle in dem zweiten Teile des vierten Bandes dieses Werkes finden. Wir leben im 20. Jahrhundert. Ein Jahrhundert wird aus 100 Jahren gebildet. Der Monat ist der zwölfte Teil des Jahres. Der erste Tag des Jahres heißt Neujahrstag.

Tema

Nuestras vacaciones duraron tres meses. Hemos pasado casi todo el verano en Alemania. Las dos primeras semanas de nuestras vacaciones estuvimos en casa. El día 20 de julio salimos de Madrid con el tren rápido para París. Llegamos a eso de las 11 de la noche y nos quedamos allí toda una semana. El primer día fuimos a ver la ciudad, el segundo estuvimos en Versalles. De París a Alemania hemos viajado en segunda clase. El día tres de agosto estuvimos en Colonia. Es una ciudad muy bonita. Hemos visto la magnífica catedral y muchas iglesias antiguas del siglo trece. En Berlín hemos pasado una semana. La diferencia de hora que antes existía entre París y Berlín y que era aproximadamente de 44 minutos, ya no existe desde que se cuenta según la MEZ (= Mitteleuropäische Zeit, hora normal de la Europa central). Estuvimos también en Leipzig, Munich, Francfort y Heidelberg. Hemos viajado a lo largo del hermoso Rhin. Hace 15 días que hemos vuelto a Madrid.

Aus dem täglichen Leben

Um wieviel Uhr essen Sie zu Mittag?	¿A qué hora almuerza usted?
Ich esse um 1 Uhr	Almuerzo a la una
Wo speisen Sie gewöhnlich?	¿Dónde acostumbra usted almorzar?
Zu Hause; aber bisweilen speise ich außer dem Hause	En casa, pero algunas veces almuerzo fuera de casa
Wo speisen Sie heute mittag?	¿Dónde almuerza usted hoy?
In einem kleinen Restaurant in der Ludwigstraße	En un pequeño restaurante en la Ludwigstraße
Können Sie dieses Restaurant empfehlen?	¿Puede usted recomendar este restaurante?
Ja, mein Herr, es ist gut	Sí, señor, es bueno
Was kostet das Mittagessen?	¿Cuánto cuesta el almuerzo?
Es kostet 2 Mark; aber ich speise gewöhnlich nach der Karte	Cuesta 2 marcos, pero yo suelo comer a la carta

Lesestück

Die Zeit

1. Wir teilen Tag und Nacht in 24 Stunden. Wir beginnen[1] den Tag um Mitternacht und zählen[2] von da bis zum Mittag 12 Stunden. Von Mittag bis Mitternacht zählen wir nochmals 12 Stunden. Eine Stunde hat 60 Minuten, eine Minute 60 Sekunden. Die Uhren zeigen uns an[3], welche Stunde wir haben, oder wie spät es ist. Es gibt verschiedene Arten von Uhren: Turmuhren, Wanduhren, Stand- und Taschenuhren.

2. Der Sonntag ist der letzte Tag in der Woche, da ruhen[5] die Leute von der Arbeit aus[5]. An den ander(e)n Tagen treibt jeder sein Geschäft oder seine Arbeit; darum nennt man sie Werktage; ihre Namen sind: Montag, Dienstag, Mittwoch, Donnerstag, Freitag, Sonnabend (oder Samstag). Das Jahr wird in vier Jahreszeiten eingeteilt[6], diese sind der Frühling, der Sommer, der Herbst und der Winter. Dreihundertfünfundsechzig Tage machen[7] ein Jahr aus[7], jedes vierte Jahr ist ein Schaltjahr, das hat einen Tag mehr, das macht 366. Man hat auch das Jahr in 12 Monate (ein)geteilt. Die Monate sind nicht alle gleich lang. April, Juni, September und November haben 30 Tage, der Februar hat nur 28 und im Schaltjahr 29; alle anderen Monate – Januar, März, Mai, Juli, August, Oktober, Dezember – haben 31 Tage. Wir fangen[8] das Jahr mit dem 1. Januar an[8] und schließen[9] es mit dem 31. Dezember. Der erste Tag des Jahres heißt Neujahrstag.

[1] empezamos. [2] contamos. [3] nos indican. [4] distinto, correspondiente. [5] descansan. [6] dividido. [7] hacen. [8] empezamos. [9] terminamos.

SECHSUNDDREISSIGSTE LEKTION
LECCIÓN TRIGÉSIMA SEXTA

Pronombres personales

Los pronombres personales son:

Sing. ich (yo), du (tú), er (él), sie (ella), es (él, ella, ello).
Plur. wir (nosotros), ihr (vosotros), Sie (usted, ustedes), sie (ellos o ellas).

Declinación de los pronombres personales

Primera persona: ich

Sing.	*N*. ich	yo	*Pl*.	wir	nosotros, -as
	G. meiner	de mí		unser	de nosotros, -as
	D. mir	a (para) mí, me		uns	nos, a nosotros
	A. mich	me, a mí		uns	nos, a nosotros

Segunda persona: du

Sing.	*N*. du	tú	*Pl*.	ihr	vosotros, -as
	G. deiner	de ti		euer	de vosotros, -as
	D. dir	a (para) ti, te		euch	os, a vosotros, -as
	A. dich	te, a ti		euch	os, a vosotros, -as

Tercera persona: er, sie, es

		(masc.)		*(fem.)*		*(neutro)*
Sing. *N.*	er	él	sie	ella	es	él, ella, ello
G.	seiner	de él	ihrer	de ella	seiner	de él
D.	ihm	a él, le	ihr	a ella, le	ihm	a él, le
A.	ihn	a él, le, lo	sie	a ella, la	es	le, la, lo

Plural (común a los tres géneros)

N.	sie	ellos, ellas
G.	ihrer	de ellos, de ellas
D.	ihnen	a ellos, a ellas, les
A.	sie	a ellos, a ellas, los, las

El pronombre de cortesía «Sie» *(usted, ustedes)*

Sing. *N.*	Sie	usted	*Pl.* Sie	ustedes
G.	Ihrer	de usted	Ihrer	de ustedes
D.	Ihnen	a usted	Ihnen	a ustedes
A.	Sie	a usted	Sie	a ustedes

A la tercera persona corresponden además el indeterminado «man» (uno, se), y el reflexivo «sich» (se), que son invariables; v. gr.: «man verkauft» (se vende); «man irrt sich leicht» (uno se equivoca fácilmente).

Observaciones

1.ª Las expresiones: «yo mismo, tú mismo, él mismo» se traducen por «ich selbst, du selbst, er selbst», etc.; p. ej.:

Wer hat diesen Brief gebracht?	¿Quién ha traído esta carta?
Ich selbst habe diesen Brief (ich habe d. Br. selbst) gebracht	He traído esta carta *yo mismo*

2.ª Son de notar las expresiones siguientes:

ich bin es (ich bin's)	soy yo	bin ich es?	¿soy yo?
du bist es (du bist's)	eres tú	bist du es?	¿eres tú?
er ist es (er ist's)	es él	ist er es?	¿es él?
Sie sind es (sind's), etc.	es Vd., son Vds.	sind Sie es?	¿es usted?

En el estilo familiar, la *e* del neutro *es* se suele suprimir, indicándolo por un apóstrofo: «ich bin's, du bist's», etc.; «bin ich's?», etcétera.

3.ª El pronombre de la tercera persona (él, ella) se traduce en alemán unas veces por *er*, otras por *sie* o por *es*, según sea el género del substantivo que substituye; v. gr.:

Wo ist mein Hut?	¿Dónde está mi sombrero?
Er ist in Ihrem Zimmer	(Él) está en su cuarto de usted
Wo ist Ihr Pferd?	¿Dónde está su caballo de usted?
Es ist im Stall	(Él) está en la cuadra
Ist die Sonne groß?	¿Es grande el sol?
Ja, *sie* ist sehr groß	Sí, (él) es muy grande

4.ª Si el pronombre sirve como complemento directo *(acusativo)* o indirecto *(dativo)*, se le coloca después del verbo en los tiempos simples, y después del auxiliar en los compuestos. Cuando concurren ambos casos en la misma frase, el acusativo precede al dativo; p. ej.:

Haben Sie meinen Hut *(m.)*?	¿Tiene usted mi sombrero?
Ja, ich habe *ihn*	Sí, lo tengo
Haben Sie die Zeitung gelesen?	¿Ha leído usted el diario?
Nein, ich habe *sie* nicht gelesen	No, no lo he leído
Verkaufen Sie Ihr Haus?	¿Vende usted su casa?
Ja, ich verkaufe *es*	Sí, la vendo
Haben Sie Ihr Haus verkauft?	¿Ha vendido usted su casa?
Nein, ich habe *es* nicht verkauft	No, no la he vendido
Verkaufen Sie ihm Ihr Haus?	¿Le vende usted a (él) su casa?
Ja, mein Herr, ich verkaufe *es ihm*	Sí, señor, (yo) se la vendo a (él)
Gib *es mir*	Dámelo
Gib es ihm *(o* ihr)	Dáselo
Geben Sie es mir	Démelo
Geben Sie es ihnen	Déselo (a ellos)

5.ª En el plural, el pronombre de la tercera persona *sie* tiene una sola forma para los tres géneros:

Ich kenne *sie*	*Yo los* conozco (a los hombres)
Ich kenne *sie*	*Yo las* conozco (a las mujeres)
Ich kenne *sie*	*Yo los* conozco (a los niños)

Wörter

reden	hablar, perorar	sich erinnern *(gen.)*	acordarse
sprechen *(irr.)*	hablar	schicken	enviar, remitir
bedürfen *(gen.)* *part.* bedurft	necesitar	verzeihen *(irr.)*	perdonar
gedenken *(gen.)* *part.* gedacht	recordar	erwarten *part.* erwartet	esperar
erzählen *part.* erzählt	contar	ehrlich	honrado
		schon	ya
finden *(irr.)*	encontrar, hallar	nicht mehr	no ... ya
sich erbarmen *(gen.)*	compadecerse	danken *(reg.)*	dar las gracias

Übung

1. Du lobst mich. Er straft ihn. Sie kennt uns. Wir hören Sie. Wir hören sie. Ich und mein Bruder suchen Sie. Machst du deine Übersetzung? Ja, ich mache sie. Wo hast

du dein Buch? Ich habe es verloren. Achten Sie diesen Mann? Nein, ich achte ihn nicht, er ist nicht ehrlich. Von wem sprechen Sie? Wir sprechen von ihm — von ihr — von Ihnen — von ihnen. Hat es Ihr Vater selbst erzählt? Er hat es nicht selbst erzählt; mein Onkel hat es mir erzählt. Kommen Sie! Zeige es mir! Wer ist da [*o* es]? Ich bin es (*o* ich bin's). — Er ist es (*o* er ist's). Sind Sie es (*o* sind Sie's)? Ja, ich bin es (ich bin's).

2. *Póngase la forma correspondiente del pron. pers.:* Erzählen Sie — die Geschichte. Der Freund erinnerte sich —. Er bittet — um eine Gunst. Wir dankten — (den Eltern). Wir gedenken — und dei— Verwandten. Erinnere di— uns— und uns— Freunde. Wir erbarmen uns dei—.

Tema

Mi hermano y yo estuvimos en casa de mi tío. Tú y tu hermana estuvisteis en el teatro. Te amo. Mi padre me ama. Él le estima. Ella [le] estima a usted. Ellos nos conocen. ¿Castigará usted al muchacho? No, no le castigaré; le *(dat.)* perdono. ¿Me oye usted? Le oigo (a usted). ¿Oye usted también a mi hermano? No, no le oigo. ¿Dónde está mi pluma? No la tengo. ¿Quién está allí (da)? ¿Es él? Sí, él es. ¿Dónde está su amo de usted? Le espero aquí.

Lesestück

Fahrt zu den Seehundsbänken [1]

Während der Ferien besuchten wir, meine Klassenkameraden und ich, von der nordfriesischen Insel Wangerooge aus die Seehundsbänke. Keine Wolke zeigte[2] sich am Himmel, als wir abfuhren. Doch hatten wir so hohen Seegang[3], daß einige Schulfreunde seekrank[4] wurden. Nach etwa zweistündiger Dampferfahrt[5] erreichten[6] wir unser Ziel[7]. Die Passagiere wurden in Boote[8] gesetzt und ganz nahe an die Sandbänke herangefahren. Und da sah ich sie zum ersten Male — Seehunde. Sie lagen[9] wohlig[10] auf den Sandbänken und gaben Laute[11] von sich, die sich wie heiseres Bellen[12] anhörten[13].

Mein Boot trieb immer näher an die Sandbank heran, und schließlich kletterte[14] ich an Land[15]. Dicht vor mir lag ein ausgewachsener Seehund von ungefähr 2 Meter Länge. Seinen kugeligen[16] Kopf zierte eine breite Narbe[17], und dann sah ich erst, daß der ganze walzenförmige Rumpf nur so mit Narben übersät[18] war. Na, dachte ich, der hat sicher schon allerlei durchgemacht. Das gelbbraune Fell meines Seehundes zeigte viele dunkle Tupfen[19].

Nun versuchte ich, mich ganz nahe an ihn heranzupirschen[20]. Er muckste[21] sich nicht und ließ sich mit gelangweilter[22] Miene knipsen[23]. Als ich meinen Fotoapparat wieder eingesteckt hatte, wurde ihm die Sache zu dumm. Er hob[24] seinen Hinterleib an, warf dann den Rumpf nach vorne und watschelte[25] mühsam[26] zum Wasser. Dort fühlte er sich sichtlich wohler. Wie ein Torpedo durchschnitt sein stromlinienförmiger Körper die Wellen. Von Zeit zu Zeit tauchte er wieder auf, um Luft zu holen. Einmal blieb er dabei länger an der Wasseroberfläche und äugte gespannt ins Wasser. Was mochte er wohl entdeckt haben? Ein paar Fische? Tatsächlich! Als er nach einigen Minuten wieder auftauchte, hatte er etwas in der Schnauze[27], das nur ein Fisch sein konnte.

So beobachtete ich ihn noch eine ganze Weile und nahm Eindrücke[28] mit heim, die ich nie vergessen werde.

[1] foca marina. [2] se veía. [3] marea alta. [4] marearse. [5] travesía en barco. [6] alcanzar. [7] meta, finalidad. [8] lancha. [9] campaban. [10] cómodamente, a su gusto. [11] tono. [12] ladrido. [13] se oían. [14] subí. [15] a tierra. [16] redondo. [17] cicatriz. [18] cubierto de. [19] puntos. [20] acercarse. [21] se movió. [22] aburrido. [23] fotografiar. [24] levantó. [25] encaminó. [26] penosamente. [27] hocico. [28] impresión.

SIEBENUNDDREISSIGSTE LEKTION
LECCIÓN TRIGÉSIMA SÉPTIMA

Pronombres relativos

Son pronombres relativos los que se refieren a persona o cosa de que anteriormente se ha hecho mención. En las oraciones de relativo, el verbo — en los tiempos compuestos el auxiliar — ocupa el último lugar. Son pronombres relativos:

welcher, welche, welches
der, die, das } que, el cual, la cual, quien

Declinación de «welcher, welche, welches»

Singular

	(masc.)		*(fem.)*		*(neutro)*	
N.	welcher	que, el cual	welche	que, la cual	welches	que, el cual
G.	*dessen*	cuyo, del cual	*deren*	cuya, de la c.	*dessen*	cuyo, del cual
D.	welchem	al cual	welcher	a la cual	welchem	al cual
A.	welchen	que, el cual	welche	que, la cual	welches	que, el cual

Plural

		(para los tres géneros)
N.	welche	que, los cuales, las cuales
G.	*deren*	cuyos, cuyas
D.	welchen	a que, a los cuales, a las cuales
A.	welche	que, los cuales, las cuales

Declinación del pronombre relativo «der, die, das»

	Singular				*Plural*
		(masc.)	*(fem.)*	*(neutro)*	*(para los 3 generos)*
N.	der	que, el cual	die	das	die
G.	*dessen*	cuyo	*deren*	*dessen*	*deren*
D.	dem	al cual	der	dem	*denen*
A.	den	el cual, que	die	das	die

Wo ist der Mann, welcher *(o* der) den Brief gebracht *hat?*	¿Dónde está el hombre què trajo la carta?
Hier ist der Tee, den *(o* welchen) Sie verlangt *haben*	Aquí está el té que usted ha pedido
Hier sind die Taschentücher, welche (*o* die) Sie gekauft *haben*	Aquí están los pañuelos que usted ha comprado

Observaciones

1.ª Cuando los pronombres relativos hacen referencia a una *cosa* y están precedidos de las preposiciones «mit, in, von, aus, für, zu», etc., ambas palabras pueden ser substituidas por una compuesta, formada de «wo» (en lugar del pronombre relativo) y la preposición respectiva; si ésta principia con vocal, hay que intercalar una *r* (v. pp. 53, 3.ª y 56, 2.ª). Resultan, pues, las siguientes palabras compuestas:

womit = mit welchem *(o* dem), mit welcher, mit welchen
worin = in welchem, in welcher, in welchen
wovon = von welchem, von welcher, von welchen
woraus = aus welchem, aus welcher, aus welchen
worauf = auf das, auf welches
wofür = für welchen, für welche, für welches
wozu = zu welchem, zu welcher, zu welchen

Der Schlüssel, womit (mit welchem, mit dem) ich die Tür öffnete.	La llave con que abrí la puerta.
Das kleine Zimmer, worin (*o* in welchem, in dem) ich schlafe.	El pequeño cuarto en que (*o* en el cual) yo duermo.

2.ª Las oraciones de relativo se encierran entre dos comas; p. ej.:

Der (Mann), welchen ich kenne, ist hier.

Wörter

der Dieb	el ladrón	der Seiltänzer	el acróbata
dort ist (sind)	allí está (están)	die Kunst	el arte
erhalten (*irr.*)	recibido	das Kunststück	la habilidad, la maña
bekannt	conocido	das Seil	la cuerda
geliehen	prestado	das Handwerk	el oficio
unterhaltend	divertido	mutwillig	travieso
genommen	tomado	verüben	ejecutar
†ankommen (*irr.*)	llegar	spannen	estirar, extender
öffnen	abrir	erlauben	permitir
†gestorben	muerto	verkünden	anunciar
zerbrochen *o* entzwei	roto	herzlich lachen	reir a carcajadas
zählen	contar	er saß	estaba sentado
der Schelm	el pícaro	er fiel	se cayó
die Jugend	la juventud	er schnitt	él cortó
der Streich	la bribonada	zornig sein	estar enfadado

Übung

1. Vor langen Jahren lebte in einem Dorfe an der Saale ein Schelm, dessen Name Till Eulenspiegel war. Von Jugend an verübte er allerlei mutwillige Streiche. Nach dem Tode seines Vaters mußte Till, der sechzehn Jahre alt war, sein Brot verdienen. Da sagte er zu seiner Mutter: «Jedermann bewundert die Seiltänzer. Ich will Seiltänzer werden. Das ist ein Handwerk, das viel Geld ins Haus bringen wird.» Seine Mutter wollte das nicht erlauben, aber er spannte ein Seil, das er gekauft hatte, von einem Fenster des Hauses über die Saale. Dann verkündete er: «Ich will neue Kunststücke zeigen, an die (woran) man nie vorher gedacht hat.» Da kamen die Einwohner des Dorfes zusammen, um die Kunststücke zu sehen, von denen (wovon) Till erzählt hatte. Schon saß er auf dem Seile, aber seine

Mutter war zornig, eilte aus dem Hause und schnitt das Seil durch. Plumps! fiel Till ins Wasser, und die Bauern lachten herzlich darüber.

2. *Complétense las oraciones, añadiendo la forma correspondiente del pronombre relativo:* Das Haus, aus — ich kam, gehört meinem Onkel. Das Mädchen, mit — sie spielt, ist sehr fleißig. Das Buch, — ich dir brachte, ist sehr gut. Das Schloß, in — Saal der Empfang stattfand, liegt sehr schön.

Tema

El hombre que ha tomado su dinero de usted, es un ladrón. La casa que usted ha visto, está vendida. El libro que usted ha leído, es muy conocido. Yo no quiero (o amo) a los niños que lloran. Los libros que usted me ha dado, son muy divertidos. España es un país que tiene muchas montañas. Se ha hallado la llave con la cual el ladrón $_{2}$ha $_{1}$abierto la puerta. La caja, en la cual $_{2}$estaba $_{1}$mi sortija, está rota.

Lesestück

Vorsicht ist besser als Nachsicht

Zwei alte Jungfern[1] bewohnen miteinander eine Wohnung in einer Großstadt.

Dortselbst klopft[2] eines Tages ein Bettler. Die eine der beiden öffnet ein wenig vorsichtig[3] und ängstlich[4].

Ob sie nicht eine alte Hose für ihn hätten, fragt der Bettler.

Und die alte Dame sagt. «Wir haben solches nicht. Hier wohnen nur Frauen.»

Kaum jedoch hat sie die Tür geschlossen, durchfährt die andere ein eisiger[5] Schreck. «Wie konntest du ihm sagen, daß hier nur Frauen wohnen», wirft sie der Kollegin vor. «Er wird kommen und einbrechen[6]!»

Da reißt[7] erstere die Tür noch einmal auf und ruft dem Bettler nach: «Aber nachts sind immer Männer hier!»

[1] solteronas. [2] llamó. [3] con precaución. [4] miedosa. [5] le dio escalofríos del susto. [6] robar, asaltar. [7] abrió la puerta de par en par.

ACHTUNDDREISSIGSTE LEKTION
LECCIÓN TRIGÉSIMA OCTAVA

Pronombres y numerales indeterminados

I. Adjetivos indeterminados:

Singular				*Plural*
(masc.)	*(fem.)*	*(neutro)*		*(para los 3 géneros)*
jeder	jede	jedes	cada	*(falta)*
aller (all)	alle	alles (all)	todo	alle
kein	keine	kein	ninguno	keine
wenig	wenig(e)	wenig	poco	wenige
viel	viel(e)	viel	mucho	viele
wieviel?	wieviel(e)?	wieviel?	¿cuánto?	wie viele (wieviel)?

Los tres siguientes carecen de singular:

beide	los (las) dos, ambos, -as
einige	algunos, -as
mehrere	algunos, varios

Jedes Kind	Cada niño
Ich habe viele Bücher	Tengo muchos libros
Er hat wenig Geld	Tiene poco dinero
Beide Schwestern sind tot	Las dos hermanas han muerto
Mein Vater hat mehrere Häuser	Mi padre tiene varias casas

Observación. El artículo determinado después de «todo» (aller, etcétera) no se traduce; v. gr.: «*todo el* dinero» (alles Geld), «*todos los* días» (alle Tage). Pero cuando «todo» significa «entero», se traduce por «ganz» precedido del artículo; v. gr.: «todo el mes» (der ganze Monat). «Todo» seguido de un adjetivo posesivo en sing., se traduce por «all»; v. gr.: «todo mi dinero» (all mein Geld).

II. Son pronombres indeterminados:

man	se, uno
einander	el uno al otro, la una a la otra
jedermann[1], ein jeder	cada uno, cada cual, todos
jemand[1]	alguno, alguien
niemand[1]	ninguno, nadie
mancher	hay quien, muchos
selbst	mismo, misma
etwas	algo, alguna cosa
nichts	nada

[1] El genitivo es «jedermanns, jemand(e)s, niemand(e)s».

III. Son numerales indeterminados:

jeder, jede, jedes	cada uno (una)
einer, eine, eines	alguno, -a
keiner, keine, keines	ninguno, -a
der eine ... der and(e)re	el uno ... el otro
pl. die einen ... die ander(e)n	los unos ... los otros
ein and(e)rer, eine and(e)re, ein and(e)res	otro, otra
einige	algunos
and(e)re	otros
beide	el uno y el otro, ambos
mehrere	varios, algunos
die meisten	los más, la mayor parte
viel	mucho
pl. viele	muchos
wenig	poco
pl. wenige	pocos
alles	todo
pl. alle	todos
alles was	todo lo que

Wörter

die Stimme	la voz	angetroffen	encontrado
das Gewissen	la conciencia	höflich	cortés
die Erfahrung	la experiencia	†gekommen	venido
singen *(irr.)*	cantar	bereit	dispuesto
der Preis	el premio; precio	die Rechnung	la cuenta
helfen *(irr.)*	ayudar	die Leute	la gente
tun Sie	haga usted	bezahlen	pagar

Übung

Man ist glücklich, wenn man zufrieden ist. Diese zwei Mädchen lieben einander. Ich kenne niemand in dieser Stadt. Klopft jemand? Ich höre jemandes Stimme. Tun Sie nie etwas gegen Ihr Gewissen! Keiner ist ohne Fehler. Die Menschen sollen einander helfen. Keiner von uns hat den Preis gewonnen. Jedermann wünscht reich zu sein. Der eine ist [ein] Franzose, der andere ist [ein] Amerikaner. Einige sind fleißig, andere sind träge. Jeder (*o* ein jeder) hat seine Fehler. Viele haben die nämliche Erfahrung gemacht. Mehrere haben das nämliche gesehen. Die meisten von meinen Freunden sind gestorben. Mancher kauft und bezahlt nicht.

Tema

Enrique, ¿ha llegado alguna carta para mí? No ha llegado ninguna, señorito. ¿Ha venido alguien? Hasta ahora no ha venido nadie. Ayer vino un criado de su padre de usted y entregó unos papeles a su hermana. Bueno, si preguntase alguien por mí, di que he salido para visitar a uno de mis amigos. Nadie en esta ciudad conoce a mi amigo. No digas nada a nadie. Aquí hay algo que no comprendo. Cada uno tiene sus faltas, pero cada uno quiere tener razón. Los hombres deben ayudarse los unos a los otros. Hay ciertos hombres con quienes no se puede tratar. [Lo] he oído todo. Todos han hablado, pero ninguno estaba dispuesto a hacerlo.

Lesestück

Das Wörtchen «man»

Wer ist man? Man sieht[1] nicht gern eine Spinne[2], die andere verspeisen[3]; man ißt[4] gern Austern[5]; man gründet[6] ein Geschäft, durch welches man gern jedermann Konkurrenz[7] macht bis zum äußersten[8]. Man hat begründete[9] Aussicht[10], demnächst[11] im Amt vorzurücken[12], da man sagt, daß der Mann, dessen Platz man gern einnehmen[13] möchte[13], schwer[14] krank liegt . . .

Man möchte unbeschreiblich[15] gern[15] das beste Bild in der Kunstaustellung[16] aufhängen[17], man möchte dies, man möchte das, und — man ist dazu berechtigt[18]; denn wozu, fragt man, ist man sonst da in der Welt? Und man ist da — seltsamerweise[19]! Oh! das schreckliche[20], das wundervolle[21], erhabene[22] kleine Wort: man!

(Nach WILH. RAABES HORACKER)

[1] ve. [2] araña. [3] comerse. [4] come. [5] ostras. [6] funda. [7] competencia. [8] a todo trance. [9] fundada. [10] probabilidad, esperanza. [11] dentro de poco. [12] avanzar en el empleo. [13] ocupar quisiera. [14] muy, extremadamente. [15] gustaría inmensamente. [16] exposición. [17] exponer, colgar. [18] tiene derecho a ello. [19] caso extraño. [20] atroz. [21] maravillosa [22] sublime.

NEUNUNDDREISSIGSTE LEKTION

LECCIÓN TRIGÉSIMA NOVENA

Voz pasiva

La voz pasiva se forma con el auxiliar «werden» (p. 139, núm. 26) y el participio pasado, por eso también llamado pasivo de los verbos activos; v. gr.:

geliebt *werden*	ser amado, querido
getadelt *werden*	ser vituperado, censurado

Conjugación

Gelobt werden (ser alabado)

Presente	
ich *werde* (von meinem Lehrer) gelobt	soy alabado, -a
du *wirst* ... gelobt	eres alabado, -a
er (sie, es) *wird* ... gelobt	es alabado, -a
wir *werden* ... gelobt	somos alabados, -as
ihr *werdet* ... gelobt	sois alabados, -as
Sie *werden* ... gelobt	Vds. son alabados, -as
sie *werden* ... gelobt	son alabados, -as
Pretérito imperfecto	
ich *wurde* ... gelobt	era o fui alabado, -a
du *wurdest* ... gelobt	eras o fuiste alabado, -a, etc.
er (sie, es) *wurde* ... gelobt	
wir *wurden* ... gelobt	
ihr *wurdet* ... gelobt	
Sie *wurden* ... gelobt	
sie *wurden* ... gelobt	
Futuro imperfecto	
ich *werde* ... gelobt *werden*	seré alabado, -a
du *wirst* ... gelobt *werden*	serás alabado, -a
er (sie, es) *wird* ... gelobt *werden*	será alabado, etc.
Condicional imperfecto	
ich *würde* ... gelobt *werden*	sería alabado, -a
du *würdest* ... gelobt *werden*	serías alabado, -a
er (sie, es) *würde* gelobt *werden*	sería alabado, etc.
Pretérito perfecto compuesto	
ich *bin* ... gelobt *worden* [1]	he sido alabado, -a
du *bist* ... gelobt *worden*	has sido alabado, -a
er (sie, es) *ist* ... gelobt *worden*	ha sido alabado, etc.
wir *sind* ... gelobt *worden*	
ihr *seid* ... gelobt *worden*	
Sie *sind* ... gelobt *worden*	
sie *sind* ... gelobt *worden*	
Pluscuamperfecto:	ich war ... gelobt worden, etc.
Pluscuam. de subj.:	wenn ich ... gelobt worden wäre, etc.
Futuro perfecto:	ich werde gelobt worden sein, etc.
Condicional perf.:	ich würde gelobt worden sein, etc.
Infinitivo	
Presente: gelobt *werden o* gelobt *zu werden*	ser *(o* de ser) alabado
um gelobt *zu werden*	para ser alabado

[1] «Worden» en lugar de «geworden».

Del mismo modo se conjugan:

geliebt werden	ser amado	getadelt werden	ser reprendido
gestraft werden	ser castigado	geachtet werden	ser respetado
verbessert werden	ser corregido	zerstört werden	ser destruido
gebaut werden	ser edificado	geboren werden	nacer

Observación. Las preposiciones «de» y «por», después del participio pasivo, se traducen por «von».

Wörter

bespülen	bañar	günstig	favorable
artig	bueno, bien criado	gebrauchen	usar
unartig	malo, revoltoso	erbauen *(insep.)*	construir, edificar
nachlässig	negligente, descuidado	zerstören *(insep.)*	destruir
ehrlich	honrado, probo	schicken	enviar, mandar
gestohlen	robado	der Richter	el juez
die Ostsee	el mar Báltico	besiegen *(insep.)*	vencer
die Nordsee	el mar del Norte	vollständig *(adj., adv.)*	completo
proklamieren (zu)	proclamar	gänzlich *(adv.)*	completamente

Übung

1. Die Arbeiter sind gut bezahlt worden. Ist diese Aufgabe verbessert worden? Nein, sie ist noch nicht verbessert worden. Deutschland wird von der Ostsee und der Nordsee bespült. Wir wären beinahe gesehen worden.

2. *Pónganse en voz pasiva las oraciones siguientes:* Der Schüler fragt den Lehrer. Der Bauer ruft die Knechte. Der Vater sucht das Kind. Die Schüler kaufen Bücher. Ich frage dich. Der Schneider macht den Anzug. Ich werde dich nicht verlassen. Der Maurer baut das Haus. Ich nenne ihn bei seinem Namen. Man verkauft den Garten.

Tema

Luis es siempre alabado por su maestro, pues es aplicado. El pueblo ha sido $_2$destruido $_1$completamente. Esta palabra ya no se usa. La lengua latina ya no se habla. El inglés se habla en las cinco partes del mundo. El alemán se habla en Alemania, Austria y parte de Suiza.

Lesestück

Die Glückspilze[1]

Es regnet in Strömen[2]. Das dichteste Laub konnte mit der Zeit den Regen nicht abhalten[3], und so floß denn das Wasser in Bächen die Baumstämme herab. Dem Eichhorn[4] in seinem Nest tropfte die Nässe aufs Fell[5], den Vögeln aufs Gefieder[6] — der einzige, der sich über das Regenwetter freute, war der Fliegenpilz[7]. Er lebte ordentlich auf dabei und wuchs[8] munter über Nacht. Anderntags war er noch einmal so groß geworden!

Gegen Abend nun kam eine kleine Nachtschnecke[9] angekrochen und bat den großen Fliegenpilz um Nachtquartier[10]. «Es ist derart feucht im Walde», sagte sie, «daß ich bei jedem Schritt ausrutsche[11]. Ich komme kaum von der Stelle. Und da ich kein Haus besitze, ist es auch recht gefährlich: Hupft etwa ein Frosch[12] daher — happsch! Frißt er mich glattweg[13] auf!» — «Das ist möglich», meinte der Pilz. «Denn die Fliegen und Mücken haben sich vor dem Regen versteckt[14] — was bleibt dem Frosch da anderes übrig[15]? Ich habe also nichts dagegen[16], wenn du hierbleiben willst. Aber ich kann dir nichts weiter bieten als ein Obdach[17] — mein Schirm ist breit genug.» — «Danke, das genügt mir vollauf[18]», sagte die Schnecke. «Mehr kann ich auch nicht verlangen[19]. Denn ehrlich gesagt: ich ernähre[20] mich hauptsächlich von Pilzen — nun, meine Gastgeber möchte ich nicht gerade anknabbern[21]!» — «Das würde dir auch schlecht bekommen[22]», rief der Fliegenpilz, «denn wie jedermann weiß, bin ich giftig[23].»

«Ach, das tut nichts!», seufzte[24] die Schnecke behaglich[25] und machte sich unter dem Pilzdach lang. «Es ist im Gegenteil nur gut, daß du giftig bist: Wenn man's recht besieht[26], sind wir beide eigentlich — Glückspilze . . . »

[1] hombre de la suerte. [2] llueve a cántaros. [3] sostener. [4] ardilla. [5] pellejo. [6] plumaje. [7] seta. [8] creció. [9] caracol. [10] hospedaje. [11] resbala. [12] rana. [13] sin rodeo. [14] escondido. [15] quedar por hacer. [16] no tener inconveniente. [17] asilo. [18] completamente. [19] exigir. [20] me alimento. [21] picar. [22] sentar mal. [23] venenoso. [24] suspiró. [25] cómodamente. [26] bien visto.

VIERZIGSTE LEKTION LECCIÓN CUADRAGESIMA

Verbos irregulares

Llamamos verbos *irregulares* o *fuertes* aquellos cuya conjugación se aparta de la de los *regulares* o *débiles* (v. p. 82). La conjugación de los verbos *irregulares* difiere de la de los regulares principalmente en la formación del *pretérito imperfecto* y en la del *participio pasado.*

1. El *pretérito imperfecto* de los verbos regulares termina en *te;* el de los irregulares no sólo *carece* de desinencia en la 1.ª y 3.ª pers. del singular, sino que además cambia la vocal radical del infinitivo; v. gr.: «geben» (dar), *pret. imperf.* «gab» (daba o di).

Puesto que en el *pretérito imperfecto* encontramos las cuatro vocales *a, i (ie), o, u,* distinguiremos en los verbos irregulares las *cuatro conjugaciones* siguientes:

1.ª *conjugación:* verbos que en el *pret. imperf.* toman *a;* v. gr.:

geben (dar), g*a*b

2.ª *conjugación:* los que en el *pret. imperf.* toman *i* o *ie;* v. gr.:

b*ei*ßen (morder), b*i*ß
f*a*llen (caer), f*ie*l

3.ª *conjugación:* los que en el *pret. imperf.* toman *o;* v. gr.:

schl*ie*ßen (cerrar), schl*o*ß

4.ª *conjugación:* los que en el *pret. imperf.* toman *u;* v. gr.:

tr*a*gen (llevar), tr*u*g

En el *pret. imperf.* de *subjuntivo* suele *modificarse* la vocal radical del indicativo; v. gr.:

ich g*a*b – ich g*ä*be
ich *a*ß – ich *ä*ße
ich st*a*nd – ich st*ä*nde (st*ü*nde)

2. El *participio pasivo* de todos los verbos *irregulares* termina en *en*, mientras que el de los *regulares* acaba en *t* o *et;* experimenta, además, en la mayor parte de los verbos irregulares, una permutación de la vocal radical del infinitivo; v. gr.:

spr*e*chen (hablar), gespr*o*ch*en*
schr*ei*ben (escribir), geschr*ie*b*en*

3. Si la vocal radical del infinitivo es *a*, ésta se *modifica* en la 2.ª y 3.ª persona del singular del presente de indicativo; v. gr.:

schl*a*gen (pegar); ich schl*a*ge, du schl*ä*gst, er schl*ä*gt, wir schl*a*gen, etc.

4. Si la vocal radical del infinitivo es *e*, ésta *se muda* generalmente, en la 2.ª y 3.ª persona del singular del presente de indicativo, en *i (ie);* el *imperativo* experimenta en este caso la misma permutación; v. gr.:

geben (dar); *pres.:* ich g*e*be, du g*i*bst, er g*i*bt, wir geben, etc.; *imper.:* g*i*b.

Para facilitar el estudio de los verbos irregulares, damos a continuación una lista de las principales vocales radicales en el *infinitivo*, *pret. imperf.* y *part. pasado:*

e	*a*	*e*	g*e*ben	g*a*b	geg*e*ben
i	*a*	*e*	b*i*tten	b*a*t	geb*e*ten
ie	*a*	*e*	l*ie*gen	l*a*g	gel*e*gen
e	*a*	*o*	h*e*lfen	h*a*lf	geh*o*lfen
i	*a*	*o*	gew*i*nnen	gew*a*nn	gew*o*nnen
i	*a*	*u*	b*i*nden	b*a*nd	geb*u*nden
ei	*i*	*i*	b*ei*ßen	b*i*ß	geb*i*ssen
ei	*ie*	*ie*	bl*ei*ben	bl*ie*b	gebl*ie*ben
a	*ie*	*a*	bl*a*sen	bl*ie*s	gebl*a*sen
ie	*o*	*o*	fl*ie*gen	fl*o*g	gefl*o*gen
e	*o*	*o*	f*e*chten	f*o*cht	gef*o*chten
a	*u*	*a*	f*a*hren	f*u*hr	gef*a*hren

En lo demás, la conjugación de los verbos irregulares es idéntica a la de los verbos regulares.

Conjugación del verbo irregular «geben» (dar)

Indicativo		**Subjuntivo**	
	Presente		
ich gebe	yo doy	ich gebe	yo dé
du *gi*bst	tú das	du gebest	tú des
er *gib*t	él da	er gebe	él dé
wir geben	nosotros damos	wir geben	nosotros demos
ihr geb(e)t	vosotros dais	ihr gebet	vosotros deis
Sie geben	usted(es) da(n)	Sie geben	usted dé, ustedes den
sie geben	ellos dan	sie geben	ellos den
	Pretérito imperfecto		
ich *gab*	yo daba o di	ich gäbe	yo diera (o diese)
du gabst	tú dabas	du gäbest	tú dieras
er *gab*	él daba	er gäbe	él diera
wir gaben	nosotros dábamos	wir gäben	nosotros diéramos
ihr gab(e)t	vosotros dabais	ihr gäbet	vosotros dierais
Sie gaben	usted(es) daba(n)	Sie gäben	usted(es) diera(n)
sie gaben	ellos daban	sie gäben	ellos dieran
	Pretérito perfecto compuesto		
ich habe gegeb*en*	yo he dado	ich habe gegeben	yo haya dado
du hast gegeben, etc.		du habest gegeben, etc.	
	Pretérito pluscuamperfecto		
ich hatte gegeben	había dado	ich hätte gegeben	hubiese dado
du hattest gegeben, etc.		du hättest gegeben, etc.	
	Futuro imperfecto		
ich werde geben	yo daré	ich werde geben	yo diere
du wirst geben, etc.		du werdest geben, etc.	

Futuro perfecto:	ich werde gegeben haben	yo habré dado
	du wirst gegeben haben,	etc.
Condicional imp.:	ich würde geben	daría, etc.
» *perf.:*	ich würde gegeben haben	hubiera dado, etc.
Imperativo:	gib	da
	gebt	dad
	laßt uns geben	demos
Gerundio:	geben*d*	dando
Participio pas.:	gegeb*en*	dado

A continuación damos una lista de los verbos irregulares más usados, según las cuatro conjugaciones adoptadas y sus diferentes clases.

Primera conjugación

Primera clase: *pretérito imperf.* en *a; part. pas.* en *e*

Infinitivo	*Presente de indicativo*	*Pret. imp.* *a*	*Part. pas.* *e*
1. *Geben* (dar)	ich gebe, du g*i*bst, er g*i*bt, wir geben, ihr gebt, sie (Sie) geben	ich g*a*b, du gabst, etc. *subj.* ich g*ä*be	gege*b*en (dado)

Así se conjugan sus compuestos[1]: ausgeben *(sep.)* (gastar), zurückgeben *(sep.)* (devolver), etc.; v. gr.: *pres.* ich gebe ... *aus (o* zurück); *pret. imp.* ich gab ... aus (zurück); *part. pas.* aus*ge*geben, zurück*ge*geben.

2. *Essen* (comer)	ich esse, du *i*ssest (ißt), er *i*ßt, wir essen, ihr esset (eßt) sie (Sie) essen	ich *a*ß, du *a*ßest, er *a*ß *subj.* ich *ä*ße	ge*g*essen (comido)
3. *Lesen* (leer)	ich lese, du l*ie*sest (liest), er l*ie*st, wir lesen, ihr leset, etc.	ich l*a*s, du lasest, wir lasen *subj.* ich läse	gel*e*sen (leído)
4. *Messen* (medir)	ich messe, du missest (mißt), er mißt, wir messen, etc.	ich m*a*ß, du maßest *subj.* ich m*ä*ße	gem*e*ssen (medido)
5. *Sehen* (ver)	ich sehe, du s*ie*hst, er s*ie*ht, wir sehen, ihr seh(e)t, etc.	ich s*a*h, -st *subj.* ich s*ä*he	ges*e*hen (visto)
6. *Vergessen* (olvidar[se])	ich vergesse, du vergissest (vergißt), er vergißt, wir vergessen, etc.	ich verg*a*ß *subj.* ich vergäße	verg*e*ssen (olvidado)
7. *Bitten* (rogar)	ich bitte, du bittest, er bittet, wir bitten, etc.	ich b*a*t *subj.* ich b*ä*te	geb*e*ten (rogado)
8. (†) *Liegen* (estar echado)	ich liege, du liegst, er liegt, wir liegen, etc.	ich l*a*g *subj.* ich l*ä*ge	gel*e*gen (estado echado)
9. (†) *Sitzen* (estar sentado)	ich sitze, du sitzest (sitzt), er sitzt, wir sitzen, ihr sitzet, etc.	ich s*a*ß, —est *subj.* ich säße	gesessen (estado sentado)

[1] Acerca de la conjugación de los verbos compuestos, consúltense las lecciones 47 y 48.

[2] Los tiempos compuestos de los verbos señalados con † se forman con el auxiliar «sein»; los de los señalados con (†) se forman con «sein» o con «haben»; v. gr.: «ich bin gesessen» o «ich habe gesessen».

Infinitivo	*Presente de indicativo*	*Pres. imp.* *a*	*Part. pas* *e*
10. *Stehen* (estar [en pie])	ich stehe, du stehst, er steht, wir stehen, etc.	ich st*a*nd, – est *subj.* ich stän-de *(o* stünde)	gest*a*nden (estado [en pie])

Igualmente: verstehen *(insep.)* (comprender), ich verstehe, ich verstand, ich habe *ver*standen; †aufstehen *(sep.)* (levantarse), ich stehe auf, ich stand auf, ich *bin* auf*ge*standen.

11. *Tun* (hacer)	ich tue, du tust, er tut, wir tun, ihr tut, sie tun	ich t*a*t, du t*a*t(e)st, etc.	get*a*n (hecho)

El singular del *imperativo* de «geben, essen, fressen, lesen, sehen, vergessen» es: «gib (da tú), iß, friß, lies, sieh, vergiß» (v. p. 133, 4); de «stehen, tun», es «steh(e), tu(e)».

Wörter

Albert	Alberto	mitschaffen	contribuir
die Zeitung	el periódico, diario	das Gras	la yerba (hierba)
die Zukunft	el porvenir	der Hafer	la avena
die Kleinigkeit	la bagatela	unterhaltend	divertido
die Beharrlichkeit	la constancia	laut	en alta voz
das Schicksal	el destino	handeln	obrar
die Auskunft	el informe	die Elle	la vara (medida)
die Stelle	el pasaje	der Turm	la torre
das Gemüse	las verduras	eigen	propio
ehrenvoll	honroso	heilig	sagrado
berufen	llamado	leise	bajo, quedo
		nie	nunca
		der Frank(en)	el franco

Übung

1. Ich gebe Ihnen eine Deutsche Mark. Du gibst mir zwei Franken. Der Briefträger gab mir einen Brief. Was ißt dieses Mädchen da? Es ißt Kirschen. Ich habe kein Fleisch gegessen. Die Pferde fressen Hafer. Was liest der Schüler? Er liest ein deutsches Buch. Ich habe es auch gelesen. Der Blinde sieht nichts. Wir sahen ein Schiff. Ich vergaß Sie zu fragen, wo Ihr Freund wohnt. Vergiß alle Kleinigkeiten des eigenen Lebens! Der Hund lag unter dem Tische, aber jetzt liegt er nicht mehr dort. Wer hat das getan? Heinrich tat es. Tun Sie es nicht mehr!

2. *Complétese la forma correspondiente del verbo:* Wem (geben) Sie diese Blumen? Ich — sie meiner Tante. Was (essen) ihr da? Wir — Brot und Käse. Wer hat dir das (geben)? Meine Mutter — es mir. Habt ihr die Zeitung schon (lesen)? Ja, wir — sie — ; aber wir — nichts Neues darin (sehen). Haben Sie Ihre Mutter gestern (sehen)? Nein, ich — sie gestern nicht; ich werde sie heute —. Was hat der Knabe (tun)? Er hat seine Pflicht (tun).

Tema

$_2$Le $_1$doy (a él) permiso. Mi padre me dio un reloj. Nos dieron toda clase de informes sobre esta casa de comercio (Handelshaus). ¿Quiere usted que le lea la carta? Gracias, la leeré yo mismo. Lea usted este pasaje y dígame usted si lo entiende; yo no lo entiendo. Lo hizo sin decirme nada (= algo). Como más verduras que carne. Sírvase usted darme (geben Sie mir gefälligst) aquel plato. Como pan, tú comes cerezas y Alberto come pollo. Comimos peras. ¿Cuánto mide este paño? Mide treinta varas. Lees demasiado bajo, $_2$hijo $_1$mío. Lee más alto, hija mía. He leído un $_2$libro $_1$divertido. ¿Qué ves? ¿No ves la torre en (auf) ese monte? Olvidé (*de* zu) comer mi pan. ¿Quién quiere hacer esto? Yo lo haré. ¿Qué debo hacer? ¿Qué has hecho? No volveré a (wieder) hacerlo.

Lesestück

Beethoven und Mozart

Der junge Beethoven kam nach Wien und traf[1] sich mit Mozart. Er spielte[2] dem Meister ein Stück[3] auf dem Klavier[4] vor. Mozart hielt es für ein eingelerntes Paradestück[5] und lobte[6] es ziemlich[7] kühl[8]. Beethoven merkte[9] das und bat[10] den Meister[11] um ein Thema für eine freie Phantasie. Er spielte wundervoll. Als er sein Spiel beendet[12] hatte, ging Mozart in das Nebenzimmer[13] und sagte zu seinen Freunden: «Auf den gebt[14] acht[14], der wird einmal in der Welt von[15] sich[15] reden[15] machen[15]!»

(Nach Otto Jahn)

[1] se encontró. [2] tocó. [3] pieza. [4] piano. [5] pieza de parada (exhibición). [6] elogió. [7] bastante. [8] fríamente. [9] notó, advirtió. [10] pidió, rogó. [11] maestro. [12] terminado. [13] cuarto contiguo. [14] prestad atención. [15] hacer hablar de sí.

EINUNDVIERZIGSTE LEKTION
LECCIÓN CUADRAGÉSIMA PRIMERA

Verbos irregulares (continuación)

Primera conjugación

Segunda clase: *pretérito imperf.* en *a; part. pas.* en *o*

Infinitivo	*Presente de indicativo*	*Pret. imp.* *a*	*Part. pas.* *o*
12. *Befehlen* (mandar)	ich befehle, du bef*ie*hlst, er bef*ie*hlt, wir befehlen, etc.	ich bef*a*hl, wir befahlen *subj.* ich bef*ä*hle	bef*o*hlen (mandado)
13. *Brechen* (romper, quebrar)	ich breche, du br*i*chst, er br*i*cht, wir brechen, etc.	ich br*a*ch, du br*a*ch(e)st *subj.* ich br*ä*che	gebr*o*chen (roto)

Así: zerbrechen *(insep.)* (romper); *pret. imp.* zerbrach, *part. pas.* zerbrochen; unterbrechen *(insep.)* (interrumpir): unterbrach; unterbrochen.

14. *Helfen* *(con. dat.)* (ayudar)	ich helfe, du h*i*lfst, er h*i*lft, wir helfen, etc.	ich h*a*lf, -(e)st *subj.* ich h*ä*lfe (h*ü*lfe)	geh*o*lfen (ayudado)
15. *Nehmen* (tomar)	ich nehme, du n*i*mmst, er n*i*mmt, wir nehmen, etc.	ich n*a*hm *subj.* ich n*ä*hme	gen*o*mmen (tomado)

Así: abnehmen *(sep.)* (quitar); wegnehmen *(sep.)* (quitar).

16. *Sprechen* (hablar)	ich spreche, du spr*i*chst, er spr*i*cht, wir sprechen, etc.	ich spr*a*ch *subj.* ich spr*ä*che.	gespr*o*chen (hablado)

Del mismo modo: versprechen *(insep.)* (prometer); *pret. imp.* ich versprach, *part. pas.* versprochen; ausprechen *(sep.)* (pronunciar).

17. *Stehlen* (robar, hurtar)	ich stehle, du st*ie*hlst, er st*ie*hlt, wir stehlen, etc.	ich st*a*hl, *subj.* ich st*ä*hle	gest*o*hlen (robado)
18. †*Sterben* (morir)	ich sterbe, du st*i*rbst, er st*i*rbt, wir sterben, etc.	ich st*a*rb, etc. *subj.* ich st*ü*rbe	gest*o*rben (muerto)
19. *Verderben* (echar a perder)	ich verderbe, du verd*i*rbst, er verd*i*rbt, wir verderben, etc.	ich verd*a*rb, *subj.* ich verd*ü*rbe	verd*o*rben (echado a perder)

Infinitivo	*Presente de indicativo*	*Pret. imp.* *a*	*Part. pas.* *o*
20. *Verbergen* (esconder)	ich verberge, du verb*i*rgst, er verb*i*rgt, wir verbergen, etc.	ich verb*a*rg *subj.* ich verb*ä*rge	verb*o*rgen (escondido)
21. *Werfen* (echar, arrojar)	ich werfe, du w*i*rfst, er w*i*rft, wir werfen, etc.	ich w*a*rf *subj.* ich w*ü*rfe	gew*o*rfen (echado)
22. *Beginnen* (principiar)	ich beginne, du beginnst, er beginnt, wir beginnen, etc.	ich beg*a*nn *subj.* ich beg*ö*nne (beg*ä*nne)	beg*o*nnen (empezado)
23. *Gewinnen* (ganar)	ich gewinne, du gewinnst, er gewinnt, etc.	ich gew*a*nn *subj.* gew*ä*nne	gew*o*nnen (ganado)
24. †*Schwimmen* (nadar)	ich schwimme, du schwimmst, er schwimmt, etc.	ich schw*a*mm *subj.* ich schw*ö*mme (*ä*)	geschw*o*mmen (nadado)
25. †*Kommen* (venir)	ich komme, du kommst, er kommt, wir kommen, etc.	ich k*a*m *subj.* ich k*ä*me	gek*o*mmen (venido)

Del mismo modo: †angekommen *(sep.)* (llegar); ich komme ... an, ich kam ... an, ich bin an*ge*kommen; bekommen *(insep.)* (recibir, obtener); ich bekomme, *part. pas.* (ich habe) bekommen; †zurückkommen *(sep.)* (volver); ich komme ... zurück, ich kam ... zurück. *part. pas.* (ich bin) zurück*ge*kommen.

26. †*Werden* (llegar a ser, ponerse)	ich werde, du w*i*rst, er w*i*rd, wir werden, etc.	ich w*u*rde *(o* w*a*rd) *subj.* ich w*ü*rde	gew*o*rden (puesto)

El modo *imperativo* de «befehlen, brechen, helfen, nehmen, sprechen, stehlen, sterben, verderben, verbergen, werfen» es: «befiehl, brich, hilf, nimm, sprich, stiehl, stirb, verdirb, verbirg, wirf» (v. p. 133, 4); el *imperativo* de «werden» es «werde».

Wörter

das Bewußtsein	la conciencia	das Eis	el hielo
das Werk	la obra	eilig	urgente
der Zug	el tren	der Stein	la piedra
die Eisenbahn	el ferrocarril	der Fremde	el extranjero, forastero
der Kasten	el buzón	freudig	gustoso
die Arznei	la medicina	das Ziel	el objeto; la meta
das Mittel	la manera	das große Los	el premio grande
das Erwachen	el despertar	gewaltig	grandioso
sich neigen	inclinarse	mithelfen	ayudar
der Matrose	el marinero		

Übung

1. Das Eis bricht. Der Knabe wird das Glas zerbrechen. Ich befehle Ihnen, hier zu bleiben. Der General befiehlt den Soldaten. Helfen Sie mir! Ich half meinem Bruder. Der alte Mann ist gestorben. Hat der Fremde französisch oder deutsch gesprochen? Er sprach deutsch. Das Kind hat das Messer genommen. Wieviel gewannen Sie in der Lotterie? Ich habe hundert Mark gewonnen. Die Matrosen schwammen über den Fluß. Unser Vetter ist nicht angekommen. Als mein Freund kam, begannen wir unsere Arbeit. Es ist ein schönes Bewußtsein, an einem Werke mithelfen zu dürfen, das allen gehört. Dieser Brief ist sehr eilig; geh schnell zum Postamt und wirf ihn in den Kasten!

2. *Complétese la forma correspondiente del verbo:* Du (zerbrechen) meinen Stock. Ich (befehlen) dir aufzustehen. Du (verderben) dir die Augen. Wovon (sprechen) du? Ich (sprechen) von meiner deutschen Aufgabe. Ist dein Bruder schon (kommen)? Nein, er — erst morgen. Was (tun) du da? Ich (werfen) den Stein. Wer (helfen) euch bei euren Aufgaben? Unser Vater (helfen) uns.

Tema

¿Quién ha roto el vaso? Juan lo ha roto; lo rompe todo. ¿Quién quiere ayudarme? [Le] ayudaré a usted. He ayudado también a su hermano de usted *(dativo)*. ¿Habla su hermano de usted también francés? Habla francés e inglés. Hemos hablado de (von) usted. ¿Quién ha tirado la piedra contra (nach *dat.*) la ventana? No he visto a nadie. Mi vecino ha ganado el premio grande. Vino a mi casa. Nuestra prima no ha venido hoy. Me prometió que vendría hoy. El vino [se] ha (ist) echado a perder. No he recibido su carta de usted. ¿Con quién ha hablado usted? He hablado con el médico mismo. ¿Puedo hablar con el señor Pérez? Lo siento mucho; el señor Pérez no está en casa. Le ruego a usted venir tan pronto como sea posible. Schiller murió a la edad de 46 años.

Lesestück

Das kostbare[1] *Gegenstück*

Jahrelang hatten auf der Anrichte des Ehepaares Kieselmann zu beiden Seiten der Büfettuhr je eine Porzellanfigur gestanden. Zwei Gegenstücke, die Männer aus der Rokokozeit darstellten[2].

Dann geschah eines Tages das Unglück. Beim Staubwischen[3] operierte Frau Kieselmann ein wenig zu eifrig mit dem Staubtuch[4], die eine Figur fiel auf den Fußboden[5] und zersprang[6] in tausend Scherben. Nun war guter Rat teuer. Ohne Gegenstück war auch die andere Figur nahezu wertlos[7].

Herr und Frau Kieselmann sahen in die Schaufenster[8] sämtlicher Porzellangeschäfte. Aber nirgends konnten sie ein passendes Gegenstück entdecken.

Immer, wenn Frau Kieselmann zur Uhr blickte, sah sie auch die einsame Figur und wurde dadurch wieder an ihr Mißgeschick[9] erinnert. So beschloß[10] sie, diese Figur dem Auktionator Gerlach zu verkaufen. Und so geschah[11] es dann auch. Zehn Mark bekam sie dafür.

Am Abend dieses Tages kam ihr Mann glückstrahlend[12] aus dem Büro nach Hause. «Welch ein Glückstag!» stürmte er in die Küche, wo seine Frau das Essen vorbereitete[13].

«Was ist denn geschehen[14]?» fragte sie erstaunt; so kannte sie ihren Mann gar nicht.

Herr Kieselmann tat geheimnisvoll. «Eine Ueberraschung[15]. Eine tolle Ueberraschung!»

«Nun sag' doch schon, was du hast!» bat sie ihn ungeduldig[16].

«Ich habe eben ein Gegenstück für unsere Porzellanfigur gekauft!» sagte er stolz[17].

Frau Kieselmann wurde blaß[18]. Sie mußte sich setzen. «Wo denn?» stammelte sie mühsam[19].

«Beim Auktionator Gerlach. War ein toller Zufall. Er hätte die Figur erst heute bekommen, sagte er!»

Das war ihre Figur! «Wieviel hast du denn dafür ausgegeben[20]» erkundigte sie sich stotternd[21].

«Ach, das war noch tragbar[22]. Fünfundzwanzig Mark!»

[1] precioso. [2] representar. [3] limpiar el polvo. [4] trapo del polvo. [5] suelo. [6] se rompió en mil pedazos. [7] sin valor. [8] escaparate. [9] desgracia. [10] decidióse. [11] sucedió. [12] lleno de alegría. [13] preparaba. [14] ¿qué ha pasado? [15] sorpresa. [16] impaciente. [17] orgulloso. [18] pálida. [19] penosamente. [20] pagado. [21] tartamudeando. [22] llevadero.

ZWEIUNDVIERZIGSTE LEKTION
LECCIÓN CUADRAGÉSIMA SEGUNDA

Verbos irregulares (continuación)

Primera conjugación

Tercera clase: *pret. imperf.* en *a; participio pas.* en *u*

Pertenecen a la tercera clase todos los verbos cuyas letras radicales terminan en *ind*, *ing* o *ink*, a excepción de «bringen» (v. p. 90, 6.ª).

Infinitivo	*Presente de indicativo*	*Pret. imp.* *a*	*Part. pas.* *u*
27. *Binden* (atar)	ich binde, du bindest, er bindet, wir binden, etc.	ich b*a*nd *subj.* ich b*ä*nde	geb*u*nden (atado)
28. *Finden* (encontrar, hallar)	ich finde, du findest, er findet, wir finden, etc.	ich f*a*nd, du f*a*nd(e)st *subj.* ich f*ä*nde	gef*u*nden (hallado)

Así: erfinden *(insep.)* (inventar); *pret. imp.* erfand, *part. pas.* erfunden; wiederfinden *(sep.)* (volver a encontrar).

29. †*Verschwinden* (desaparecer)	ich verschwinde, du verschwindest, er verschwindet, etc.	ich verschw*a*nd *subj.* ich verschw*ä*nde	verschw*u*nden (desaparecido)
30. *Singen* (cantar)	ich singe, du singst, er singt, wir singen, etc.	ich s*a*ng *subj.* ich s*ä*nge	ges*u*ngen (cantado)
31. †*Springen* (saltar)	ich springe, du springst, er springt, etc.	ich spr*a*ng *subj.* spr*ä*nge	gespr*u*ngen (saltado)
32. †*Sinken* (hundirse)	ich sinke, du sinkst, er sinkt, wir sinken, etc.	ich s*a*nk *subj.* ich s*ä*nke	ges*u*nken (hundido)
33. *Trinken* (beber, tomar [café, té])	ich trinke, du trinkst, er trinkt, etc.	ich tr*a*nk, du tr*a*nk(e)st *subj.* ich tr*ä*nke	getr*u*nken (bebido)
34. *Zwingen* (forzar, obligar, vencer)	ich zwinge, du zwingst, er zwingt, etc.	ich zw*a*ng, du zw*a*ng(e)st *subj.* zw*ä*nge	gezw*u*ngen (forzado, obligado)

Wörter

das Wesen	el ser	überwinden (*insep. irr.*)	vencer (*núm. 29*)
das Wohl	la salud	stattfinden (*sep. irr.*)	suceder, efectuarse (*núm. 28*)
die Vernunft	el raciocinio / la razón	verbracht	pasado
der Gast	el convidado	verbringen	pasar
der Pfahl	la estaca (tutor)	hübsch	bonito, lindo
der Nebel	la niebla	namens (*o* mit Namen)	de nombre
der Graben	el foso, la zanja	die Stecknadel	el alfiler
die Tasche	el bolsillo	das Pulver	la pólvora
aufstehen	levantarse (*núm.* 10)	gestern abend	anoche
einzig	único	ehemals	antes, en otro tiempo
sich beeilen	apresurarse		
Kaffee trinken	tomar café		

Übung

Karl findet seinen Hut nicht. Wo haben Sie dieses Veilchen gefunden? Ich fand es in meinem Garten. Die Sonne ist bereits verschwunden. Fräulein Karoline singt sehr schön; sie sang gestern abend in einem Konzert einige hübsche Lieder. Das Pferd sprang über einen breiten Graben. Das Schiff ist gesunken. Womit haben Sie gestern abend die Zeit verbracht? Wir haben gesungen und gespielt. Die Vöglein sangen im Walde. Ich trinke auf das Wohl meiner Gäste. Haben Sie Wasser getrunken? Nein, ich habe Bier getrunken. Es ist kalt, wir wollen eine Tasse warmen Kaffee trinken.

Tema

No encuentro mi cuaderno; ¿lo ha visto usted? No, señorita, no lo he visto. Encontré estas violetas en su jardín de usted. La criada ha encontrado un alfiler. ¿Qué bebe usted? Bebo vino, pero mi hermano toma café. ¿Qué ha bebido usted? Nada, no me han (man hat mir) dado nada de (zu) beber. En Inglaterra se toma (= beber) más té que café. ¿Quiere usted tomar una taza de té? Gracias (ich danke Ihnen), ya he tomado café. El perro saltó por encima (über, *ac.*) del muro. Me han obligado a levantarme.

DREIUNDVIERZIGSTE LEKTION
LECCIÓN CUADRAGÉSIMA TERCERA

Verbos irregulares (continuación)

Segunda conjugación

La letra característica de la segunda conjugación es la vocal radical *i (ie)* en el *pretérito imperf. de indicativo.* Distinguiremos tres clases. Los verbos que pertenecen a la primera clase tienen *i* breve en el *pret. imp.* y en el *participio pasivo;* los de la segunda tienen en estas dos formas *i* larga representada por *ie*, y los de la tercera tienen, a excepción de «fangen» (v. p. 148, núm. 55), en el *pret. imperf. i* larga (= *ie*), conservando en el *participio pas.* la vocal radical del infinitivo; «geh(e)n» toma en el *pret. imp. i* corta y en el *part. pas.* trueca la *e* radical en *a* (v. p. 149, núm. 64). Pertenecen a las dos primeras clases todos los verbos que en el infinitivo tienen por vocal radical *ei*, a excepción de «heißen» (núm. 63), que conserva esta radical en el *participio pasado.*

Primera clase: *pret. imp.* y *part. pas.* en *i* breve

Infinitivo	*Presente de indicativo*	*Pret. imp.* *i*	*Part. pas.* *i*
35. *Beißen* (morder)	ich beiße, du beißest (*o* beißt), er beißt, wir beißen, etc.	ich b*i*ß, du b*i*s-sest; *sub.* ich b*i*sse	geb*i*ssen (mordido)
36. *Greifen* (nach) (coger)	ich greife, du greifst, er greift, wir greifen, etc.	ich gr*i*ff, -(e)st *subj.* ich gr*i*ffe	gegr*i*ffen (cogido)

Del mismo modo: begreifen *(insep.)* (comprender); angreifen *(sep.)* (atacar); ergreifen *(insep.)* (coger); *part. pas.* begriffen, an*ge*griffen, ergriffen.

37. *Gleichen (con dat.)* (parecerse [a])	ich gleiche, du gleichst, er gleicht, wir gleichen, etc.	ich glich, (-)est *subj.* ich gl*i*che	geg*li*chen (parecido)

Del mismo modo: weichen (ceder), *pret. imp.* ich w*i*ch; *part. pas.* gew*i*chen.

Infinitivo	*Presente de indicativo*	*Pret. imp.* *i*	*Part. pas.* *i*
38. *Leiden* (sufrir)	ich leide, du leidest, er leidet, wir leiden, etc.	ich l*i*tt, -(e)st *subj.* ich l*i*tte	gel*i*tten (sufrido)
39. *Pfeifen* (silbar, pitar)	ich pfeife, du pfeifst, er pfeift, wir pfeifen, etc.	ich pf*i*ff, -(e)st *subj.* ich pf*i*ffe	gepf*i*ffen (silbado)
40. *Zerreißen* (desgarrar)	ich zerreiße, du zerreißest *(o* zerreißt), er zerreißt, etc.	ich zerr*i*ß, -ssest *subj.* ich zerr*i*sse	zerr*i*ßen (roto)
41. †*Reiten*[1] (montar)	ich reite, du reitest, er reitet, wir reiten, etc.	ich r*i*tt *subj.* ich r*i*tte	ger*i*tten (montado)
42. *Schneiden* (cortar)	ich schneide, du schneidest, er schneidet, etc.	ich schn*i*tt *subj.* ich schn*i*tte	geschn*i*tten (cortado)

Segunda clase: *pret. imp.* y *participio pas.* en *ie*

43. †*Bleiben* (quedar)	*pret. imp.*	ich bl*ie*b	*part. pas.*	gebl*ie*ben
44. *Schreiben* (escribir)	»	ich schr*ie*b	»	geschr*ie*ben
45. *Reiben* (frotar, estregar)	»	ich r*ie*b	»	ger*ie*ben
46. *Leihen* (prestar)	»	ich l*ie*h	»	gel*ie*hen
47. *Schreien* (gritar)	»	ich schr*ie*	»	geschr*ie*(e)n
48. *Verzeihen* (perdonar)	»	ich verz*ie*h	»	verz*ie*hen
49. †*Steigen* (subir)	»	ich st*ie*g	»	gest*ie*gen
50. *Scheinen* (parecer, lucir, alumbrar)	»	ich sch*ie*n	»	gesch*ie*nen
51. *Schweigen* (callar)	»	ich schw*ie*g	»	geschw*ie*gen

Wörter

die Pfeife	el pito; la pipa	befördern	remitir
der Thron *(pl.-e)*	el trono	sehr gern	con mucho gusto
Musikheft *n.*	cuaderno de música	zu lange	demasiado tiempo
der Feind	el enemigo	nachts, bei Nacht	de noche
Stückchen *n.*	pedacito, trocito	mit lauter Stimme	en voz alta
der Glaube	la fe	vergleichen *(insep.)*	comparar *(núm. 37)*
der Schirmherr	el protector	†einsteigen *(sep.)*	subir, montar
verzweifeln	desesperar	†aussteigen *(sep.)*	apearse
stetig	constantemente		
unleserlich	ilegible		
die Adresse	las señas		
imstande sein	poder		

[1] Como activo (transitivo), se conjuga con «haben»; v. gr.: «ich habe ein gutes Pferd geritten» (he montado un buen caballo).

Übung

1. Die Hunde beißen. Ein Hund hat mich gebissen. Die Tochter gleicht ihrer Mutter. Die armen Gefangenen haben viel gelitten. Ich bitte Sie, mir ein Stückchen Brot zu schneiden. Das Kind hat sich in den Finger geschnitten. Ich begreife das nicht. Die Soldaten griffen den Feind an. Unser Glaube bleibe unser höchster Schirmherr! Das Volk, das an sich verzweifelt, an dem verzweifelt die Welt, und die Geschichte schweigt von ihm. Ich leide sehr unter der Hitze. Im Sommer steigt stetig die Temperatur. Bleib treu dem Vaterlande, so bleibst du dir selber treu! Die Adresse war so unleserlich geschrieben, daß die Post nicht imstande war, den Brief zu befördern. Die Knaben sind heute vier Stunden in der Schule geblieben. Ich schrieb einige Briefe. Haben Sie diese Aufgaben geschrieben? Ja, ich habe sie geschrieben. Schreien Sie nicht so laut! Der Fremde ist auf den Berg gestiegen. Wo müssen wir aussteigen?

2. *Complétese la forma del verbo:* Vorsicht, der Hund (beißen). Wem (gleichen) dieses Mädchen? Es — seiner Mutter. Ich (reiten) fast jeden Tag, gestern bin ich aber nicht —. Was (schreiben) Sie? Ich — einen Brief. Wie lange (bleiben) Sie in Paris? Ich — drei Monate dort. Wo (bleiben) du so lange? Was (schneiden) ihr da? Wir — ein Kleid. Warum (schweigen) du nicht? Meine Schuhe sind (zerreißen).

Tema

¿Le ha mordido a usted el perro? No, no me ha mordido. Enrique se parece a su padre. Ya he sufrido mucho. ¡Córteme usted, si gusta (gefällig), un pedazo de pan! He montado a caballo hoy. ¿A quién escribe usted (o está usted escribiendo)? Escribo a mi amigo Enrique. Mucha gente habla bien, pero escribe mal. ¿Cuántas cartas has escrito? He escrito dos cartas. El sol luce para todos. La luna luce (alumbra) de noche. ¿Quién ha gritado en voz tan alta? Creo que Federico [es quien] ha gritado en voz tan alta (so laut). ¿Quiere usted prestarme dos francos? Lo haré con mucho gusto.

Lesestück

Der Tannhäuser

Es war einmal ein Ritter[1], der Tannhäuser genannt[2], der hatte viele Länder durchfahren[3] und war auch in der Frau Venus Berg geraten[4], das grosse Wunder[5] zu schauen[6], davon er gehört[7] hatte. Als er aber ein Jahr lang bei der schönen Frau verbracht[8] hatte, ließ[9] ihm sein Gewissen[10] keine Ruhe[11] mehr; er sehnte[12] sich wieder aus dem Berge hinaus und begehrte Urlaub[13]. Also musste Frau Venus ihn scheiden[14] lassen.

Tannhäuser pilgerte[15] gen[16] Rom zu Papst Urban; dem wollte er alle seine Sünden[17] beichten[18], damit ihm Buße[19] auferlegt[20] würde und seine Seele[21] gerettet[22] wäre. Wie er aber bekannte[23], dass er ein ganzes Jahr lang bei Frau Venus im Berge gewesen, da sprach der Papst: «So wenig als dieser dürre[24] Stab[25], den ich in meiner Hand halte[26], wieder grünen[27] wird, magst du Vergebung[28] deiner Sünden erhalten[29] und selig[30] werden!»

Vor Jammer[31] und Leid[32], daß ihn der Papst verdammte[33], zog[34] Tannhäuser fort aus der Stadt und von neuem in den teuflischen[35] Berg. Frau Venus nahm[36] ihn mit offenen[37] Armen auf[36]. Danach, wohl auf den dritten Tag, hub[38] der Stab zu grünen an[38], und der Papst sandte[39] Boten[40] in alle Lande, zu forschen[41], wohin Tannhäuser gekommen wäre. Es war aber zu spät; denn er saß im Berg bei der Frau Venus. Daselbst muss er nun sitzen[42] bis zum jüngsten[43] Tag[43].

(Brüder Grimm — gekürzt)

[1] caballero. [2] llamado, nombrado. [3] recorrer, -ido. [4] llegar por casualidad. [5] maravilla, milagro. [6] contemplar. [7] oído. [8] pasar (tiempo). [9] dejó. [10] conciencia. [11] reposo, tranquilidad. [12] anhelaba. [13] permiso, licencia. [14] despedirse. [15] peregrinó. [16] hacia. [17] pecado. [18] confesar. [19] penitencia. [20] impuesta. [21] alma. [22] salvada. [23] confesó. [24] seco, flaco. [25] vara. [26] tengo, sostengo. [27] reverdecer, verdear. [28] absolución, perdón. [29] recibir. [30] bienaventurado. [31] lamento. [32] pena. [33] condenara. [34] se marchó. [35] diabólico. [36] admitió. [37] abiertos. [38] empezó. [39] envió. [40] mensajeros. [41] investigar. [42] estar sentado. [43] día de juicio.

VIERUNDVIERZIGSTE LEKTION
LECCIÓN CUADRAGÉSIMA CUARTA

Verbos irregulares (continuación)

Segunda conjugación

Tercera clase: *pretérito imp.* en *ie (i);* el *part. pasivo* conserva la vocal radical del infinitivo

Infinitivo	*Presente de indicativo*	*Pret. imp.* *ie (i)*	*Part. pas.* (radical del infinitivo)
52. *Blasen* (soplar)	ich blase, du bl*ä*st, er bl*ä*st, wir blasen, etc.	ich bl*ie*s *subj.* ich bl*ie*se	gebl*a*sen (soplado)
53. *Braten* (asar)	ich brate, du br*ä*tst, er br*ä*t, wir braten, etc.	ich br*ie*t *subj.* ich br*ie*te	gebr*a*ten (asado)
54. *Fallen* (caer[se])	ich falle, du f*ä*llst, er f*ä*llt, wir fallen, etc.	ich f*ie*l, du f*ie*lst *subj.* ich f*ie*le	gef*a*llen (caído)

Del mismo modo: gefallen *(insep.)* (agradar, gustar); *pret. imp.* gef*ie*l, *part. pas.* gef*a*llen.

55. *Fangen* (coger, cazar)	ich fange, du f*ä*ngst, er f*ä*ngt, wir fangen, etc.	ich f*i*ng *subj.* ich f*i*nge	gef*a*ngen (cogido)

Del mismo modo: anfangen *(sep.)* (empezar, principiar); empfangen *(insep.)* (recibir); *part. pas.* angefangen, empfangen.

56. *Halten* (tener, parar)	ich halte, du h*ä*ltst, er h*ä*lt, wir halten, etc.	ich h*ie*lt *subj.* ich h*ie*lte	geh*a*lten (tenido)

Del mismo modo: behalten *(insep.)* (guardar, quedarse con alguna cosa, retener en la memoria); erhalten *(insep.)* (recibir); *part. pas.* behalten, erhalten; anhalten *(sep.)* (parar); angehalten.

57. *Lassen* (dejar)	ich lasse, du l*ä*ßt, er l*ä*ßt, wir lassen, etc.	ich l*ie*ß, —ßest *subj.* ich l*ie*ße	gel*a*ssen) (dejado)

Del mismo modo: verlassen *(insep.)* (dejar, abandonar); *part. pas.* verlassen; auslassen *(sep.)* (omitir); *part. pas.* ausgelassen.

58. *Raten* (aconsejar adivinar)	ich rate, du r*ä*tst, er r*ä*t, wir raten, etc.	ich r*ie*t, du r*ie*t(e)st, etc. *subj.* ich r*ie*te	ger*a*ten (aconsejado)
59. *Schlafen* (dormir)	ich schlafe, du schl*ä*fst, er schl*ä*ft, wir schlafen, etc.	ich schl*ie*f *subj.* ich schl*ie*fe	geschl*a*fen (dormido)

Infinitivo	*Presente de indicativo*	*Pret. imp.* *ie (i)*	*Part. pas.* (radical del infinitivo)
60. †*Laufen* (correr)	ich laufe, du läufst, er läuft, wir laufen, etc.	ich lief *subj.* ich liefe	gelaufen (corrido)
61. *Stoßen* (empujar)	ich stoße, du stößest (stößt), er stößt, wir stoßen, etc.	ich stieß -ßest *subj.* ich stieße	gestoßen (empujado)
62. *Rufen* (llamar)	ich rufe, du rufst, er ruft, wir rufen, etc.	ich rief *subj.* ich riefe	gerufen (llamado)
63. *Heißen* (llamarse)	ich heiße, du heißest *(o* heißt), er heißt, etc.	ich hieß, -ßest *subj.* ich hieße	geheißen (llamádose)
64. †*Geh(e)n* (ir, andar)	ich gehe, du gehst, er geht, wir gehen, etc.	ich ging *subj.* ich ginge	gegangen (ido)

Del mismo modo: †ausgehen *(sep.)* (salir); †vorbeigehen *(sep.)* (pasar a pie); †hingehen *(sep.)* (ir [allá]); *part.* ausgegangen, vorbeigegangen, hingegangen.

Wörter

der Wind	el viento	wohin	adonde
(so)gleich	en seguida	soeben	ahora mismo
kochen *(reg.)*	cocer, hervir	allein	solo, sola
die Leiter	la escalera (de mano)	vorig	pasado, anterior
		jetzig	actual
die Treppe	la escalera	heute morgen	hoy por la mañana
die Sprache	el idioma	morgen abend	mañana por la noche
das Telegramm	el telegrama		
die Angel	el anzuelo	gestern abend	anoche
Kopfweh *n.*	dolor de cabeza	übermorgen	pasado mañana

Übung

1. Der Wind bläst heute stark; gestern blies er nicht so stark. Dieses Fleisch ist nicht gebraten, es ist gekocht. Warum weint das Kind? Es ist gefallen. Seit heute früh ist das Barometer schnell gefallen, wir werden viel Regen bekommen. Wollen Sie das Buch behalten? Ja, ich behalte es. Der Gärtner hat einen Brief aus Amerika von seinem ältesten Sohne erhalten. Wie heißt dein Freund? Er heißt Alfons. Was raten Sie mir, soll ich bleiben oder gehen? Ich rate Ihnen zu bleiben. Wie haben Sie die vorige Nacht geschlafen? Ich habe sehr gut geschlafen. Wohin gehen Sie? Ich gehe ins Theater. Wie geht es Ihnen? Ich danke, es

geht mir sehr gut. Er wird meinen Brief übermorgen erhalten. Gute Freunde verlassen sich (*o* einander) in der Not (*o* in der Gefahr) nicht.

2. *Complétense las oraciones siguientes:* Der Wind (blasen) sehr stark. Die Katze (fangen) die Mäuse. Ich (gehen) in die Schule, gestern — ich auch in die Schule. Wer (rufen) mich? Ihr Vater (rufen) Sie. Wann (erhalten) Sie mein Telegramm? Ich — es gestern abend um 9 Uhr. Das Kind (schlafen) in seiner Wiege. Das Konzert hat um 7 Uhr (beginnen). Sind Sie heute früh (ausgehen)? Ich bin noch nicht (ausgehen), aber ich werde heute abend —. Wie (heißen) du? Ich (heißen) Karl. Wohin (laufen) du?

Tema

¿Es asada la carne? No, es cocida. ¿Se ha caído Carlitos? Sí, se ha caído de la escalera. He empezado a (zu) aprender el idioma alemán. Mi sombrero ha caído al agua. Los peces se cogen con redes y con anzuelos. El rey ha pasado ahora mismo. El padre tiene (hält) a su hijo en (auf) los brazos. ¡Déjeme *(ac.)* usted en paz! Dejaron a la niña sola en casa. ¿Por qué no ha dormido usted bien (*o* durante) la noche pasada? Tenía dolor de cabeza. El niño dormía en su camita. ¿Adónde corre usted? Corro a casa del (zum) médico. ¿No irá usted al teatro esta noche? No, señor, hoy no voy al teatro; fui (allá «hin») ayer; hoy iré con mi tía al concierto. ¿Quién le ha empujado a usted?

Lesestück

Till Eulenspiegel

In die Mauer des Friedhofs in Mölln (Holstein) ist der Grabstein[1] Till Eulenspiegels eingelassen[2]. Er ist der einzige Beweis, daß Till Eulenspiegel wirklich gelebt hat. Doch das dauerhafteste[3] Denkmal hat er sich durch seine Streiche[4] und Schwänke im Gedächtnis seines Volkes errichtet. Als er einmal keinen Heller[5] mehr besaß, suchte er einen neuen Dienst. Ein tüchtiger Kürschner[6] war froh, daß Till bei ihm um Arbeit vorsprach[7]. Viele Ritter und Herren aus dem Lande waren zu einem großen Fest geladen und wollten alle in neuen Wolfspelzen[8] stattlich einhergehen. So fragte der Meister Till, den er für einen wandernden Gesellen seines Handwerks hielt, ob er auch Wölfe machen könne. Eulenspiegel sagte mit gutem Gewissen[9] ja, darin lasse er sich nichts vormachen. «Ich bin es aber nicht gewohnt, mit anderen Knechten zusammenzuarbeiten. Ich muß allein sein, nur dann geht mir die Arbeit ordentlich von der Hand[10].» Der Kürschner ließ sich überreden[11], Till eine besondere Stube[12] einzuräumen, und gab ihm Wolfsfelle und Maße für große und kleine Pelze.

Gemächlich[13] machte sich der Schelm ans Werk[14]. Kreuz[15] und quer fuhr er mit der Schere durch die schönen Felle und nähte die Stücke zu großen und kleinen Wölfen zusammen. Er füllte[16] sie mit Heu[17], stieß kurze Latten in die Beine der ausgestopften[18] Tiere und stellte sie in der Stube auf. Als der Kürschner die Tür öffnete und das Wolfsrudel[19] steif und stumm[20] im Zimmer stehen sah, wußte er genug. «Du Erzschelm!» wetterte[21] er los. «Das sollst du mir büßen[22]. Auf Heller und Pfennig wirst du mir den Schaden ersetzen[23].» Eulenspiegel erwiderte gelassen[24]: «Meister, was soll der Lärm? Ich sollte Wölfe machen, und das hab' ich getan. Jetzt wollt Ihr nicht zu Euren Worten stehen. Ich habe gute Ohren und weiß, was gesprochen wurde. Ich will mich auch gern vor Gericht verantworten!» Der Kürschner wurde abwechselnd rot und blaß vor Wut[25] und knirschte[26] zwischen den Zähnen: «Mach, daß du fortkommst!»

[1] lápida. [2] colocar. [3] más duradero. [4] quijotadas. [5] ochavo. [6] peletero. [7] se presentó pidiendo. [8] pieles de lobo. [9] conciencia. [10] cundir el trabajo. [11] convencer. [12] cuarto. [13] cómodamente. [14] empezar a trabajar. [15] revueltas. [16] rellenar. [17] heno. [18] relleno. [19] manada de lobos. [20] tieso y mudo. [21] amenazar. [22] me lo pagarás. [23] reparar los daños. [24] tranquilamente. [25] cólera. [26] rechinar con los dientes.

FÜNFUNDVIERZIGSTE LEKTION
LECCIÓN CUADRAGÉSIMA QUINTA

Verbos irregulares (continuación)

Tercera conjugación

Los verbos de la tercera conjugación cambian la vocal radical en *o* en el *pretérito imp.* y en el *part. pasivo.*

Infinitivo	*Presente de indicativo*	*Pret. imp.* *o*	*Part. pas.* *o*
65. *Bieten* (ofrecer)	ich biete, du bietest, er bietet, wir bieten, etc.	ich b*o*t, du -test *subj.* ich b*ö*te	geb*o*ten (ofrecido)

Del mismo modo: verbieten *(insep.)* (prohibir); *part. pas* verboten.

66. †*Fliegen* (volar)	ich fliege, du fliegst, er fliegt, wir fliegen, etc.	ich fl*o*g *subj.* ich fl*ö*ge	gefl*o*gen (volado)
67. †*Fliehen* (huir, fugarse)	ich fliehe, du fliehst, er flieht, wir fliehen, etc.	ich fl*o*h *subj.* ich fl*ö*he	gefl*o*hen (huido)
68. †*Fließen* (correr [de un líquido])	ich fließe, du fließest (fließt), er fließt, wir fließen, etc.	ich fl*o*ß, du flossest *subj.* ich fl*ö*sse	gefl*o*ssen (corrido)

Del mismo modo: gießen (verter); *pret. imp.* ich goß; *part. pas.* gegossen; (sich) ergießen (verterse); genießen (disfrutar); *pret. imp.* ich genoß; *part. pas.* genossen; verdrießen (disgustar); *pret. imp.* ich verdroß; *part. pas.* verdrossen.

69. *Frieren* (tener frío, helar)	ich friere, du frierst, er friert, wir frieren, etc. Es friert (hiela)	ich fr*o*r *subj.* ich fr*ö*re es fr*o*r	gefr*o*ren (helado) gefr*o*ren
70. *Riechen* (oler)	ich rieche, du riechst, er riecht, wir riechen, etc.	ich r*o*ch *subj.* ich r*ö*che	ger*o*chen (olido)
71. *Schießen* (tirar, matar)	ich schieße, du schießest (schießt), er schießt, wir schießen, etc.	ich sch*o*ß, du sch*o*ssest, etc. *subj.* ich sch*ö*sse	gesch*o*ssen (disparado, matado)
72. *Schließen* (cerrar)	ich schließe, du schließest, (schließt), er schließt, etc.	ich schl*o*ß *subj.* ich schl*ö*sse	geschl*o*ssen (cerrado)

Así: zuschließen *(sep.)* (cerrar con llave); *part. pas.* zugeschlossen.

73. *Verlieren* (perder)	ich verliere, du verlierst, er verliert, etc.	ich verl*o*r *subj.* ich verl*ö*re	verl*o*ren (perdido)
74. *Ziehen* (tirar [de a. c.])	ich ziehe, du ziehst, er zieht, wir ziehen, etc.	ich z*o*g *subj.* ich z*ö*ge	gez*o*gen (tirado)

Así: anziehen *(sep.)* (vestir, ponerse una prenda); ausziehen *(sep.)* (desnudar); *part. pas.* angezogen, ausgezogen.

75. *Heben* (levantar)	ich hebe, du hebst, er hebt, wir heben, etc.	ich h*o*b *subj.* ich h*ö*be	geh*o*ben (levantado)

Así: aufheben *(sep.)* (levantar, recoger, guardar una cosa).

Infinitivo	*Presente de indicativo*	*Pret. imp.* *o*	*Part. pas.* *o*
76. *Betrügen* (engañar)	ich betrüge, du betrügst, er betrügt, wir betrügen, etc.	ich betr*o*g *subj.* betr*ö*ge	betr*o*gen (engañado)
77. *Wiegen* (pesar)	ich wiege, du wiegst, er wiegt, wir wiegen, etc.	ich w*o*g *subj.* ich w*ö*ge	gew*o*gen (pesado)

Del mismo modo: biegen (doblar); *pret. imp.* ich bog; *part. pas.* gebogen.

78. *Lügen* (mentir)	ich lüge, du lügst, er lügt, wir lügen, etc.	ich l*o*g *subj.* ich l*ö*ge	gel*o*gen (mentido)
79. †*Schmelzen* (derretir)	ich schmelze, du schm*i*lzest, (schm*i*lzt), er schm*i*lzt	ich schm*o*lz *subj.* schm*ö*lze	geschm*o*lzen (derretido)

Wörter

der Kanarienvogel	el canario	das Pfund (*pl.* —e)	la libra
das Heer (*pl.* —e)	el ejército	seit wann?	¿desde cuándo?
das Vaterland	la patria	schneien (*reg. impers.*)	nevar
der Keller	la cueva; la bodega	fordern, verlangen (*reg.*)	pedir
der Koffer	el baúl, la maleta	eintreten (*irr. cf. p.* 164)	entrar
der Jäger	el cazador	feindlich	enemigo
erlauben (*insep. reg.*)	permitir	es ist kalt	hace frío
drücken (*reg.*)	apretar	sich vereinigen	unirse
der Betrüger	el embustero	sich bekümmern	ocuparse, cuidarse
der Schnee	la nieve		
lächeln	sonreir		

Übung

1. Ich biete Ihnen zwanzig Mark für dieses Gewehr: wollen Sie es mir dafür geben? Nein, ich gebe es Ihnen nicht für dreißig. Der Arzt hat dem Kranken erlaubt, aufzustehen; aber er hat ihm verboten, die Stube (*o* das Zimmer) zu verlassen. Der Kanarienvogel ist durch das Fenster geflogen. Das Wasser floß in den Keller. Wollen Sie die Türe schließen? Sie ist schon geschlossen. Wieviel verlor Ihr Oheim im Spiel? Er hat nur einige Mark verloren. Die Pferde ziehen den Wagen. Ich habe mich noch nicht angezogen, aber ich werde mich gleich anziehen. Ich muß (mir) einen anderen Rock anziehen. Der Rhein und die Maas ver-

einigen sich, ehe sie sich in die Nordsee ergießen. Das Glück lächelte ihm, er gewann 1000 Mark; aber er verlor sie ebenso schnell, wie er sie gewonnen hatte. Wieviel wiegt dieser Koffer? Er ist noch nicht gewogen worden, aber ich glaube nicht, daß er 50 Kilo wiegt. Ich habe nicht gelogen. Der Schnee ist geschmolzen.

2. *Complétense las oraciones siguientes:* Wieviel (bieten) man Ihnen für Ihr Pferd? Man hat mir 650 Mark dafür —. Das feindliche Heer verlor die Schlacht und (fliehen). Das Kind (frieren); es zittert am ganzen Körper. Diese Blume (riechen) sehr gut. Dieser Kaufmann (betrügen) jedermann; er hat mich auch —. Im Frühling (schmelzen) der Schnee wieder. Der Vogel (fliegen) sehr hoch. Das Wasser ist (frieren).

Tema

El comerciante pidió once francos por los géneros; le ofrecí diez. El conde me ha ofrecido 4000 marcos por mis dos caballos. El pájaro voló por (*o* a través de) la ventana al cuarto. El río corre entre (zwischen, *dat.)* dos montañas. Tengo frío. ¿Tiene usted también frío? Creo seguramente que ha mentido. ¿Quién ha cerrado mi puerta? La criada la ha cerrado. ¿Ha cerrado usted la ventana? No, no la he cerrado. ¿Ha perdido usted algo? Sí, he perdido mis guantes. Usted (lo) pierde todo. ¿Quién le ha engañado a usted? Un hombre que *(ac.)* no conozco, me ha engañado. Los niños no deben (dürfen) mentir. ¿Ha pesado usted la carne? Sí, pesa cuatro libras. Los niños buenos no mienten.

Lesestück

Wanderers Nachtlied

Über allen Gipfeln
Ist Ruh,
In allen Wipfeln
Spürest du
Kaum einen Hauch;
Die Vögelein schweigen im Walde.
Warte nur, balde
Ruhest du auch.

GOETHE

SECHSUNDVIERZIGSTE LEKTION
LECCIÓN CUADRAGÉSIMA SEXTA

Verbos irregulares (continuación)

Cuarta conjugación

Los nueve verbos que pertenecen a esta conjugación tienen en el *infinitivo* la vocal radical *a;* ésta se trueca en el *pretérito imperf.* en *u;* pero se conserva en el *participio pasivo*. En la 2.ª y 3.ª pers. de singular del *presente de ind.*, la *a* se modifica en *ä* (excepto en «schaffen»).

Infinitivo	*Presente de indicativo*	*Pret. imp.* *u*	*Part. pas.* *a*
80. *Backen* (cocer [pan])	ich backe, du bäckst, er bäckt, wir backen	ich buk *subj.* ich büke	gebacken (cocido)
81. †*Fahren* (ir en coche, barco, etc.)	ich fahre, du fährst, er fährt, wir fahren, ihr fahrt, sie fahren	ich fuhr *subj.* ich führe	gefahren (ido)

Del mismo modo: †spazierenfahren (pasearse en coche); *pret. imp.* ich fuhr spazieren; *part. pas.* (ich bin) spazierengefahren; †abfahren (partir, ponerse en marcha); ich fahre ab, ich fuhr ab, (ich bin) abgefahren.

82. *Graben* (cavar)	ich grabe, du gräbst, er gräbt, wir graben, etc.	ich grub *subj.* ich grübe	gegraben (cavado)

Así: begraben *(insep.)* (enterrar); ich begrabe, begrub, begraben.

83. *Laden* (cargar)	ich lade, du lädst, er lädt, wir laden, etc.	ich lud *subj.* ich lüde	geladen (cargado)

Del mismo modo: einladen *(sep.)* (convidar); *part. pas.* eingeladen (también se conjuga como regular en presente y pret. imp.).

84. *Schaffen* (crear)	ich schaffe, du schaffst, er schafft, wir schaffen, etc.	ich schuf *subj.* ich schüfe	geschaffen (creado)
85. *Schlagen* (pegar; dar las horas)	ich schlage, du schlägst, er schlägt, wir schlagen, etc.	ich schlug *subj.* ich schlüge	geschlagen (pegado)
86. *Tragen* (llevar)	ich trage, du trägst, er trägt, wir tragen, etc.	ich trug *subj.* ich trüge	getragen (llevado)

Así: betragen *(insep.)* (importar); sich betragen (portarse, conducirse).

Infinitivo	*Presente de indicativo*	*Pret. imp.* *u*	*Part. pas.* *a*
87. *Waschen* (lavar)	ich wasche, du w*ä*sch(e)st, er w*ä*scht, etc.	ich w*u*sch *subj.* ich w*ü*sche	gew*a*schen (lavado)
88. †*Wachsen* (crecer)	ich wachse, du w*ä*ch(se)st, er w*ä*chst, wir wachsen	ich w*u*chs *subj.* ich w*ü*chse	gew*a*chsen (crecido)

Wörter

das Mehl	la harina	der Sack	el saco
das Datum	la fecha	die Einkünfte	los ingresos
die Jugend	la juventud	die Zeitwende	la era, época
weich	blando	der Rücken	la espalda, el lomo
der Kutscher	el cochero	die Pistole	la pistola
der Ball	el baile; la pelota	das Taschentuch	el pañuelo
der Bäcker	el panadero	schmutzig	sucio
prächtig	magnífico	oft	a menudo
die Wäscherin	la lavandera	bevor	antes de
die Jagd	la caza	schnell	pronto, de prisa
das Holz	la madera; leña	unverlierbar	imperdible

Übung

Bäckt Ihre Mutter heute Kuchen? Nein, sie hat kein Mehl; sie wird morgen backen. Dieses Brot ist nicht gut gebacken; es ist zu weich. Diese beiden Briefe tragen dasselbe Datum. Das Mutterherz ist der schönste und unverlierbarste Platz des Sohnes, selbst wenn er schon graue Haare trägt. Wohin fahren Sie? Ich fahre spazieren. Gestern fuhren wir nach dem Eskorial. Sind Sie in einem Auto gefahren? Nein, wir fuhren mit (en) der Eisenbahn. Das Holz wurde auf einen Wagen geladen. Kutscher, fahren Sie schneller! Wohin haben Sie den Brief getragen? Ich habe ihn auf die Post getragen. Der Gärtner wusch seine Hände. Je früher gepflanzt wird, desto besser wächst alles. Kennen Sie die Straße, durch welche wir soeben gefahren sind? Ich kenne sie nicht. Diese Rosen sind in meinem Garten gewachsen. Wieviel beträgt meine Rechnung?

Tema

¿Quién cuece el pan? El panadero cuece el pan en un horno. ¿Cuándo ha sido cocido este pan? Fue cocido ayer.

¿Por qué va (fahren) $_2$tan de prisa $_1$el cochero? Quiere llegar a la estación antes de $_2$salir *(pres. de ind.)*$_1$ el tren. ¿A qué hora sale el tren para Francia? El tren acaba de salir (ist soeben . . .). Los autobuses circulan (fahren) hasta las 11 de la noche. La mayoría de los panaderos cuecen pan dos veces al día. La palabra «bizcocho» significa literalmente (wörtlich): «cocido dos veces». Sus ingresos crecen de año en año. El niño ha (ist) crecido mucho. ¿Quién le convidó a usted al concierto? Mi amigo me convidó. ¿Por qué pegaste al muchacho? ¿No has llevado todavía la carta al (auf, *ac.*) correo? ¿Quién lava la ropa? ¿No ha lavado aún la lavandera tu ropa? Me lavé con agua fría. ¿Dónde se cultiva el mejor café?

Lesestück

Es ist Frühling geworden

Ja, es ist Frühling geworden[1], und wir fühlen uns diesmal, da wir einen kleinen Garten unter unseren Händen sich erheben[2] sehen, in irgendeinem Grade verwandt[3] mit ihm. Tulpen[4] und Narzissen[5], neben einer großen Pfingstrose[6], sind schon im Wachsen[7]; zwei kleine Lauben[8] sind von den Zweigen[9] junger Birken wie von grünen Spitzenschleiern[10] verhangen, und einige hochstämmige Rosen treiben schon, was man gar nicht vergessen kann und als ein höchst reizendes Versprechen empfindet.

Auf dem Nachbardach[11] erschien neulich ein Storch[12], und die genaue Untersuchung des Daches, mit der er sich beschäftigte, läßt die Hoffnung[13] zu, daß er sich dort anzusiedeln[14] gedenkt: das wäre natürlich eine große Freude.

Sehr schön ist der Frühling in seinem Kommen. Aus tausend Vogelstimmen löst sich am Morgen der Tag, und die Abende vertiefen sich um den Anfang des ersten Nachtigallenklanges[15], der die Stille stiller und ahnungsvoller macht.

Und die Mondnächte[16] sind ungewöhnlich hell, und wenn sie sich verdunkeln, so beginnt ein Regen zu fallen: zart, sanft und warm, träge wie ein Traum und doch voll verschleierten Geschehens.

RAINER MARIA RILKE

[1] ha venido. [2] crecer, prosperar. [3] aparentado. [4] tulipán. [5] narciso. [6] rosa de pentecostés. [7] crecimiento. [8] cenador. [9] ramas. [10] puntilla, velo. [11] tejado de la casa vecina. [12] cigüeña. [13] esperanza. [14] hospitalizarse. [15] canto del ruiseñor. [16] noches de luna.

SIEBENUNDVIERZIGSTE LEKTION
LECCIÓN CUADRAGÉSIMA SÉPTIMA

Verbos compuestos

La mayor parte de los verbos alemanes admiten algún prefijo para modificar su significado. En algunos de estos verbos, el prefijo va siempre unido al verbo, por lo cual se les llama *verbos inseparables;* en otros, en cambio, el prefijo se separa del verbo en algunos tiempos, recibiendo por eso el nombre de *verbos separables.*

Verbos inseparables

Hay que observar lo siguiente:

1.º El prefijo no se separa nunca del verbo.

2.º El acento tónico recae siempre en la raíz del verbo.

3.º El participio pasivo *no admite* la partícula *ge.*

Hay once prefijos con los cuales se forman *verbos inseparables,* a saber:

be, emp, ent, er, ge, ver, zer
hinter, miß, voll, wider[1]

[1] Cuando estos cuatro últimos prefijos entran en la composición de algún substantivo o adjetivo, entonces llevan el acento tónico; v. gr.: die 'Hinterlist (la artimaña); die 'Vollmacht (el poder); der 'Widerspruch (la contradicción); 'volljährig (mayor de edad); 'mißgünstig (desfavorable), etc.

Conjugación de un verbo inseparable

Bewohnen (habitar)

Presente

ich bewohne	yo habito	wir bewohnen	habitamos
du bewohnst	tú habitas	ihr bewohn(e)t	habitáis
er bewohnt	él habita	sie bewohnen	habitan

Pretérito imperfecto

ich bewohnte (habitaba, habité), du bewohntest, er, bewohnte, etc.

Futuro imperfecto

ich werde bewohnen (habitaré), du wirst bewohnen, etc.

Pretérito perf. compuesto

ich habe bewohnt (he habitado), du hast bewohnt, etc.

He aquí algunos verbos inseparables:

	Infinitivo		*Pret. imp.*	*Part. pas.*
be	be'halten	quedarse (con)	ich behielt	behalten
emp	emp'fangen	recibir	» empfing	empfangen
ent	†ent'gehen	escapar	» entging	entgangen
er	er'halten	recibir	» erhielt	erhalten
ge	ge'fallen	agradar	» gefiel	gefallen
ver	ver'lieren	perder	» verlor	verloren
zer	zer'stören	destruir	» zerstörte	zerstört
hinter	hinter'gehen	engañar	» hinterging	hintergangen
miß	miß'fallen	desagradar, disgus-[tar	» mißfiel	mißfallen
voll	voll'enden	acabar	» vollendete	vollendet
wider	wider'stehen	resistir	» widerstand	widerstanden

Observaciones

1.ª Algunos verbos inseparables, derivados en su mayoría de substantivos o adjetivos, tienen el acento tónico en la primera sílaba y toman el prefijo *ge* en el part. pas.; v. gr.:

'frühstücken	almorzar	ich frühstücke	*ge*frühstückt
'antworten	contestar	» antworte	*ge*antwortet
'urteilen (über)	juzgar (de)	» urteile	*ge*urteilt
'handhaben	manejar	» handhabe	*ge*handhabt

2.ª Algunos verbos compuestos inseparables pueden tomar además uno de los prefijos antes mencionados, formando un nuevo verbo. El acento tónico recae en este caso sobre la segunda sílaba, a excepción de los compuestos con *miß*, que lo tienen en la primera; v. gr.:

be'antworten	contestar	ich beantworte	beantwortet
be'urteilen	juzgar	» beurteile	beurteilt
ver'urteilen	condenar	» verurteile	verurteilt
'mißverstehen	comprender mal	» mißverstehe	mißverstanden
ver'nachlässigen	descuidar	» vernachlässige	vernachlässigt

Wörter

die Gefahr	el peligro	bewundern (*insep. reg.*)	admirar
das Schauspiel	el espectáculo	die Geschicklichkeit	la habilidad
das Unternehmen	la empresa	gewöhnlich	generalmente
verstehen	comprender	der Film	la película
bedecken (*insep. reg.*)	cubrir	begrüßen (*insep. reg.*)	saludar
der Angriff	el ataque	später	más tarde, luego
die Burg (*pl.* —en)	el castillo	verwelken (*insep. reg.*)	marchitarse
begreifen (*ins. irr.*)	comprender	vertragen (*ins. irr.*)	soportar
gehorchen (*insep. reg.*)	obedecer	sogar	hasta

Übung

1. Ich bewohne ein kleines Haus; mein Vater bewohnt ein großes Haus. Der Schüler hat das Buch erhalten. Wir empfangen oft Briefe von unser(e)n Eltern; aber heute haben wir keinen erhalten. Die Soldaten sind der Gefahr entgangen. Fräulein Luise hat ihren Sonnenschirm verloren; sie verliert oft etwas. Die Feinde zerstörten die Stadt. Wie hat Ihnen der Film gefallen? Er hat mir sehr gut gefallen. Wann frühstücken Sie? Ich frühstücke um 8 Uhr. Haben Sie mir geantwortet? Nein. Warum antworten Sie mir nicht? Ich habe Ihre Frage nicht verstanden.

2. *Complétense las oraciones siguientes:* Hast du heute einen Brief von deinem Freunde erhalten? Ja, ich — oft Briefe von —. Haben Sie meine Frage (verstehen)? Ja, ich habe sie —. Was hast du (verlieren)? Ich habe mein Buch —. Haben Sie auf den Brief Ihres Freundes schon (antworten)?

Nein, aber ich werde ihm in einigen Tagen —. Wer hat dieses Glas (zerbrechen)? Ich habe es nicht —.

Tema

La nieve cubre las montañas. El agua cubría los campos. No he recibido su carta de usted. Perderá en (bei) esta empresa su dinero. Los niños buenos obedecen a sus padres. Admiro tu habilidad. ¿Qué ha perdido usted? He perdido mi lápiz. Este cuadro me gusta mucho. No debemos juzgar de (über) las cosas que no comprendemos. Han vendido su pequeña casa. ¿A qué hora almuerzan ustedes? Almorzamos generalmente a las doce; pero hoy hemos almorzado ya a las once. ¡Respóndame usted! Responderé luego a (auf) la pregunta de usted. Las flores cortadas se marchitan pronto.

Lesestück

Kindermund

Die kleine Monika besucht[1] ihre Freundin Renate, deren Vater Schriftsteller[2] ist. Lange und bewundernd[3] verweilt[4] sie vor den gefüllten[5] Bücherschränken[6]. Man fragt sie: «Gefallen[7] dir die vielen Bücher?» Monika beantwortet diese Frage auf höchst eigene[8] Art[9]: «Wir holen[10] unsere Bücher auch aus der Leihbücherei[11], aber *wir* geben[12] sie immer wieder zurück[12]».

Im Biologieunterricht[13] einer Mädchenklasse stellt[14] der Lehrer zusammenfassend[14] fest[14]: «Wir haben also gesehen, daß das männliche Gehirn[15] das weibliche an Größe[16] übertrifft[17].» Mit der Frage: «Welchen Schluss[18] könnte man aus dieser Tatsache[19] ziehen[20]?» wendet[21] er sich sodann an seine Zöglinge[22]. Eine Schülerin hat sogleich die Situation erfasst[23] und erwidert[24] kurzerhand[25]: «Dass es nicht auf *Quantität*[26] ankommt[27].»

[1] visita. [2] escritor. [3] admirando. [4] permanecer. [5] llenos, repletos. [6] librerías (armarios de libros). [7] gustan. [8] propio, muy particular. [9] manera. [10] vamos a buscar. [11] la biblioteca pública. [12] devolvemos. [13] clase de biología. [14] concluye resumiendo. [15] cerebro. [16] tamaño. [17] sobrepasa. [18] conclusión. [19] hecho. [20] sacar. [21] se dirige. [22] discípulos. [23] comprendido. [24] replica. [25] sin titubear. [26] cantidad. [27] importa.

ACHTUNDVIERZIGSTE LEKTION
LECCIÓN CUADRAGÉSIMA OCTAVA

Verbos compuestos (continuación)

Verbos separables

Los *verbos separables* se componen de un verbo y de un prefijo que suele ser una preposición o un adverbio; v. gr.: «aus-gehen» (salir), «weg-gehen» (marcharse), «anfangen» (empezar).

En el *presente*, el *pret. imperfecto* y el *imperativo* de la oración principal dichos prefijos se separan del verbo y se colocan al final de la frase; v. gr.:

Ich *gehe* heute abend *aus*.	Salgo esta noche.
Ich *ging* gestern nicht *aus*.	No salí ayer.
Gehen Sie mit mir *aus!*	¡Salga usted conmigo!
Fangen Sie jetzt *an!*	¡Empiece usted ahora!

Esta transposición no tiene lugar en oraciones incidentales que principien por un pronombre relativo o por una conjunción transpositiva como «als, da, daß, obschon, weil, wenn», etc. (v. lecc. 37, 53 y 54 s); v. gr.:

Das Kind, welches ohne Erlaubnis ausgeht, verdient Strafe.	El niño que sale sin permiso, merece castigo.
Ich begleitete meinen Freund, als er ausging.	Acompañé a mi amigo cuando salió.
Ich hoffe, daß mein Freund heute ausgeht.	Espero que mi amigo salga (saldrá) hoy.

En todos los demás tiempos el prefijo precede al verbo; en el *participio pasivo*, la partícula *ge* se coloca entre ambos componentes, formando con ellos una sola palabra; lo mismo sucede con la preposición «zu» cuando acompaña al infinitivo; v. gr.:

Ich bin heute nicht aus*ge*gangen.	No he salido hoy.
Er bat mich, heute nicht aus*zu*gehen.	Me rogó no salir hoy (que no saliese hoy).

Nota. Los verbos separables tienen dos acentos tónicos; el acento *principal* recae sobre el *prefijo;* el *secundario*, sobre el verbo; v. gr.: ′an-‵fangen, ′aus-‵gehen, ′ange‵fangen, ′ausge‵gangen.

Conjugación de un verbo separable

Anfangen (empezar, principiar)

Presente de indicativo

sing.	ich fange... *an*	empiezo	*pl.*	wir fangen ... *an*	empezamos
	du fängst... an			ihr fang(e)t... an	
	er fängt ... an			sie fangen ... an	

Pretérito imperf.

sing.	ich fing ... an	empezaba	*pl.*	wir fingen... an	empezába-
	du fingst... an	*o* empecé		ihr finget ... an	mos *o* em-
	er fing ... an			sie fingen... an	pezamos

Futuro imperfecto

ich werde . . . anfangen (empezaré)

Condicional imperfecto

ich würde (meine Arbeit) anfangen (empezaría)

Pretérito perfecto compuesto

ich habe (meine Arbeit) an*ge*fangen (he empezado)

Pret. pluscuamperfecto

ich hatte (meine Arbeit) an*ge*fangen (había empezado)

Imperativo

fang(e) . . . *an*	empieza	fangen wir . . . *an*	empecemos
fangen Sie . . . *an*	empiece Vd.	fang(e)t . . . *an*	empezad

Infinitivo

anfangen (empezar), um an*zu*fangen (para empezar)

Participio

Gerundio: anfangend (empezando) *Pasivo:* an*ge*fangen (empezado)

Lista de los prefijos separables más usados

	Infinitivo	*Presente*	*Igualmente:*
ab	†abreisen *(reg.)* (partir)	ich reise .. ab	abschreiben *(irr.)* (copiar)
an	†ankommen *(irr.)* (llegar)	» komme .. an	anziehen *(irr.)* (atraer, vestir[se])
	ankleiden *(r.)* (vestir[se])	» kleide .. an	
auf	†aufstehen *(irr.)* (levantarse)	» stehe .. auf	aufhören *(r.)* (cesar)
aus	†ausgehen *(irr.)* (salir)	» gehe .. aus	ausgeben *(irr.)* (gastar)
bei	(†)beistehen *(irr. con. dat.)* (asistir, ayudar)	» stehe .. bei	beifügen *(reg.)* (añadir, incluir)
ein	einladen *(irr.)* (convidar)	» lade .. ein	†eintreten *(irr.)* (entrar)
fort	†fortgehen *(irr.)* (marcharse)	» gehe .. fort	forttragen *(irr.)* (llevarse)
mit	mitteilen *(r.)* (comunicar)	» teile .. mit	mitnehmen *(irr.)* (llevarse)
nach	†nachlaufen *(irr.)* (correr [tras])	» laufe .. nach	nachgeben *(irr.)* (ceder)
vor	vorstellen *(r.)* (representar)	» stelle .. vor	vorlesen *(irr.)* (leer)
weg	wegnehmen *(irr.)* (quitar)	» nehme .. weg	wegwerfen *(irr.)* (tirar)
zu	zumachen *(reg.)* (cerrar)	» mache .. zu	zubringen (p. 90) (pasar)

Existen, además, prefijos separables compuestos que se unen a un verbo; tales son: *hinauf, herauf, herab, herein, hinein, bevor, dabei, vorbei, zurück, zusammen*, etc. El acento tónico recae sobre la segunda sílaba del prefijo; la partícula *ge* del *part. pas.*, lo mismo que el *zu* del infinitivo, se colocan entre los dos componentes; v. gr.: «zu'rückkommen, zurück*ge*kommen, (um) zurück*zu*kommen; ich komme morgen zurück».

El prefijo *her* y sus compuestos *herab, herauf*, etc., indican movimiento de *aproximación* a la persona que habla; en cambio, *hin* y sus compuestos indican *alejamiento;* v. gr.:

Kommen Sie her!	¡Venga usted acá!
Gehen Sie hin!	¡Vaya usted allá!
Kommen Sie her'auf!	¡Suba usted! (= ¡venga usted!)
Gehen Sie hin'auf!	¡Suba usted! (= ¡vaya usted!)

Los verbos compuestos con los prefijos *durch, über, um* y *unter* pueden ser *separables* o *inseparables*, según el significado. Son *separables* cuando el prefijo conserva su sentido propio y primitivo; *inseparables*, cuando el prefijo se emplea en sentido figurado. Los primeros son verbos neutros y suelen formar los tiempos compuestos con «sein»; los inseparables son verbos activos y se conjugan con «haben»:

Ich habe ganz Deutschland durchreist	He recorrido toda Alemania
Ich durchreise ganz Deutschland	Recorro toda Alemania
Der König reist hier durch	El rey pasa por aquí
Ich bin durchgereist	He continuado mi viaje sin detenerme
Der Fährmann setzt die Fahrgäste über	El barquero pasa (sobre el río) a los pasajeros
Der Schüler übersetzt den Brief	El alumno traduce la carta

Wörter

die Stunde	la hora, la lección	täglich	diario, diariamente
der Gesandte	el embajador	das Mittagessen	el almuerzo
die Nachricht	la noticia		
die Abschrift	la copia	klug	prudente, discreto
der Wind	el viento	weil	porque
es ist Zeit	es tiempo, es hora	rund	redondo

Übung

1. Das Schauspiel fängt um sechs Uhr an. Haben Sie Ihren Brief abgeschrieben? Nein, ich habe die Abschrift noch nicht angefangen. Morgen werden meine deutschen Stunden anfangen. Meine Tante reist morgen früh ab. Der englische Gesandte ist gestern abgereist. Ich schreibe diese Aufgabe ab. Der Herr ist um sechs Uhr angekommen. Die Dame wird morgen ankommen. Ich habe all mein Geld ausgegeben. Ich ziehe mein neues Kleid an. Stehen Sie auf! Es ist Zeit, aufzustehen. Gehen Sie heute aus? Ja, ich gehe heute aus; ich ging gestern nicht aus, weil ich krank war. Man hat mir diese Nachricht mitgeteilt. Ich lade Sie zum Mittagessen ein; ich habe Ihren Bruder auch eingeladen. Lesen Sie mir dieses Gedicht vor. Der Regen hat aufgehört. Machen Sie das Fenster zu! Ich bringe den Abend bei meinen Eltern zu. Der Klügste gibt nach.

2. *Complétense las oraciones siguientes:* Wer (anfangen) heute — zu lesen? Ludwig wird —. Wann (anfangen) das Konzert —? Es — um 7 Uhr —. Hat Emilie ihre deutschen Stunden (anfangen)? Ja, mein Herr, sie hat sie gestern —. Wann (abreisen) Ihre Tante —? Sie — heute abend

—. Haben Sie Ihren Brief schon (abschreiben)? Noch nicht; aber ich werde ihn jetzt —. Sind Sie heute nicht (ausgehen)? Nein, ich hatte keine Zeit —. Womit (zubringen) Sie Ihre Abende —? Ich (lesen) deutsche Bücher. Wer hat Ihnen diese Nachricht (mitteilen)? Mein Neffe — sie mir —

Tema

Empiece usted a leer, Carlos. He empezado $_2$a copiar $_1$mi tema. El concierto empieza a las siete. ¿No has empezado todavía tu tema? ¿Cuándo sale usted? Salgo todos (los) días a las ocho. Salí también ayer. Mi hermano ha partido para Londres. Nuestro tío sale esta noche, y mi hermano salió ayer. Póngase usted sus zapatos. Salgo a las cuatro; ¿a qué hora saldrá usted? ¿Ha salido ya Carlos? No, no ha salido todavía. ¿Ha gastado usted mucho dinero? No, no he gastado mucho; gasté solamente cien pesetas. El que se levanta tarde, pierde mucho tiempo. ¡Quite usted esos papeles! Sírvase usted presentarme (stellen Sie mich bitte . . . vor) a su amigo. ¡Cierre usted la puerta! Ya está cerrada. Mi hermana pasó el día en casa de mi tía. ¡Llévese usted estos vasos! Incluyo su carta (de él) para que (damit) usted la conteste. El padre se ha llevado a su hijo al concierto.

Lesestück

Die sieben Stäbe[1]

Ein Vater hatte sieben Söhne, die öfters miteinander uneins[2] wurden. Über dem Zanken[3] und Streiten versäumten[4] sie die Arbeit. Ja, einige böse Menschen hatten im Sinne[5], sich diese Uneinigkeit[6] zunutze[7] zu machen[7] und die Söhne nach dem Tode des Vaters um ihr Erbteil[8] zu bringen. Da ließ der ehrwürdige Greis eines Tages alle sieben Söhne zusammenkommen, legte[9] ihnen sieben Stäbe vor, die fest zusammengebunden waren, und sagte: «Demjenigen von euch, welcher dieses Bündel[10] Stäbe entzwei[11] bricht[11], zahle ich hundert große Taler bar!» Einer nach dem andern strengte[12] alle seine Kräfte an, und jeder sagte nach langem, vergeblichen Bemühen[13]: «Es ist gar nicht möglich!»

«Und doch», sagte der Vater, «ist nichts leichter». Er löste[14] das Bündel auf[14] und zerbrach einen Stab nach dem andern mit geringer Mühe[15]. «Ei», riefen die Söhne, «so ist es freilich leicht, so könnte es ein kleiner Knabe!» Der Vater aber sprach: «Wie es mit diesen Stäben ist, so ist es mit euch, meine Söhne. Solange ihr fest zusammen[16] haltet[16], werdet ihr bestehen und niemand wird euch überwältigen[17] können. Wird aber das Band der Eintracht[18], das euch verbinden soll, aufgelöst[19], so geht es euch wie den Stäben, die hier zerbrochen[20] auf dem Boden umherliegen.»

CHRISTOPH VON SCHMID

[1] barra. [2] no estar de acuerdo. [3] querellar. [4] olvidar. [5] insinuar, pensar. [6] desavenencia. [7] aprovecharse. [8] herencia. [9] presentar. [10] haz. [11] romper. [12] esforzaba. [13] esfuerzo. [14] desatar. [15] trabajo. [16] estar unidos. [17] subyugar. [18] unión. [19] deshacer. [20] roto.

NEUNUNDVIERZIGSTE LEKTION
LECCIÓN CUADRAGÉSIMA NOVENA

Verbos neutros o intransitivos

Estos verbos expresan un estado del sujeto o una acción que no pasa de una persona o cosa a otra; v. gr.: «ich sitze» (estoy sentado); «ich stehe» (estoy de pie); «ich komme» (vengo).

Los verbos neutros son regulares o irregulares; su conjugación sólo difiere de la de los activos en la formación de los tiempos compuestos que suelen formarse con el auxiliar «sein»[1]; p. ej.:

[1] Hay muchos verbos neutros que toman el auxiliar «haben»; v. gr.: «antworten» (contestar); «arbeiten» (trabajar); «bellen» (ladrar); «fehlen» (faltar); «handeln» (traficar); «horchen» (escuchar); «lachen» (reir); «leben» (vivir); «rauchen» (fumar); «schlafen» (dormir); «schweigen» (callar); «sprechen» (hablar); «stehen» (estar de pie); «tanzen» (bailar); «wachen» (velar); «weinen» (llorar); «wohnen» (vivir) y otros; *pret. perf. comp.* «ich habe geantwortet»; *pret. pluscuamperf.* «ich hatte gearbeitet», etcétera. Los que indican cambio de un estado a otro o movimiento de un lugar a otro toman siempre «sein».

Reisen (viajar)

Pres. ich reise (viajo) du reisest *o* reist er reist, etc.	*Pret. imperf.* ich reiste (viajaba, viajé) *Futuro* ich werde reisen (viajaré) *Condicional* ich würde reisen (viajaría)
Pretérito perfecto comp. ich *bin* gereist he viajado du *bist* gereist has viajado er *ist* gereist ha viajado wir *sind* gereist hemos viajado ihr *seid* gereist habéis viajado sie *sind* gereist han viajado	*Pretérito pluscuamperfecto* ich *war* gereist había viajado du *warst* gereist er *war* gereist, etc. *Futuro perfecto* ich werde gereist *sein* habré viajado du wirst gereist *sein*, etc.
Condicional perfecto ich würde gereist *sein* (habría viajado), etc.	

De la misma manera se conjugan:

abreisen *(sep. reg.)*	partir, marcharse (ich bin abgereist)
ankommen *(sep. irr).*	llegar
aufstehen *(sep. irr.)*	levantarse
bleiben *(irr.)*	quedarse
einschlafen *(sep. irr.)*	dormirse
fahren *(irr.)*	ir (en coche, etc.)
fallen *(irr.)*	caer
fliegen *(irr.)*	volar
geschehen *(irr.)*	acontecer, pasar *(impers.)*
klettern	trepar
kommen *(irr.)*	venir
landen *(reg.)*	desembarcar
laufen *(irr.)*	correr
marschieren *(reg.)*	andar, marchar
reiten *(irr.)*	montar a caballo
scheitern *(reg.)*	naufragar
schwimmen *(irr.)*	nadar
spazierengehen *(irr.)*	pasearse
springen *(irr).*	saltar
steigen *(irr.)*	subir
sterben *(irr.)*	morir
umkommen *(irr.)*	perecer
werden *(irr.)*	hacerse, ponerse, llegar a ser
zurückkommen *(sep. irr.)*	volver

Wörter

das Land	la tierra, el campo
der Schuhmacher	el zapatero
die Wunde	la herida
die Mannschaft	gente, tripulación
das Schiff	el barco, el navío
die Küste	la costa
der Matrose	el marinero
der Schwager	el cuñado
bewohnen *(insep. reg.)*	habitar
holländisch	holandés
das Frühstück	el desayuno
vorgestern	anteayer

Übung

1. Ich reise viel; ich bin letztes Jahr in Spanien gereist. Meine Schwester ist vor einer halben Stunde ins Konzert gegangen. Wann sind Sie aufgestanden? Ich bin um sieben Uhr aufgestanden. Der Knabe ist zu schnell gelaufen. Der Soldat ist an (de) seinen Wunden gestorben. Das Kind hat sehr gut geschlafen. Die Mädchen sind in den Garten gegangen. Meine Mutter ist gestern vom Lande zurückgekehrt, sie war drei Wochen dort geblieben. Was ist dem Kinde geschehen? Es ist gefallen. Das Mädchen hat hinter der Türe gestanden und hat gehorcht. Mein Bruder hat noch nicht geantwortet. Wir haben von dir gesprochen. Wir haben zwei Jahre in Madrid gewohnt. Der Briefträger ist noch nicht gekommen.

2. *Complétense las oraciones siguientes:* Wann sind Sie von Spanien (abreisen)? Ich bin am Sonntag von dort (abreisen). Wann sind Sie hier (ankommen)? Ich bin am Mittwoch hier (ankommen). Wann (aufstehen) ihr des Morgens — ? Gewöhnlich (aufstehen) wir um 6 Uhr — ; aber heute sind wir erst um 7 Uhr —. Wann (reisen) du nach Paris? Ich — morgen früh —. Wann ist Ihr Bruder von Berlin (zurückkommen)? Er ist vor acht Tagen —; aber er (abreisen) bald wieder —. Wo bist du so lange (bleiben)? Das Kind (laufen) sehr schnell. Die Kinder — sehr schnell (laufen).

Tema

Luis viaja mucho. El año pasado ha viajado por Italia. ¿Ha viajado también su primo de usted? No, señor, no ha viajado. Él habría viajado también, si hubiese tenido dinero para ello. El profesor ha ido a París. ¿Adónde va usted? Voy a la escuela. Mi hermano ya ha ido (allá). ¿Dónde está su hermano de usted? Ha salido. He nadado en el *(o* a través del) río. Hemos andado toda la noche; queríamos llegar a casa antes de las ocho de la mañana. He vivido dos años en Berlín, ahora vivo en Francfort. El muchacho ha trepado sobre (auf) un árbol *(acus.)* ¿A qué hora se ha dormido usted? Me he dormido a las diez. ¿Por qué no ha venido usted para el (zum) almuerzo? Me había levantado demasiado tarde. Su tío de usted se marchó anteayer y ha vuelto esta mañana.

FÜNFZIGSTE LEKTION
LECCIÓN QUINCUAGÉSIMA

Verbos impersonales

Llámanse verbos impersonales los que sólo se emplean en el infinitivo y en la tercera persona del singular de todos los tiempos. El sujeto se expresa en alemán por medio del pronombre «es». Los más usados son los siguientes:

Infinitivo		*Presente*	
regnen	llover	es regnet	llueve
schneien	nevar	es schneit	nieva
hageln	granizar	es hagelt	graniza
donnern	tronar	es donnert	truena
blitzen	relampaguear	es blitzt	relampaguea
frieren *(irreg.)*	helar	es friert (gefriert)	hiela
geben *(irreg.)*	haber, existir	es gibt	hay

Estos verbos son regulares, excepción hecha de «frieren» y «geben», y se conjugan en los tiempos compuestos con el auxiliar «haben»; v. gr.: «es hat geregnet, es hat gedonnert», etc.

Conjugación

Regnen (llover)

Presente	es regnet	llueve
Pret. imperf.	es regnete	llovía, llovió
Futuro imp.	es wird regnen	lloverá
Cond. imp.	es würde regnen	llovería
Pret. perf.	es hat geregnet	ha llovido
Pret. plusc.	es hatte geregnet	había llovido, etc.

Geben (haber)

Presente	es gibt	hay
Pret. imperf.	es gab	había, hubo
Futuro imp.	es wird geben	habrá
Cond. imp.	es würde geben	habría
Pret. perf.	es hat gegeben	ha habido
Pret. plusc.	es hatte gegeben	había habido, etc.

Observaciones

1.ª El verbo impersonal «hay» se traduce por «es gibt» cuando se quiere expresar simplemente la existencia de una persona o cosa;

y por «sein», cuando se señala además el objeto o recinto que las contiene; v. gr.: es ist, es sind, es war, es waren, etc.

Es gibt Menschen, welche nie zufrieden sind	Hay hombres que nunca están contentos
Was gibt es Neues?	¿Qué hay de nuevo?
Es ist (befindet sich) eine Katze in dem Zimmer	Hay un gato en el (dentro del) cuarto
Es ist kein Wasser in der Flasche	No hay agua en la botella
Es sind viele Leute im Theater	Hay muchas personas en el teatro

2.ª El verbo «hacer», empleado como impersonal para expresar el estado del tiempo, se traduce por «sein»; v. gr.:

Was für Wetter ist es?	¿Qué tiempo hace?
Es ist gutes *(o* schönes) Wetter	Hace buen tiempo
Es war schlechtes Wetter	Hacía mal tiempo
Es ist kalt (warm, neblig, windig)	Hace frío (calor, niebla, viento)

3.ª Hay también verbos usados como impersonales que exigen como complementos los pronombres «mich» y «mir».

es freut mich	me alegro, celebro	es tut mir leid	siento
es wundert mich	me extraña	es ist mir leid	siento
es ist mir warm	tengo calor	es scheint mir	me parece

4.ª Las locuciones impersonales «es preciso, es menester» y otras semejantes se traducen en alemán por el verbo «müssen», que se conjuga en todas las personas (v. p. 95):

a) Sin pronombre:

Man muß arbeiten	Es preciso trabajar

b) Con pronombre:

Ich muß arbeiten	Es preciso que yo trabaje / Tengo que trabajar
Sie müssen hier bleiben	Es preciso que se quede usted aquí
Der Knabe *muß* schreiben	Es menester / Es necesario que el niño escriba

Wörter

die Kälte	el frío	nennen	llamar, nombrar
auf das Land	al campo	die Regel	la regla
Leute	gente, personas	früh	temprano
stumm	mudo	letzt	último
die Nuß	la nuez	bald	pronto
die Flasche	la botella		

Übung

Regnet es? Nein, es regnet nicht, es schneit. Gestern schneite es auch. Es wird bald hageln. Es wäre gut, wenn (que) es regnete. Es würde schneien, wenn es nicht so kalt

[1] El pronombre «es» queda suprimido cuando la oración sea interrogativa o inversa.

wäre. Es donnert, hören Sie es? Es wird noch mehr donnern. Hat es auch geblitzt? Ja, es hat zweimal geblitzt. Ich gehe nicht aus, wenn es regnet, denn ich habe meinen Regenschirm verloren. Was für Wetter ist heute? Es ist weder (ni) kalt, noch (ni) warm. Es ist sehr schönes Wetter. Wenn es morgen schön ist, werde ich auf das (*o* aufs) Land gehen. Was gibt's (*o* gibt es) Neues? Es wundert mich, daß er nicht gekommen ist. Es gibt Leute, welche nicht sprechen können; sie sind stumm. Was ist in diesem Glase? Es ist Wasser darin. Gibt es viele Kirschen dieses (in diesem) Jahr? Ja, es gibt viele Kirschen in diesem Jahre; aber im vergangenen (Jahre) gab es noch mehr. Es wundert mich, daß Sie so spät aufstehen. Sie müssen früher aufstehen. Die Kälte ist noch nicht vorbei, es (ge)friert noch. Ich glaube, daß es morgen auch (ge)frieren wird.

Tema

Creo que no lloverá mañana. Relampaguea, ¿lo ve usted? ¿Oye usted tronar? Sí, truena, ha tronado ya mucho (lange) tiempo. ¿Nieva? No, no nieva ahora, pero nevó toda la noche. ¿Qué tiempo hace? Hace frío; ayer hizo más frío aún. Ha helado. ¿Hay cerveza en esa botella? No, hay vino en ella. Hay hombres que $_3$están $_1$siempre $_2$descontentos. ¿Hace calor aquí? Sí, hace calor en este cuarto. ¿Había mucha gente en el teatro? Sí, había mucha gente (dentro). Ha habido $_2$muchas nueces $_1$(en) este año. ¿Qué hay de nuevo? No sé nada. Celebro verle a usted aquí. Usted debe trabajar mejor. Los discípulos deben aprender las reglas.

Gedicht

Du sollst an Deutschlands Zukunft glauben,
An deines Volkes Auferstehn!
Laß diesen Glauben dir nicht rauben
Trotz allem, allem, was geschehn.
Und handeln sollst du so, als hinge
Von dir und deinem Tun allein,
Das Schicksal ab der deutschen Dinge,
Und die Verantwortung wäre dein!

FICHTE

EINUNDFÜNFZIGSTE LEKTION
LECCIÓN QUINCUAGÉSIMA PRIMERA

Verbos reflexivos

Reflexivo es aquel verbo cuya acción recae sobre la misma persona o cosa que es agente de ella, representada o suplida por un pronombre personal, como en las locuciones «*yo me* quejo» (ich beklage mich); «*tú te* equivocas» (du irrst dich), etc. Todos forman los *tiempos compuestos* con el auxiliar «haben»; v. gr.: «ich habe mich befunden» (me he encontrado), «ich habe mich bemüht» (me he esforzado).

Conjugación

Sich bemühen (esforzarse, molestarse)

Indicativo			
Presente		*Pret. imperf.*	
ich bemühe *mich*	yo me esfuerzo	ich bemühte *mich*	me esforzaba, [me esforcé
du bemühst *dich*	tú te esfuerzas	du bemühtest *dich*	
er bemüht *sich*	él se esfuerza	er	bemühte sich
sie bemüht *sich*	ella se esfuerza	sie	bemühte sich
es bemüht *sich*	él (ella) se esfuerza	es	bemühte sich
wir bemühen *uns*	nos esforzamos	wir bemühten *uns*	
ihr bemüh(e)t *euch*	os esforzáis	ihr bemühtet *euch*	
sie bemühen *sich*	se esfuerzan	sie bemühten *sich*	
Pretérito perfecto compuesto		*Pret. pluscuamperfecto*	
ich habe mich bemüht	me he esforzado	ich hatte mich bemüht	me había [esforzado
du hast dich bemüht		du hattest dich bemüht	
er hat sich bemüht, etc.		er hatte sich bemüht, etc.	

Imperativo	
bemühe dich!	¡esfuérzate!
bemühen wir uns!	¡esforcémonos!
bemüht euch!	¡esforzaos!
bemühen Sie sich!	¡esfuércese usted!

De la misma manera se conjugan:

sich befinden *(irr.)*	encontrarse, estar	sich betragen *(irr.)*	portarse
» erkälten	resfriarse	» entschließen *(irr.)*	decidirse
» beklagen (über)	quejarse (de)	» freuen (über)	alegrarse (de)
» beschäftigen (mit)	ocuparse	» schämen (über)	avergonzarse
» irren	equivocarse	» setzen	sentarse
» waschen *(irr.)*	lavarse	» unterhalten *(irr.)*	divertirse, conversar
» gewöhnen (an)	acostumbrarse	» verirren	extraviarse, perderse
» rühmen *(gen.)*	jactarse (de), vanagloriarse	» bereichern	enriquecerse

Wörter

die Hitze	el calor (grande)	furchtbar	atrozmente
der Strand	la playa	das Ding *(pl.* -e)	la cosa
vorbei	pasado	das Gesicht *(pl.* -er)	la cara
so	así	möglich	posible
die Ordnung	el orden	sich rächen	vengarse
das Betragen	la conducta	verwunden	herir
der Christ	el cristiano	glauben	creer
der Handel	el comercio	gestehen	confesar
der Gebrauch	el uso	sich hinsetzen	sentarse
sich erholen	reponerse		
steigen	subir		

Übung

Eine Unterhaltung

A. Guten Tag, Frau Bauer, sind Sie schon wieder hier?

B. Ja, wir sind gestern aus Travemünde zurückgekommen.

A. Sie waren in Travemünde? Ich dachte, Sie wollten an die Nordsee fahren!

B. Nein, wir haben uns entschlossen, diesmal an die Ostsee zu fahren, denn voriges Jahr hat es uns an der Nordsee gar nicht gefallen. Das Wetter war sehr kalt, und es waren immer so viele Leute am Strande, daß man sich kaum hinsetzen konnte.

A. Und wie hat es Ihnen an der Ostsee gefallen?

B. Ausgezeichnet; wir haben uns dort sehr gut erholt.

A. Waren Sie krank?

B. Mein Mann hatte sich Ende Mai furchtbar erkältet, aber jetzt befindet er sich wieder ganz wohl.

A. Es freut mich, das zu hören. Wir sind diesen Sommer wieder in Garmisch-Partenkirchen gewesen. Mein Mann kann sich nicht an Norddeutschland gewöhnen.

B. Ich schäme mich, gestehen zu müssen, daß ich noch nie in Bayern war.

A. Es ist dort sehr schön; wir haben uns sehr gut unterhalten. Mein Mann freut sich immer, wenn er auf die Berge steigen kann. Es hat uns dort so gut gefallen, daß wir uns schon entschlossen haben, nächstes Jahr wieder hinzugehen.

Tema

Juan se equivoca también. ¿De qué (worüber) se alegra usted? Me alegro de que se encuentre usted bien. ¿De qué se queja usted? Me quejo del calor. ¿En qué (womit) se ocupa usted ahora? Me ocupo en el estudio de la lengua alemana. ¿Está todavía enfermo su profesor de usted? No, señor, ya no está enfermo; ahora está bueno. ¿Qué tenía (fehlte ihm)? Se había resfriado. ¿Por qué quiere usted vengarse? Un buen cristiano no debe (soll *o* darf) vengarse. Los ingleses se han enriquecido con (durch) el comercio. Acostumbraos $_3$a (zu) hacer ($_1$un) buen uso $_2$de (von) vuestro tiempo. Celebro mucho ver a mi madre. Usted se equivoca si cree que estoy enfermo; al contrario, me encuentro (*o* estoy) muy bien. Y ¿cómo se encuentra (*o* está) usted? Yo no estoy bueno; me he resfriado. ¿Se ha lavado Carlos la cara? No, se ha lavado solamente las manos.

Lesestück

Die Kinder zu Hameln

Im Jahre 1284 ließ sich zu Hameln ein wunderlicher[1] Mann sehen. Er hatte einen Rock[2] von vielfarbigem[3] (buntem) Tuch[4] an, weshalb er Bunting soll geheissen[5] haben, und gab[6] sich[6] für einen Rattenfänger[7] aus[6], indem er versprach[8], gegen ein gewisses Geld die Stadt von allen Mäusen[9] und Ratten zu befreien[10]. Die Bürger[11] wurden[21] mit ihm einig[12] und versicherten[13] ihm einen bestimmten Lohn[14]. Der Rattenfänger zog danach ein Pfeifchen[15] heraus und pfiff[16]; da kamen die Ratten und Mäuse aus allen Häusern hervor und sammelten[17] sich um ihn herum. Er führte sie an die Weser, und in dem Fluss[18] ertranken[19] alle.

Nachdem die Bürger von ihrer Plage[20] befreit waren, verweigerten[21] sie dem Manne den versprochenen Lohn. Der Rattenfänger ging zornig[22] und erbittert[23] weg.

Eines Morgens erschien[24] er wieder und liess seine Pfeife in den Gassen[25] hören. Alsbald kamen diesmal nicht Ratten und Mäuse, sondern Kinder, Knaben und Mägdlein vom vierten Jahre an, in grosser Zahl[26] gelaufen[27]. Der ganze Schwarm[28] folgte[29] ihm nach, und er führte sie hinaus in einen Berg, wo er mit ihnen verschwand[30].

Die Eltern liefen vor alle Tore und suchten[31] mit betrübten[32] Herzen[33] ihre Kinder; die Mütter erhoben ein jämmerliches[34] Schreien[35] und Weinen[36]. Von Stund an wurden Boten zu Wasser und zu Lande an alle Orte[37] herumgeschickt, zu erkundigen[38], ob man die Kinder oder auch nur etliche[39] gesehen hatte. Aber alles war vergeblich. Die Kinder waren nicht mehr zu finden; es waren im ganzen hundertunddreissig verloren[40].

Nach BRÜDER GRIMM

[1] singular. [2] traje. [3] multicolor. [4] paño. [5] llamado. [6] se decía. [7] cazador de ratas. [8] prometió. [9] ratones. [10] liberar. [11] ciudadanos. [12] acordaron. [13] aseguraron. [14] recompensa. [15] flautín. [16] silbó. [17] reunieron. [18] río. [19] se ahogaron. [20] plaga. [21] rehusaron. [22] encolerizado. [23] amargado. [24] apareció. [25] callejas. [26] número. [27] corriendo. [28] enjambre. [29] siguió. [30] desapareció. [31] buscaron. [32] entristecido. [33] corazón. [34] lastimoso. [35] griterío. [36] lloro. [37] lugares. [38] informarse. [39] algunos. [40] perdido.

ZWEIUNDFÜNFZIGSTE LEKTION
LECCIÓN QUINCUAGÉSIMA SEGUNDA

Los adverbios

El adverbio es una parte indeclinable de la oración que modifica principalmente el significado del verbo, el del adjetivo y también el de otro adverbio. Hay adverbios de *lugar*, de *tiempo*, de *modo*, de *cantidad*, de *comparación*, de *orden*, de *afirmación*, de *negación* y de *duda*.

Siempre que la frase empiece por un adverbio, el sujeto se pospone al verbo (v. p. 70;) v. gr.:

Ihr Freund wohnt nicht hier	Su amigo de usted no vive aquí
Hier wohnt Ihr Freund nicht	Aquí no vive su amigo de usted
Ihr Bruder hat mich *heute* nicht besucht	Su hermano de usted no me ha visitado hoy
Heute hat mich Ihr Bruder nicht besucht	Hoy no me ha visitado su hermano de usted

Adverbios de lugar

wo	donde, en donde	oben, droben	arriba, encima
*woher[1]	de donde	hinten, dahinten	detrás, atrás
*wohin	adonde	unten, drunten	abajo
hier	aquí	**rechts	a (hacia) la derecha
*hierher	hacia aquí, acá	**links	a (hacia) la izquierda
da, dort	allá, allí, ahí		
*dahin, *dorthin	allá, hacia allí	irgendwo	en alguna parte
		anderswo	en otra parte
darin	dentro	nirgends	en ninguna parte
außen, draußen	fuera	überall	en todas partes
auswendig	(por) fuera, de memoria	beisammen	juntos
		*nach Hause	a (hacia) casa
innen, drinnen	dentro	zu Hause	en casa
inwendig	(por) dentro	weit	lejos

Adverbios de tiempo

wann	cuando	endlich	por (al) fin
jetzt, nun	ahora	dann	entonces, luego
jemals *o* je	jamás	früher, eher	antes, anteriormente
niemals *o* nie	nunca (jamás)		
meistens	las más veces	nachher	después, luego
sonst, ehemals	en otro tiempo	spät	tarde
manchmal, zuweilen	algunas veces, de vez en cuando	später	más tarde
		einst, einstmals	un día
oft, oftmals	a menudo, muchas veces	neulich	el otro día
		noch	todavía, aún
bald	pronto	noch nicht	todavía no
(so)gleich	en seguida, al instante	heute	hoy
früh	temprano	heute morgen	hoy por la mañana
früher	antes, más temprano	gestern	ayer
zuerst	primero	gestern abend	anoche
zuletzt	finalmente, por último	immer	siempre
		schon, bereits	ya
vorgestern	anteayer	lange, lange Zeit	mucho tiempo
morgen	mañana		
morgen früh	mañana por la mañana	jährlich	por año, anualmente
übermorgen	pasado mañana	monatlich	mensualmente
damals	en aquel tiempo	täglich	al día, diariamente

[1] Los adverbios señalados con un asterisco se usan con verbos que indican cambio de lugar; los que llevan dos se emplean con verbos que a la vez pueden indicar cambio de lugar o reposo.

Adverbios de modo

gut, schön	bien	schwer	dificilmente
schlecht	mal	langsam	despacio
gern	gustoso	schnell	de prisa, pronto
ungern	a disgusto, de mala gana	absichtlich	adrede, aposta
		sicherlich	seguramente
laut	alto, recio	schriftlich	por escrito
leise	bajo, quedo	mündlich	de palabra, oralmente
leicht	fácilmente		

En alemán la mayor parte de los adjetivos pueden hacer oficio de adverbios de modo, tanto en positivo como en comparativo y superlativo; v. gr.:

Dieser Brief ist *schön* geschrieben.	Esta carta está bien escrita.
Mein Brief ist *besser* geschrieben als Ihrer.	Mi carta está mejor escrita que la de usted.
Das ist *höchst* seltsam.	Esto es sumamente extraño.

Wörter

der Speisesaal	el comedor	ziemlich	bastante
(aus)zanken	reñir	der Krebs	el cangrejo
vergehen *(insep. irr)*.	pasar	rückwärts	hacia atrás
		die Schwalbe	la golondrina
das Beispiel	el ejemplo	beleidigen *(insep.)*	ofender
das Meer	el mar		
der Besen	la escoba	bereuen *(insep.)*	arrepentirse (de)
kehren	barrer	belehren	instruir, enseñar

Übung

Sie gehen zu langsam; gehen Sie schneller! Das Mädchen schreibt nicht gut; der Knabe schreibt besser. Woher kommen Sie? Ich komme aus dem Garten. Der Herr, welchen Sie suchen, wohnt nicht hier; er wohnt ziemlich weit von hier. Gehen Sie nicht dahin (*o* dorthin); kommen Sie hierher! Die Küche ist unten; der Speisesaal ist oben. Ich habe Sie überall gesucht. Neue Besen kehren gut. Sie lesen zu leise, lesen Sie lauter! Man sieht diese Mädchen immer beisammen. Mein Platz ist rechts, der Ihre ist links. Ist Ihr Bruder unten? Nein, er ist oben. Gehen Sie jetzt nach Hause, es ist schon sehr spät. Ich war neulich mit einigen Freunden im Theater. Der Kranke muß täglich drei Löffel voll (de) Arznei nehmen. Wir gehen zu langsam; laßt uns schneller gehen!

Tema

El tiempo pasa muy de prisa. Mis hijos aprenden fácilmente el alemán. La carta de usted está muy mal escrita. Los ejemplos instruyen mejor que las reglas. ¿Dónde está mi bastón? Está aquí. ¿Lo ha buscado usted? Sí, lo he buscado en todas partes. ¿Dónde vive usted ahora? Vivo aquí. Esta casa es muy hermosa por fuera, pero por dentro no es tan hermosa. ¿Está arriba su padre de usted? No, señor, está abajo. El buey anda más despacio que el caballo. Carlos está en el jardín, ¿va usted también allí (dorthin)? No, no voy, me quedo aquí. ¿Debo ir a la izquierda o a la derecha? Vaya usted hacia la derecha, ese camino es más corto. El viajero ha llegado muy tarde. ¡Hable usted bajo! Mi amigo Federico me escribió ayer una carta muy larga. Mi prima ha salido hoy.

Lesestück

Das Ei des Kolumbus

1. Bei einem Feste, welches der Kardinal Mendoza dem Admiral zu Ehren[1] veranstaltete[2], hielt er ihm eine große Lobrede[3] wegen der von ihm gemachten Entdeckung[4], welche er den größten Sieg nannte, den jemals der Geist[5] eines einzigen Mannes erfochten[6] habe. Die anwesenden[7] Herren vom Hofe nahmen[8] es übel[8] auf[8], daß einem Ausländer, noch dazu einem Manne, der nicht einmal von vornehmer Herkunft[9] sei, so große Auszeichnung erwiesen[10] wurde. «Mich dünkt», hub[11] einer der königlichen Kammerherren[12] an, «der Weg nach der sogenannten neuen Welt war nicht so schwer zu finden, der Ozean stand überall offen, und kein spanischer Seefahrer würde den Weg verfehlt[13] haben». Mit vornehmem Gelächter[14], hinter welches sich so gern die Dummheit verbirgt, gab die Gesellschaft dieser Äußerung ihren Beifall[15] zu erkennen, und mehrere Stimmen riefen: «O, das hätt' ein jeder von uns gekonnt!»

[1] en honor. [2] daba. [3] discurso en alabanza. [4] descubrimiento. [5] el ingenio. [6] lograr. [7] presente. [8] tomaron a mal. [9] ascendencia. [10] hacer. [11] prorrumpió. [12] ayuda de cámara. [13] perder el camino. [14] risa. [15] aplauso.

2. «Ich bin weit entfernt», entgegnete[1] Kolumbus, «mir etwas als Ruhm anzumaßen[2], was ich nur einer gnädigen Fügung[3] des Himmels zuschreiben[4] darf, indessen kommt es doch bei vielen Dingen in der Welt, welche uns leicht auszuführen[5] scheinen, oft nur darauf an, daß sie ein anderer uns vormacht[6]». — «Dürft' ich», sagte Kolumbus, zu jenem Kammerherrn gewendet[7], «Ew. Exzellenz wohl ersuchen, dies Ei» — er hatte sich von einem Diener ein Hühnerei bringen lassen — «so auf die Spitze[8] zu stellen, daß es nicht umfällt[9]?» Die Exzellenz versuchte[10] von der einen wie von der andern Seite vergeblich, das Ei zum Stehen zu bringen[11]. Der Nachbar bat[12] es sich aus[12], es gelang[13] ihm ebensowenig; nun drängten sich die anderen dazu, ein jeder wollte den Preis gewinnen, allein weder mit Eifer[14] noch mit Ruhe war es möglich, das Kunststück auszuführen. «Es ist unmöglich!» riefen die Hidalgos, «Ihr verlangt Unausführbares[15]!» — «Und doch», sagte Kolumbus, «werden diese Herren sogleich sagen: «Das kann ein jeder von uns auch!» Jetzt nahm er das Ei und setzte es mit einem leichten Schlag[16] auf den Tisch, so daß es auf der eingedrückten[17] Schale[18] fest stand. — «Ja, das kann ein jeder von uns!» riefen die Hidalgos. — Seitdem hört man oft sagen, wenn eine glückliche Erfindung gemacht wurde, zu welcher ein jeder sich klug genug dünkt[19]: «Das Ei des Kolumbus!»

FRIEDRICH FÖRSTER

[1] responder. [2] apropiar, atribuir. [3] voluntad, disposición. [4] atribuir. [5] ejecutar. [6] demostrar. [7] dirigiéndose. [8] punta. [9] caer. [10] probar. [11] poner de pie. [12] rogar. [13] lograr. [14] afán, celo. [15] irrealizable. [16] golpe. [17] aplastado. [18] cáscara. [19] se cree.

Adverbios de cantidad y de comparación

wie	como; cuán	genug, ziemlich	bastante
wieviel	cuanto	kaum	apenas
viel	mucho	ungefähr	poco más o menos
so viel . . . als (wie)	tanto . . . cuanto (como)	beinahe, fast	casi, por poco
mehr	más	nur, allein	solamente, tan solo
sehr, recht	muy	höchstens	a lo sumo
zu sehr, zu viel	demasiado	wenigstens	(a) lo menos
zu (teuer)	demasiado (caro)	so, ebenso	tan
etwas	algo, alguna cosa	ganz	completamente
wenig	poco	besonders	especialmente, particularmente
nichts	nada	einmal	una vez
weniger, minder	menos		
zu wenig	demasiado poco		

Adverbios de orden, de afirmación, de negación y de duda

ja, doch, ja doch!	sí, que sí	wirklich	verdaderamente
jawohl	sí, seguramente	wahrscheinlich	probablemente
gewiß	de cierto, seguramente	vielleicht	quizá(s), tal vez, acaso
ohne Zweifel	sin duda	gern	de buena gana, gustoso
zuerst	primero, -ramente	nein	no
zuletzt	por último, últimamente	nicht	no (con verbo o adj.)
zweitens	en segundo lugar	gar nicht	de ninguna manera
umsonst, vergebens	en vano, de balde	nicht einmal	ni siquiera
		niemals	nunca, jamás
dann	luego	nicht mehr	ya no, no... más

Adverbios de interrogación

wo?	¿dónde?	wieviel?	¿cuánto?
woher?	¿de dónde?	wie lange?	¿cuánto tiempo?
wohin?	¿adónde?	wie weit?	¿hasta dónde?
wann?	¿cuándo?	warum? / weshalb?	¿por qué?, etc.
wie?	¿cómo? ¿qué tal?		

Los adverbios de interrogación toman en preguntas *indirectas* el carácter de conjunciones transpositivas (pp. 186 y 190) y exigen, como éstas, que el verbo o el auxiliar, si el tiempo es compuesto, se coloque al final de la frase; v. gr.:

Wo wohnt Herr Becker?	¿Dónde vive el señor Becker?
Können Sie mir sagen, wo Herr Becker wohnt?	¿Puede usted decirme dónde vive el señor Becker?
Ich kann Ihnen nicht sagen, wo Herr Becker wohnt	No puedo decirle a usted dónde vive el señor Becker
Können Sie mir sagen, ob Herr Becker hier gewohnt hat?	¿Puede usted decirme si el señor Becker ha vivido aquí?
Wohin ist er gereist?	¿Adónde ha ido (o se ha marchado)?
Ich kann Ihnen nicht sagen, *wohin* er gereist ist	No puedo decirle a usted adónde se ha marchado él

Wörter

kosten	costar	im Gegenteil	al contrario
das (der) Kilometer	el kilómetro	schlafen *(irr.)*	dormir
		die Seite	la página
begegnen *(insep. reg.)*	encontrar	ausgeben *(sep. irr.)*	gastar
die Zeitung	el diario, periódico	die Meile	la legua
		der Bahnhof	la estación del ferrocarril
die Reitschule	el picadero		
häßlich	feo	die Börse	el portamonedas

Übung

1. Wie haben Sie geschlafen? Ich habe sehr gut geschlafen, ich danke Ihnen. Wieviel Geld haben Sie? Ich habe nicht viel; ich habe nur wenig. Haben Sie noch Geld in Ihrer Börse? Nein, ich habe kein Geld mehr in meiner Börse; ich habe alles ausgegeben. Wie viele Brüder haben Sie? Ich habe nur zwei Brüder, aber vier Schwestern. Ist es weit von hier nach dem Eskorial? Von Madrid nach dem Eskorial rechnet man ungefähr 51 Kilometer. Wieviel bezahlen Sie jährlich für Ihr Zimmer? Ich bezahle monatlich zwanzig Mark. Gehen Sie rechts oder links? Ich gehe rechts. Ich war diesen Morgen (heute morgen) an dem (*o* am) Bahnhof. Mein Hut ist ganz neu. Mein Freund hat mir nicht einmal geantwortet; er ist wahrscheinlich nicht mehr in Frankfurt.

2. *Complétense las oraciones, poniendo el adverbio correspondiente:* Alte Leute gehen —. Mein Vater wird — zurückkommen. — kommen Sie? Ich komme — aus dem Konzert. Ich werde — auf Sie warten, aber bleiben Sie nicht — lange! Dieses Haus ist — sehr schön, aber — ist es häßlich. Lerne — eine halbe Stunde! Ich finde diesen Brief — geschrieben. Die Geschäfte dieses Kaufmanns gehen gewöhnlich —. Ich esse Kirschen —. Dieser Schriftsteller schreibt —. Ein gutes Kind gehorcht —. — fertig ist die Jugend mit dem Wort. Doppelt gibt, wer — gibt.

Tema

¿Cómo encuentra usted este vino? Lo encuentro muy bueno. ¿Cuánto cuesta? Un marco la botella. No es (eso no es) demasiado caro. Usted come muy poco. He comido bastante. ¿Quiere usted más? No, gracias, tengo bastante. Necesito $_2$veinte metros, $_1$poco más o menos. ¿Ha comido usted todo el pan? Al contrario, no he comido nada. ¿Dónde está Carlos? Estará quizás en el jardín. Le he buscado en vano. Usted no se levanta bastante temprano. ¡Levántese usted más temprano! Le he encontrado lo menos tres veces. ¡Vaya usted en seguida a casa de su tía y llévele usted el diario! No he visto nunca a este hombre. Es seguramente un extranjero.

Lesestück

Bismarck als Stilist

Öfters kam[1] es vor[1], daß ich dem Fürsten, wenn es sich um eilige Sachen handelte[2], das Ergebnis[3] meiner Ermittelungen[4] für die Veröffentlichung[5] vorlegte. Dann sah er den Entwurf[6] prüfend[7] durch und verbesserte[8] ihn, zuweilen[9] auch stilistisch. Mit Vorliebe[10] strich[11] er Beiwörter, die nur zur Verstärkung[12] dienen sollten. Dabei sagte er mir einmal: «Erlauben[13] Sie mir, einem alten Stilisten: je einfacher[14] und schmuckloser[15] Sie Ihre Gedanken vortragen, desto stärker wirken[16] sie.» Auch gegen überflüssige[17] Steigerungen[18] ging[19] er rücksichtslos[20] mit dem Bleistift vor[19]. Ich erinnere mich eines Falles, wo ich in einem für ihn zur Durchsicht[21] bestimmten Entwurf geschrieben hatte: «Es geschah[22] zum allerersten Male, daß die deutsche Regierung eine derartige Maßregel[23] ergriff[24].» Der Fürst strich sofort das «aller» durch und bemerkte[25] dazu: «Zum ersten Male genügt[26] vollkommen[27], denn noch früher als zum ersten Male kann doch die Sache nicht geschehen sein.»

HERMANN HOFMANN

[1] pasaba, sucedía. [2] trataba. [3] resultado. [4] indagaciones. [5] publicación. [6] borrador, plan. [7] examinar. [8] corregir. [9] de vez en cuando. [10] con predilección. [11] tachaba. [12] hacer resaltar. [13] permita usted. [14] cuanto más sencillo. [15] claro, sin ornato. [16] hacer efecto. [17] inútil. [18] superlativo. [19] procedía. [20] sin consideración. [21] revisión. [22] sucedió. [23] medida. [24] tomar. [25] anotó, observó. [26] basta. [27] completamente.

DREIUNDFÜNFZIGSTE LEKTION
LECCIÓN QUINCUAGÉSIMA TERCERA

Las conjunciones

Conjunción es una parte invariable de la oración que enlaza palabras y oraciones sin expresar relación alguna de dependencia entre ellas. Según la influencia que ejercen sobre el lugar que en la oración ha de ocupar el verbo, las dividiremos en tres grupos:

Las más usadas son:

1.er grupo: conjunciones que no alteran la construcción regular

und	y	aber, allein	pero, mas
oder	o	sondern	sino
denn	pues, porque		

Ich werde nicht ausgehen, *denn ich bin* krank.	No saldré, pues estoy enfermo.
Er wollte aufstehen, *aber* (allein) *er konnte* es nicht.	Quiso levantarse, mas no pudo.
Ich habe einen Schlüssel, *aber er öffnet* das Zimmer nicht.	Tengo una llave, pero no abre el cuarto.
Karl hat das Buch nicht, *aber er wird es kaufen.*	Carlos no tiene el libro, pero lo comprará.
Ich war *nicht* in Barcelona, *sondern* in Madrid.	No estuve en Barcelona, sino en Madrid.

2.º grupo: conjunciones que requieren la inversión de sujeto y verbo en las frases que con ellas principian

also	por consiguiente, por eso	indessen (indes)	sin embargo, no obstante, mientras
auch	también, asimismo	folglich	por consiguiente
außerdem	además	nicht nur ... sondern auch	no sólo ... sino que también
bald ... bald	ora ... ora, ya ... ya	nichtsdestoweniger	no obstante
da, dann	entonces, luego	so wie... so	así... como
daher, deswegen, darum, deshalb	por esto, por lo tanto	sonst	de otra manera, si no
doch, dennoch	sin embargo	weder ... noch	ni ... ni
entweder... oder	o ... o	zwar	es verdad que
kaum	apenas	überdies	además

Mein Vetter ist krank, also *(o* deswegen, daher, folglich) *kann* er nicht kommen *(o* Mein Vetter ist krank; er *kann* daher, etc.)	Mi primo está enfermo, por esto no puede venir.
Ich habe Sie immer freundlich behandelt, dennoch *haben Sie* mich betrogen.	Le he tratado a usted siempre con amabilidad; sin embargo, me ha engañado usted.

Wörter

abschreiben *(sep. irr.)*	copiar	verbinden *(insep. irr.)*	vendar
deutlich	distintamente	dunkel	sombrío o(b)scuro
die Stimme	la voz		

einäugig	tuerto	die Pflanze	la planta
reinlich	limpio, con aseo	übergeben *(insep. irr.)*	entregar
der Schreiner	el carpintero	feucht	húmedo
die Rechnung	la cuenta	†naß werden	mojarse
leidend, unwohl	indispuesto		

Übung

Der Vater schreibt die Briefe, und der Sohn schreibt sie ab. Kommen Sie um vier Uhr oder um fünf (Uhr)! Ich kann nicht mit Ihnen gehen, denn ich erwarte (einen) Besuch. Die Knaben haben die Lektion gelernt, aber sie haben die Aufgabe nicht geschrieben. Wir konnten den Mann sehen, aber wir hörten seine Stimme nicht deutlich. Die Mutter hat dich nicht gerufen, sondern deine Schwester. Bald liest er ein englisches Buch, bald ein französisches. Sie sind nicht reinlich gekleidet, deswegen können Sie nicht mit uns gehen. Die Arbeit des Schreiners war sehr schlecht, dennoch bezahlte ich ihm seine Rechnung. Mein Nachbar ist zwar leidend, nichtsdestoweniger muß er den ganzen Tag (über) arbeiten. Ich habe weder Ihren Federhalter noch Ihren Bleistift genommen. Ich habe den Mann gesehen, aber ich kenne ihn nicht.

Tema

No puedo decirle a usted el nombre de esta planta, pues no la conozco. No le pude entregar a usted la carta, pues usted no estaba en casa. Señorita Emilia, ¿ha aprendido usted su lección? Sí, señor, la he aprendido, pero no he escrito el tema. Mi tío no estuvo en Londres, sino en Berlín. Este cuarto $_2$no $_1$es $_4$bastante $_3$grande $_5$para mí, además es húmedo y demasiado oscuro. Estudie usted el alemán; entonces podrá usted ir a Alemania. No he recibido mi dinero; por esto no puedo pagar mis cuentas. Nuestro profesor está un poco indispuesto; sin embargo, da cuatro lecciones por día. Tome usted un paraguas; si no, usted se mojará. La señorita Matilde es hermosa; sin embargo, no me gusta. Le esperaban, pero en vano. No nos pasearemos hoy, pues llueve. Todos le quieren, pues tiene (un) buen corazón.

Lesestück

Warum kein Müller[1] *in der Hölle*[2] *ist*

Der Teufel[3] wollte gern wissen, womit sich die Bewohner[4] der Hölle beschäftigten[5], als sie noch auf der Erde lebten. In der Einwohnermeldeliste der Hölle war jeder Stand[6] vertreten, nur die Müller fehlten[7]. Der Höllenfürst befahl[8] also einem Unterteufel, unverzüglich[9] einen Müller herbeizuholen[10]. Statt eines Müllers aber brachte dieser einen alten Schimmel[11] in die Hölle. Weil der auch weiß aussah, hatte ihn der dumme Teufel für einen Müller gehalten. Das Tier, des höllischen Feuers völlig ungewohnt, verbreitete[12] Verwirrung[13] und Schrecken[14] in der ganzen Hölle. Man öffnete[15] daher bald das Höllentor und ließ den Schimmel hinaus. Der freute sich der wiedergewonnenen[16] Freiheit[17] und trottete[18] vergnügt seiner Heimat zu. Seither hat der Teufel keinen Müller mehr geholt.

Nach PAUL LANG

[1] molinero. [2] infierno. [3] diablo. [4] habitantes. [5] se ocupaban. [6] clase, profesión. [7] faltaban. [8] ordenó. [9] inmediatamente. [10] buscar, procurar. [11] caballo blanco. [12] esparció, extendió. [13] confusión. [14] horror, susto, sobresalto. [15] abrió. [16] recobrada. [17] libertad. [18] trotó.

VIERUNDFÜNFZIGSTE LEKTION
LECCIÓN QUINCUAGÉSIMA CUARTA

Las conjunciones (continuación)

3.er grupo: conjunciones transpositivas

Estas conjunciones exigen que el verbo se coloque al final de la frase. Si el verbo está en uno de los tiempos compuestos, el auxiliar se coloca al final de la cláusula. Por esta razón suelen llamarse *transpositivas;* se clasifican en:

a) transpositivas *simples* y

b) transpositivas *compuestas.*

a) *Simples*

als	como, cuando, así que
bevor, ehe	antes que
bis	hasta que
da	puesto que, como, ya que
daß	que
damit	a fin de, para que
indem	en el momento de, mientras
nachdem	después de
ob	si
ob auch	aunque
seit *o* seitdem	desde
obgleich, obschon	aunque, no obstante
sobald (als)	tan pronto (como) así que
solange (als)	mientras (que)
während	mientras
wann (wenn)	cuando
wenn	si
weil	porque, como

Es war zwei Uhr, *als* ich den Brief *erhielt*	Eran las dos cuando recibí la carta
Warten Sie, *bis* ich meine Aufgabe geschrieben *habe*	Espere usted hasta que haya escrito mi tema
Ich werde ihn besuchen, *obgleich* ich ihn nicht *kenne*	Yo le visitaré, aunque no le conozco
Er ist ein ehrlicher Mann, *obschon* er arm *ist*	Él es un $_2$honrado $_1$hombre, aunque es pobre

Observaciones

1.ª En las preguntas indirectas y en las contestaciones correspondientes, la conjunción *si* se traduce por «ob»; v. gr.:

Wissen Sie, *ob* Herr Müller angekommen ist?	¿Sabe usted *si* el señor Müller ha llegado?
Ich weiß nicht, *ob* er angekommen ist	No sé *si* ha llegado
Fragen Sie ihn, *ob* er meinen Brief erhalten hat	Pregúntele usted *si* ha recibido mi carta

2.ª La frase que principia con una de las conjunciones transpositivas se separa de la principal por una coma, y si en ella hay algún verbo compuesto separable, el prefijo nunca se separa del verbo. La oración principal sufre inversión de sujeto y verbo siempre que se halle en segundo lugar; v. gr.:

Als ich nach Hause kam, übergab *man* mir Ihren Brief	Cuando llegué a casa me entregaron su carta de usted
Sobald unsere Freunde *ankamen*, *begrüßten wir* sie	Tan pronto como llegaron nuestros amigos, los saludamos
Nachdem wir gefrühstückt *hatten*, *gingen wir* in die Schule	Después de haber almorzado fuimos a la escuela
Wenn es regnet, geht *man* nicht spazieren	Cuando llueve, no se va de paseo
Wenn ich krank bin, liebe *ich* keine Besuche	Cuando estoy enfermo, no me gustan visitas
Wenn ich heute einen Brief *erhalte*, werde *ich* morgen abreisen	Si recibo una carta hoy, me marcharé mañana

Wörter

Lust haben	tener gana	speisen	comer
erwarten	esperar	belagern *(insep.)*	cercar, sitiar
die Ursache	la causa	sich ergeben *(insep. irr.)*	rendirse
verdienen	ganar, merecer	beendigen *(insep.)*	acabar, concluir
sich belustigen	divertirse	aufhören *(sep.)*	cesar
selbst wenn	aun cuando	das Examen	el examen
abwesend, auswärts	ausente	die Stelle	el empleo, puesto
umsonst	de balde, en vano	leise	quedo, bajo (voz)
†begegnen *(insep.)*	encontrar	verfehlen *(insep.)*	perder
mildtätig	caritativo	(auf)wecken *(sep.)*	despertar
der Spaziergang	el paseo		

Übung

Ich schlief noch, als mein Freund ins Zimmer eintrat. Machen Sie Ihre Aufgabe, ehe *(o* bevor) Sie ausgehen! Da der Schüler sehr fleißig war, [so] wurde er gelobt. Glauben Sie, daß der Lehrer kommen wird? Es scheint, daß er nicht kommen wird. Sprechen Sie lauter, damit man Sie besser versteht. Nachdem ich mein Geld erhalten hatte, bezahlte ich meine Rechnungen. Sobald (als) ich den Brief erhalten hatte, reiste ich ab. Obgleich er nicht reich ist, ist er doch sehr mildtätig. Luise kann nicht ausgehen, weil sie krank ist. Wenn Sie morgen ins Theater gehen, werde ich mit Ihnen gehen. Er besuchte mich jeden Tag, solange ich krank war. Während ich auf dem Lande war, regnete es fast jeden Tag. Da es heute regnet, werde ich zu Hause bleiben. Als ich in Paris ankam, war es schönes Wetter; aber bald fing es an zu schneien. Da Sie [ja] krank sind, können Sie nicht arbeiten. Sobald ich meine Aufgabe beendigt haben werde, werde ich mit euch spielen. Selbst wenn es schneien sollte, würde ich ausgehen. Ludwig kann seine Aufgaben nicht machen, solange Sie ihm nicht helfen. Im Fall, daß (en caso de que) Ihr Freund morgen hier ankommt, geben Sie ihm diesen Brief.

Tema

No había almorzado todavía, cuando (als) su amigo entró en el cuarto. Doy un paseo antes de comer. Hable usted más bajo, para que no despierte usted al niño. Espere usted hasta que haya concluido mi carta; entonces iré con usted. Estoy muy bueno, desde que estoy en el campo. Si (wenn) usted no trabaja, no le daré a usted nada. Tan pronto como hube hecho mi examen, obtuve (erhalten) un buen empleo. Si usted no se marcha pronto, perderá (usted) el tren. Cuando la lluvia haya cesado, saldré. Creo que mañana hará buen tiempo. Este niño estaría muy contento si tuviese algunos buenos libros. Pregúntele *(ac.)* usted si tiene bastante dinero. Aun cuando él tuviese razón, yo no cedería. Este jóven trabaja, mientras tu hermano se divierte. Cuando esté usted aquí, vivirá usted en mi casa. Le enseñaré (a ella) la carta tan pronto como la haya leído. Mis hermanas estaban ausentes; por eso no las han convidado.

Lesestück

Die Weiber zu Weinsberg

Im Jahre 1140 belagerte[1] der König Konrad III. (1138 bis 1152), der Hohenstaufe, die Feste[2] Weinsberg, die dem Herzog Welf von Bayern gehörte. Dieser zog[3] zwar zum Entsatze[4] heran[3], wurde aber geschlagen[5], worauf die Feste vermöge[6] einer Übereinkunft[7] in Konrads Hände kam. Dabei hatte er aus königlicher Milde[8] den Weibern die Erlaubnis erteilt[9], daß eine jede mitnehmen[10] dürfe, was sie auf ihren Schultern[11] tragen könne. Da gedachten[12] die Frauen mehr an die Treue[13], die sie ihren Männern schuldig[14] waren, als an die Rettung[15] ihrer Habe[16], ließen[17] alle Dinge fahren[17], und eine jegliche nahm ihren Mann auf die Schultern und trug ihn von der Burgfeste[2] herab. Als nun der junge Herzog Friedrich, der Neffe[18] des Königs, Einsprache tat[19], weil das nicht die Meinung[20] des Vertrags[7] gewesen wäre, und es deshalb nicht geschehen lassen wollte, da lächelte der König über den listigen Anschlag[21] der Weiber und erklärte zu ihren Gunsten[22], daß ein Königswort unwandelbar[23] bleiben müsse. Seitdem nannte das Volk die Burg[24] «Die Weibertreue».

[1] sitiar. [2] fuerte, fortaleza. [3] acudir. [4] levantar el cerco. [5] derrotar. [6] en virtud de. [7] convenio. [8] clemencia. [9] conceder un permiso. [10] llevar. [11] hombro. [12] acordarse. [13] fidelidad. [14] deber. [15] salvación. [16] bienes. [17] abandonar. [18] sobrino. [19] oponerse. [20] sentido, idea. [21] artificio ingenioso. [22] declarar en su favor. [23] firme. [24] castillo.

FÜNFUNDFÜNFZIGSTE LEKTION
LECCIÓN QUINCUAGÉSIMA QUINTA

Las conjunciones (continuación)

3.er grupo: conjunciones transpositivas (continuación)

b) *Compuestas*

als ob als wenn wie wenn	como si *(seguido del pret. imp. de subj.)*	ohne daß	sin que
bis daß	hasta que	so daß	de manera que
im Fall daß (falls)	dado el caso que; si	so oft (als)	tantas veces como, siempre que
je . . . je (*o* desto)	cuanto más . . . tanto más	als daß	para que
wie (so) . . . auch	por (muy) . . . que	wenn . . . nicht	a no ser que
wenn . . . auch	aunque	selbst wenn	aun cuando, aunque
		wenn . . . nur	con tal que
		um . . . zu	para *(con el infin.)*

Das Kind sieht aus, *als ob* o *als wenn* es krank *wäre*	El niño parece estar enfermo (tiene cara de estar malo)
Wenn er auch alt ist	Aunque sea viejo
Wenn man ihm nur die Erlaubnis gibt	Con tal que le den el permiso
Wie *(o* so) gelehrt *auch* Ihr Professor sein mag	Por (muy) docto que sea su profesor
So schön sie *auch* sein mag, so gefällt sie mir doch nicht	Por hermosa que sea, no me gusta

Los siguientes pronombres y adverbios de interrogación hacen, en preguntas indirectas, las veces de conjunciones, y exigen en este caso la misma construcción que las conj. transpositivas (v. pp. 183 y 186).

was	lo que	woher	de donde
woran wobei	en que	wohin	adonde
		wann	cuándo
worauf	a lo que, en (sobre) que	wie lange	cuanto tiempo
wodurch	por donde, por lo cual	wie	cómo, de qué manera
womit	con que	wieviel	cuanto
worin	en que	warum weshalb weswegen	por qué
wovon	de qué, de cuál		
wo	donde		

Ich *weiß*, warum er gestern nicht gekommen ist	Sé por qué no vino ayer
Sagen Sie mir, wie *lange* Sie in der Schule geblieben *sind*	Dígame usted cuánto tiempo se ha quedado en la escuela
Ist dies das Buch, *wovon* Sie gestern gesprochen *haben*?	¿Es éste el libro del cual habló usted ayer?
Ich fragte ihn, *wann* ich ihn zu Hause treffen *würde*	Le pregunté cuándo le encontraría en casa

Wörter

die Ferien	las vacaciones	die Beleidigung	la ofensa
bemerken *(insep.)*	observar, notar	aussehen *(sep. irr.)*	parecer
ungeschickt	torpe, desmañado	zweifeln	dudar
zerbrechen *(insep. irr.)*	romper	beendigen *(insep.)*	concluir, acabar
vergeben *(insep. irr.)*	perdonar	leicht	ligero
		gelehrt	docto, sabio
		der Satz	la frase

Übung

1. Sagen Sie mir, warum Sie gestern nicht gekommen sind. Ich weiß nicht, wieviel dieses Haus kostet. Wissen Sie, wo dieser Herr wohnt? Das Kleid sieht aus, als wenn (als ob) es nicht neu wäre (no parece ser nuevo). Der Schüler wird nicht in die Ferien gehen, bis daß er sein Examen gemacht hat. Dieses junge Mädchen ist sehr ungeschickt; sie nimmt nie etwas in die Hand, ohne daß sie es zerbricht. Die Schüler können diese Aufgabe nicht machen, wenn Sie ihnen nicht helfen. Die Beleidigung ist zu groß, als daß ich sie vergeben könnte. Je fleißiger die Knaben sind, desto mehr werden sie lernen. Sie können die Arbeit leicht beendigen, wenn Sie nur nicht später als um ein Uhr beginnen. Ich gehe nach Deutschland, um deutsch sprechen zu lernen. So oft ich ausgehe, begegne ich diesem Menschen.

2. *Complétense las oraciones siguientes:* Ich ging gestern spazieren, — es regnete. Du sollst diese Aufgabe noch einmal abschreiben, — du sie besser lernst. Ich zweifle, — mein Bruder hier bleibt. Der Schüler wird belohnt werden, — er fleißig ist. Die Schüler können diese Arbeit nicht machen, — daß Sie ihnen helfen. Je länger man schläft, — träger wird man. Es scheint mir, als — ich diesen Herrn

schon gesehen hätte. Es donnerte und blitzte, so — ich nicht ausgehen konnte. Ich ging aus d— Zimmer, — daß er es bemerkte. Je wärmer die Luft ist, — leichter ist sie. Das Kind weinte, — es fror.

Tema

Dígame usted cuándo vendrá él. No sé con qué ha hecho esto. Enséñeme usted cómo se hace esta cuenta. Carlos parece *(o* tiene cara de = sieht aus, als ob) estar indispuesto *(tradúzcase:* como si estuviese indispuesto). Espere usted hasta que haya *(ind.)* acabado mi carta; entonces iré con usted. No comprendo por qué no ha contestado a mi carta. Pregúntele usted cuándo le encontraré en casa. Por muy docto que usted sea, no puede usted traducir esta frase. Era de noche, de manera que (so daß) yo no podía ver nada. Aunque usted dijese la verdad, no le creería. Viajo para (um) ver el mundo. Le he llamado para entregarle este dinero.

Lesestück

Der Herr Obergeneral und sein Roß [1]

Im Verlauf[2] eines Manövers kam der Herr Obergeneral nach Schnait in Schwaben, wo er zu Mittag speiste und einen Humpen[3] Schnaiter zu sich nahm, welches eine starke Sorte ist. So kam es, daß er, um weiterzureiten, den falschen Fuß in den Steigbügel[4] setzte und sich, während das Roß den Kopf beugte, mit Schwung, aber verkehrt herum in den Sattel[5] brachte. Als dies der Herr Oberst bemerkte, sprengte er herbei und meldete: «Ich mache Eure Exzellenz gehorsamst darauf aufmerksam, daß Sie verkehrt herum auf dem Roß sitzen.» Hierauf antwortete der Herr Obergeneral nur soviel: «Erstens geht[6] Sie das nichts an und zweitens wissen Sie ja gar nicht, wohin ich reiten will. Drittens kann sich das Roß unterwegs auch umdrehen[7].»

[1] caballo. [2] transcurso. [3] un jarro. [4] estribo. [5] silla. [6] no le importa. [7] dar la vuelta, volverse.

Künstliche Ernährung[1]

Ein Fremder[2] läßt sich die Speisen in einem bayerischen Gasthaus schmecken. Entsetzt sieht er hinten in der Ecke einen Einheimischen sitzen, der seinem zweijährigen Sprößling[3] den Maßkrug[4] hinhält und ihn Bier zu trinken gibt. Voll der besten Absichten[5] eilt er zu dem Vater und hält ihm vor, wie schädlich[6] so ein Bier für ein Kind sei. «Geben Sie ihm doch Milch zu trinken. Das ist gesund!» «Nein», wehrt[7] der Einheimische ab, «ich bin nicht[8] für die künstliche Ernährung!»

[1] alimentación. [2] forastero. [3] vástago. [4] vaso grande de cerveza. [5] intención. [6] perjudicial. [7] respondió. [8] no soy partidario.

Gefunden

Ich ging im Walde
So für mich hin,
Und nichts zu suchen,
Das war mein Sinn.

Im Schatten sah ich
Ein Blümchen stehn,
Wie Sterne leuchtend,
Wie Äuglein schön.

Ich wollt' es brechen,
Da sagt' es fein:
Soll ich zum Welken
Gebrochen sein?

Ich grub's mit allen
Den Würzlein aus,
Zum Garten trug ich's
Am hübschen Haus.

Und pflanzt' es wieder
Am stillen Ort;
Nun zweigt es immer
Und blüht so fort.

JOHANN WOLFGANG VON GOETHE

VOCABULARIO

1. ALEMÁN - ESPAÑOL

A

Aal *m.* anguila; *pl.* **Aale**
Abend *m.* noche; **guten** — buenas noches; **abends** de noche; **gestern abend** anoche; **heute abend** esta noche
Abendessen *n.* cena
Abenteuer *n.* aventura
aber pero, mas
Abfahrt *f.* salida
abgehen *sep. irr.* salir, partir (el tren)
abgeholt buscado
abnehmen *sep. irr.* quitar
Abneigung *f.* antipatía
abreisen *sep. reg.* salir, partir, ponerse en viaje
Abschied *m.* despedida; — **nehmen** despedirse
abschreiben *sep. irr.*copiar
Absicht *f.* intención
abwesend ausente
Achse *f.* eje
Achsel *f.* hombro
achten *reg.* estimar, respetar
achtgeben (auf) *sep. irr.* poner cuidado (de)
Achtung *f.* estimación, aprecio
achtungswert respetable
Acker *m.* campo, tierra de labor
Ader *f.* vena
Adler *m.* águila
Affe *m.* mono
Afrika *n.* África
ahnen *reg.* presentir
ähnlich *con dat.* parecido, semejante
Ähre *f.* espiga
allein solo; pero, mas
aller, -e, -es todo
alles was todo lo que
allmählich poco a poco
Almosen *n.* limosna
als cuando; como, que; — **daß** para que
also por consiguiente, pues
alt viejo, antiguo; añejo
Alter *n.* edad
Altertum *n.* antigüedad
am = **an dem; am 10. Mai** a diez de mayo
Amme *f.* nodriza
Amt *n.* empleo
an *dat.* y *ac.* a, cerca de; **am Rhein** a orillas del Rhin
anbahnen (sich) *sep. reg.* establecerse
anbeten *sep. reg.* adorar
anbieten *sep. irr.* ofrecer
anbinden *sep. irr.* atar
anbrechen *sep. irr.* empezar
Andenken *n.* memoria, recuerdo
ander otro
ändern *reg.* cambiar, reformar
anderswo en otra parte
anderthalb uno y medio
Anerbieten *n.* oferta, ofrecimiento
Anfang *m.* principio; **im Anfang, anfangs** en el principio, al —

anfangen *sep. irr.* empezar
Angelegenheit *f.* asunto, negocio
angemessen adecuado, acertado
angenehm agradable
angreifen *sep. irr.* atacar
Angriff *m.* ataque
Angst *f.* miedo
anhalten *sep. irr.* parar, durar
Anhänglichkeit *f.* afecto, apego
anhören *sep. reg.* escuchar
anklagen *sep. reg.* acusar
ankleiden *sep. reg.* vestir
ankommen *sep. irr.* llegar
Ankunft *f.* llegada
Anlage *f.* disposición, talento
Anmut *f.* gracia
annehmen *sep. irr.* aceptar
Anrichte *f.* aparador
anschauen *sep. reg.* mirar, contemplar
anschaulich claro, comprensible
ansehen *sep. irr.* mirar, contemplar
ansehnlich considerable
Ansicht *f.* opinión, parecer; vista
ansiedeln *sep. reg.* asentar
anstatt *gen.* en lugar de
Anstellung *f.* colocación, empleo
Anteil *m.* parte
antreffen *sep. irr.* encontrar
Antwort *f.* respuesta, contestación
antworten *reg.* contestar, responder
anvertrauen *sep. reg.* confiar
anwesend presente
Anzahl *f.* número
anzeigen *sep. reg.* indicar, anunciar
anziehen *sep. irr.* vestir
Anzug *m.* traje
anzünden *sep. reg.* encender
Apfel *m.* manzana; — **baum** *m.* manzano; — **wein** *m.* sidra
Apotheke *f.* botica
Apotheker *m.* boticario
Appetit *m.* apetito
April *m.* abril
Arbeit *f.* trabajo
arbeiten *reg.* trabajar
Arbeiter *m.* obrero, trabajador
arbeitsam activo, laborioso
arm pobre
Arm *m.* brazo
Arme (der) (el) pobre; **ein —r** un pobre
Armee *f.* ejército
Armstuhl *m.* butaca, sillón
Armut *f.* pobreza
Art *f.* manera; *pl.* **—en**
artig juicioso, cortés
Arz(e)nei *f.* medicamento, medicina
Arzt *m.* médico
Asche *f.* ceniza
Ast *m.* rama
Atemzug *m.* aliento
atmen respirar
auch también; — **nicht** tampoco
auf *dat.* y *ac.* sobre, encima, en; *prefijo sep.*
Aufenthalt *m.* estancia, parada
Aufgabe *f.* tema, tarea
aufgehen *sep. irr.* abrirse; — *(de las estrellas)* salir; **die Sonne geht auf**
aufhalten *sep. irr.* detener; permanecer
aufheben *sep. irr.* levantar, recoger
aufhören *sep. reg.* cesar
aufmerksam atento
Aufnahme *f.* fotografía
aufregen *sep. reg.* excitar, agitar
aufrichtig sincero
aufstehen *sep. irr.* levantarse
aufstellen *sep. reg.* colocar
Aufstieg *m.* subida, desarrollo
Auftrag *m.* encargo
aufwecken *sep. reg.* despertar
Auge *n.* ojo, vista
Augenblick *m.* momento
August *m.* agosto

aus *dat.* de, fuera de
ausbrechen *sep. irr.* estallar
Ausdruck *m.* expresión
ausführen *sep. reg.* ejecutar; exportar
ausfüllen *reg.* llenar
Ausgang *m.* salida
ausgeben *sep. irr.* gastar
ausgehen *sep. irr.* salir
ausgewachsen desarrollado, hecho
aushauchen *reg.* exhalar
ausrufen *sep. irr.* proclamar, exclamar
ausruhen *sep. reg.* descansar
aussehen (gut, schlecht) *sep. irr.* tener (buena, mala) cara
Außenminister ministro del exterior
außer *dat.* excepto, fuera de
außerdem además
außerhalb *genit.* fuera de
äußerst extremadamente, en sumo grado
Aussicht *f.* vista
auswandern *sep. reg.* emigrar
auswärts fuera
auswendig por fuera; de memoria
auszeichnen (sich) *sep. reg.* distinguirse
ausziehen *sep. irr.* desnudar

B

Bach *m.* arroyo
backen *irr.* cocer (pan, bollo)
Bäcker *m.* panadero
Bad *n.* baño
baden bañar
Bahnhof *m.* estación de ferrocarril
bald pronto; **bald... bald** ora... ora
Ball *m.* baile; pelota
Band *m.* volumen; *n.* cinta
Bank *f.* banco
bar al contado
Bär *m.* oso
Base *f.* prima
bauen construir, edificar
Bauer *m.* labrador, aldeano
Baukunst *f.* arquitectura
Baum *m.* árbol
Baumstamm *m.* tronco
Baumwolle *f.* algodón
beabsichtigen *insep. reg.* intentar
beantworten *insep. reg.* contestar
bebauen *insep. reg.* cultivar
Bedachtsamkeit *f.* prudencia, discreción
bedanken (sich) *insep. reg.* dar gracias
bedauern *insep. reg.* sentir
bedecken *insep. reg.* cubrir, tapar
Bediente *m.* sirviente, criado
Bedingung *f.* condición
beeilen (sich) *insep. reg.* apresurarse
beendigen *insep. reg.* acabar, terminar
Befehl *m.* (la) orden, (el) mandato
befehlen *irr.* mandar
befinden (sich) *insep. irr.* encontrarse
befriedigt satisfecho
begegnen *reg. dat.* encontrar(se)
beginnen *irr.* empezar
begleiten *insep. reg.* acompañar
begreifen *insep. irr.* comprender
Begründer *m.* fundador
behalten *insep. irr.* guardar, retener
bei *con. dat.* cerca, de, en casa de
bei wem? ¿en casa de quién?
beide ambos, los dos
beifügen *sep. reg.* añadir, incluir
Beil *n.* hacha; *pl.* **Beile**
Bein *n.* pierna
beinahe casi, por poco
beisammen juntos
Beispiel *n.* ejemplo; **zum** – por ejemplo
beißen *irr.* morder
beitragen *sep. irr* contribuir
bekannt conocido
beklagen (sich) *insep. reg.* quejarse

bekommen *insep. irr.* obtener
bekümmern (sich) *reg.* inquietarse, preocuparse
beladen *insep. irr.* cargar
belagern *insep. reg.* cercar
beleidigen *insep. reg.* ofender
Beleidigung *f.* insulto, ofensa
belohnen *insep. reg.* recompensar
Belohnung *f.* recompensa
bemächtigen (sich) *insep. reg.* apoderarse
bemerken *insep. reg.* notar, observar
benachrichtigen *insep. reg.* avisar
bequem cómodo
berechnen *insep. reg.* calcular
bereit listo, dispuesto, pronto
bereiten *insep. reg.* hacer, preparar
bereuen *insep. reg.* arrepentirse
Berg *m.* monte
Bergwerk *n.* mina
berühmt afamado, célebre
beschäftigen *insep. reg.* ocupar
bescheiden modesto
Besen *m.* escoba
besiegen *insep. reg.* vencer
besonders especialmente
besser mejor; **es ist** — vale más
bessern (sich) *reg.* corregirse
bestehen (auf) *insep. irr.* mantenerse (en)
Besuch *m.* visita
besuchen *insep. reg.* visitar
beten *reg.* orar
betrachten *insep. reg.* contemplar
Betragen *n.* conducta, comportamiento
betragen *insep. irr.* importar; **sich** — portarse
betrügen *insep. irr.* engañar, estafar
Betrüger *m.* embustero, defraudador, estafador
Bett *n.* cama
Bettler *m.* mendigo
Beute botín
Beutel *m.* bolsa, talego
bevor antes que (de)
bewahren *insep. reg.* guardar, preservar, librar
bewegen, bewog, bewogen persuadir, inducir
Beweis *m.* prueba
bewohnen *insep. reg.* habitar
Bewohner *m.* habitante, inquilino
bewundern *insep. reg.* admirar
bezahlen *insep. reg.* pagar
Biene *f.* abeja
Bier *n.* cerveza; *pl.* —e
bieten *irr.* ofrecer
Bild *n.* imagen, retrato, lámina, cuadro, estampa
bilden *reg.* formar
Billett billete
billig barato
billigen *reg.* aprobar
binnen *dat.* en, dentro de
Birke *f.* abedul
Birnbaum *m.* peral
Birne *f.* pera
bis hasta
bisher hasta ahora
bitten *irr.* pedir
bitter amargo
blaß pálido
Blatt *n.* hoja
blättern hojear
blau azul
Blei *n.* plomo
bleiben *irr.* quedar, tardar
bleich pálido
Bleistift *m.* lapicero, lápiz
blind ciego
Blinddarmentzündung *f.* apendicitis
blitzen *impers. reg.* relampaguear
blond rubio
Blume *f.* flor
Blumenstrauß *m.* ramillete; *pl.* — **sträuße**
Blut *n.* sangre
Blüte *f.* flor

bluten *reg.* echar sangre
Boden *m.* suelo, fondo; desván
Bogen *m.* arco; pliego
Boot *n.* bote, lancha; *pl.* **Boote**
Börse *f.* portamonedas; bolsa
böse malo
boshaft malicioso
Bote *m.* mensajero, mandadero
Braten *m.* asado
braten *irr.* asar
brauchen *reg.* necesitar; **ich brauche** necesito
Braut *f.* novia
Bräutigam *m.* novio
brechen *irr.* romper
breit ancho
brennen arder
Brief *m.* carta
Briefbogen *m.* pliego de papel
Briefpapier *n.* papel de cartas
Brieftasche *f.* cartera
Briefträger *m.* cartero; *pl.* **Briefträger**
Brille *f.* gafas
bringen traer, llevar
Brot *n.* pan
Brötchen *n.* panecillo
Brücke *f.* puente
Bruder *m.* hermano
Brunnen *m.* pozo, fuente
Brust *f.* pecho
Buch *n.* libro
Bücherschrank *m.* biblioteca
Buchhändler *m.* librero
Buchstab(e) *m.* letra
bücken *reg.* bajarse, inclinarse
Bund *m.* alianza, unión; *pl.* **Bünde**
— *n.* haz, gavilla; *pl.* **Bunde**
Bündnis *n.* alianza; *pl.* — **nisse**
bunt abigarrado, pintado
Butter *f.* manteca

CH

Charakter *m.* carácter; *pl.* —**tere**
Chef *m.* jefe; *pl.* **Chefs**
Chemie *f.* química
Christ *m.* cristiano
Christentum *n.* cristianismo

D

da allí; entonces; puesto que; como
Dach *n.* tejado
damals entonces
Dame *f.* señora
Dampf *m.* vapor; **-boot** *n.*, **-schiff** *n.* barco de vapor
dankbar agradecido
Dankbarkeit *f.* gratitud, agradecimiento
danken *reg.* dar gracias
dann entonces
darstellen *sep.* *reg.* representar
das, was lo que
daß que
Dattel *f.* dátil
Dauer *f.* duración
Degen *m.* espada
dein tu
Demut *f.* humildad
denken pensar
denn pues, porque, puesto que
dennoch no obstante, sin embargo
der(jenige), welcher el que
deren de que, cuyo, cuya, cuyos, cuyas; de ellos, algunos
derselbe el mismo
dessen cuyo
dessenungeachtet a pesar de esto
desto tanto más; **je... desto** cuanto... tanto
deutlich distintamente
deutsch *a.* alemán
Deutsche *m.* alemán
Deutschland *n.* Alemania
Dezember *m.* diciembre
Diamant *m.* diamante
Dichter *m.* poeta
dick grueso, corpulento, abultado
Dieb *m.* ladrón

dienen *reg.* servir; **wozu dient das?** ¿para qué sirve eso?
Diener *m.* criado; – **in** criada
Dienst *m.* servicio; **einen – leisten** prestar un servicio
Dienstag *m.* martes
Ding *n.* cosa; *pl.* **Dinge**
doch sin embargo, no obstante; sí
Dolch *m.* puñal; *pl.* **Dolche**
donnern *impers. reg.* tronar
Donnerstag *m.* jueves
Dorf *n.* pueblo, aldea
Dorn *m.* espina
dort allí, ahí
Dose *f.* caja
Dramaturg *m.* director artístico
draußen fuera
drehen *reg.* girar
dreimal tres veces
dritthalb tres y media
drohen *reg.* amenazar
drücken *reg.* apretar
dumm torpe
dunkel o(b)scuro
dünn delgado
durchschneiden *sep. reg.* surcar
durchsichtig transparente
dürfen poder, tener permiso
dürr agostado, marchito
durstig sediento; – **sein** tener sed
Dutzend *n.* docena

E

eben llano; ahora; **soeben** ahora mismo; – **etwas getan haben** acabar de
ebenso... wie tan... como
ebensoviel, –e tanto, tantos
edel noble, precioso
Edelstein *m.* piedra preciosa
ehe antes que
Ehemann *m.* marido
eher antes
Ehre *f.* honor
ehren *reg.* honrar
ehrlich honrado
Ehrlichkeit *f.* honradez
ehrlos infame
Ei *n.* huevo
Eiche *f.* roble, encina
Eichel *f.* bellota
Eid *m.* juramento
Eifersucht *f.* celos
eifersüchtig celoso
eigen propio; singular
Eigenschaft *f.* propiedad, cualidad
Eigentum *n.* propiedad
einander el uno al otro
einfach sencillo, frugal
Einfluß *m.* influencia
Eingang *m.* entrada
einige algunos
Einigung *f.* unión, enlace
einladen *sep. irr.* convidar
einmal una vez; un día; **auf** – de una vez; de repente
einrücken *reg.* entrar, alistarse
einst un día
einstecken *sep. reg.* guardar
einteilen *sep. reg.* dividir, repartir
eintreten *sep. irr.* entrar
Einwohner *m.* habitante
Einwohnermeldeliste *f.* padrón de habitantes
einzig único
Eis *n.* hielo
Eisen *n.* hierro
Eisenbahn *f.* ferrocarril
Elbe *f.* Elba
Eltern *pl.* padres
empfangen *insep. irr.* recibir
empfehlen recomendar
Empfehlung *f.* recomendación
empor hacia arriba
Empörung *f.* sublevación, rebelión
Ende *n.* fin
endlich por fin, al fin
eng estrecho
Engel *m.* ángel

England *n.* Inglaterra
Engländer *m.* inglés
entdecken *insep. reg.* descubrir
Entfernung *f.* distancia
entfliehen *insep. irr.* escapar
entgegen contra, al encuentro
entgegenstrecken *sep. reg.* alargar
entgehen *insep. irr.* escapar
entlang *ac.* a lo largo
entreißen *irr.* arrebatar
entschließen (sich) *insep. irr.* decidirse
Entschluß *m.* resolución
entschuldigen *insep. reg.* disculpar, dispensar
entzückt sein estar admirado, encantado
erbauen *insep. reg.* edificar
Erbe *m.*, *n.* heredero, herencia
erblicken *insep. reg.* ver, divisar
Erde *f.* tierra
Erdkunde *f.* geografía
erfahren *insep. irr.* saber, oir
Erfahrung *f.* experiencia, pericia
erfinden *irr.* inventar
Erfindung *f.* invención
erfüllen *insep. reg.* cumplir, llenar
ergießen (sich), ergoß, ergossen desembocar
ergreifen *insep. irr.* coger
erhalten *insep. irr.* recibir
erinnern (sich) *insep. reg.* acordarse
Erinnerung *f.* recuerdo
erlangen *insep. reg.* obtener, alcanzar
erlauben *insep. reg.* permitir
Erlaubnis *f.* permiso
ermorden *insep. reg.* asesinar
ernähren *insep. reg.* alimentar, mantener
Erniedrigung *f.* humillación
ernst, ernsthaft serio
erobern *insep. reg.* conquistar
erquicken *insep. reg.* refrigerar, regalar
erretten *insep. reg.* salvar, librar
errichten *insep. reg.* levantar (una estatua)
erringen *irr.* alcanzar
erschießen *insep. irr.* fusilar
erschrecken *insep. reg.* asustar (a alg.); *insep. irr.* asustarse; **ich bin erschrocken**
ersetzen *insep. reg.* restituir, compensar
erstaunen *insep. reg.* admirarse, asombrarse
erstaunlich sorprendente
erwärmen *insep. reg.* calentar; **erwärmt**
erwarten *insep. reg.* esperar, aguardar
erwecken despertar
erwerben *irr.* adquirir
erwidern *insep. reg.* contestar, replicar
erzählen *insep. reg.* contar, referir
Erzählung *f.* relato
erziehen *insep. irr.* educar
Erziehung *f.* educación
erzürnen *insep. reg.* irritar, enfadar
Esel *m.* asno, borrico
essen *irr.* comer; **ich esse gern(e)** me gusta comer
Essen *n.* comida
Essig *m.* vinagre
eßbar comestible
Eßzimmer *n.* comedor
etwas algo, alguna cosa; — **Neues** — de nuevo
ewig eterno
Examen *n.* examen; *pl.* —**mina**

F

Fabel *f.* fábula
Fabrik *f.* fábrica
Faden *m.* hilo, hebra
fähig capaz

Fähigkeit *f.* capacidad, aptitud
Fahne *f.* bandera
fahren *irr.* ir en coche
Fahrt *f.* viaje, carrera; *pl.* **Fahrten**
Fall *m.* caso; caída; **im Fall, daß** en caso de que
fallen *irr.* caer
falls en caso de que, dado el caso que
falsch falso
fangen *irr.* coger
Farbe *f.* color
fassungslos desconcertado
fast casi, por poco
faul perezoso, holgazán
Faust *f.* puño
Februar *m.* febrero
Feder *f.* pluma
Federball *m.* volante rehilete; *pl.* **Federbälle**
Federmesser *n.* cortaplumas; *pl.* **Federmesser**
fehlen *reg.* faltar
Fehler *m.* falta, error
fein fino
Feind *m.* enemigo
Feld *n.* campo
Feldherr *m.* general
Fell *n.* pellejo
Felsen (Fels) *m.* roca
Fenster *n.* ventana
Ferien *pl.* vacaciones
Ferne *f.*, **in der** — a lo lejos
ferner además
fertig dispuesto, arreglado, concluido
fest fijo, fuerte, seguro
festsetzen *sep. reg.* fijar, señalar
Festspiel *n.* festival
Festung *f.* fortaleza
fett gordo
feucht húmedo
Feuer *n.* fuego, lumbre
finden *irr.* encontrar, hallar
Finger *m.* dedo
Fingerring *m.* sortija
finster o(b)scuro
Finsternis *f.* tinieblas
Fisch *m.* pez, pescado
flach plano
Fläche *f.* llano, superficie
Flachs *m.* lino
Flamme *f.* llama
Flasche *f.* botella
Fleck *m.* mancha
Fleisch *n.* carne
Fleiß *m.* aplicación
fleißig aplicado, diligente
flicken *reg.* remendar, componer
Fliege *f.* mosca
fliegen *irr.* volar
fliehen *irr.* huir, fugarse
fließen *irr.* correr
Fluch *m.* maldición
Flüchtling *m.* fugitivo, prófugo
Flügel *m.* ala
Flugzeug *n.* avión
flüssig líquido
Fluß *m* río
folgen *reg.* seguir
folgendes lo que sigue
folglich por consiguiente, luego
fordern *reg.* pedir, exigir
Form *f.* forma; *pl.* — **en**
fortfahren *sep. irr.* continuar, salir (en vehículo)
fortgehen *sep. irr.* irse, marcharse
Fortschritt *m.* progreso
fortsetzen *sep. reg.* continuar
forttragen *sep. irr.* llevar(se)
Fotograph *m.* fotógrafo
fragen *reg.* preguntar
Franzose *m.* francés; — **in** *f.* francesa
Frau *f.* mujer, señora
Fräulein *n.* señorita
Frechheit *f.* insolencia
frei libre; — **lassen** poner en libertad
Freiheit *f.* libertad
freilich naturalmente, por cierto
fremd extraño, desconocido, forastero

Fremde *m.* desconocido, extranjero, forastero
Freude *f.* alegría
freuen (sich) *reg.* alegrarse
Freund *m.* amigo; — **in** *f.* amiga
freundlich bondadoso, amable, amigablemente
Freundschaft *f.* amistad
Friede(n) *m.* paz; — **schließen** hacer las paces
Friedhof *m.* cementerio
frieren *irr.* tener frío; helar
frisch fresco; tierno (recién hecho); — **werden** ponerse fresco, refrescar
froh alegre
Front *f.* el frente
Frosch *m.* rana
Frucht *f.* fruto
fruchtbar fértil
früh(-er,-este) temprano (más —, el más —)
Frühling *m.* primavera
Frühstück *n.* almuerzo
frühstücken *reg.* almorzar; **gefrühstückt**
Fuchs *m.* zorra
fühlen *reg.* sentir
führen *reg.* conducir, guiar, llevar; **Krieg** — hacer la guerra; **mit sich** — llevar consigo
Führer *m.* guía
Führerschein *m.* carnet de conductor
Führung *f.* mando
füllen *reg.* llenar
Füllhalter *m.* pluma estilográfica
Funke(n) *m.* chispa
Furcht *f.* miedo, temor
furchtbar terrible
fürchten *reg.* temer; **sich** — tener miedo
fürchterlich terrible
furchtsam tímido, miedoso
Fürst *m.* príncipe
Fuß *m.* pie
Futter *n.* comida, pienso; forro

G

Gabel *f.* tenedor
gähnen bostezar
Gang *m.* paso, andar
Gans *f.* ganso; *pl.* **Gänse**
ganz todo, entero; **den** —**en Tag** todo el día
gar cocido; por ventura; — **nicht** en manera alguna; — **nichts** absolutamente nada
Garten *m.* jardín
Gärtner *m.* jardinero
Gasse *f.* calleja
Gatte *m.* esposo
Gattin *f.* esposa
Gebäude *n.* edificio
geben *v. irr.* dar; *impers.* haber
Gebet *n.* oración
Gebirge *n.* montaña
gebracht *(part. pas.* de **bringen)** traído
Gebrauch *m.* uso, costumbre
gebrauchen *insep. reg.* usar, emplear
Geburt *f.* nacimiento
Gedächtnis *n.* memoria
gedenken pensar
Gedicht *n.* poesía
Geduld *f.* paciencia; — **haben** tener paciencia
Gefahr *f.* peligro
gefährlich peligroso
Gefährte *m.* compañero
gefallen *insep. irr.* agradar, gustar
gefälligst; geben Sie mir — sírvase usted darme, haga el favor de darme
Gefangene *m.* prisionero, preso
Gefängnis *n.* prisión, cárcel
Gefreiter *m.* cabo
gefunden *(part. pas.* de **finden)** encontrado
Gegend *f.* comarca

Gegenstand *m.* objeto, materia
Gegenstück *n.* equivalente, pareja
Gegenteil, im — al contrario
gegenüber enfrente de, frente a
gegenwärtig presente; ahora
Gegner *m.* adversario, contrincante
Gehalt *m.*, *n.* contenido, sueldo
gehässig odioso
Geheimnis *n.* secreto; **des Geheimnisses**; *pl.* **—nisse**
gehorchen *insep. reg.* obedecer
gehorsam obediente
gehören *insep. reg.* pertenecer, ser de
Geist *m.* espíritu; *pl.* — **er**
Geistliche *m.* eclesiástico, cura
gelassen tranquilo, sereno
Geld *n.* dinero; *pl.* **—er**
Geldstück *n.* moneda
Gelegenheit *f.* ocasión
Gelehrte *m.* sabio
Gemahl *m.* esposo; **—in** *f.* esposa
Gemälde *n.* cuadro
gemäß según, conforme a
genau exacto; justamente, con exactitud; en punto
General *m.* general
Generalstab *m.* Estado Mayor
genug bastante *(generalmente se pospone al substantivo)*
gerade recto; justamente
geräumig espacioso
gerecht justo
Gerechte *m.* justo
Gerechtigkeit *f.* justicia
gering escaso, exiguo, pequeño
gern(e) gustoso; **ich** esse — me gusta comer; **sehr** — con mucho gusto
Geruch *m.* olor
gerührt conmovido
Gesandte *m.* enviado, embajador
Gesandtschaft *f.* embajada
Gesang *m.* canto
Geschäft *n.* negocio
Geschehen *n.* suceso
Geschenk *n.* regalo, obsequio
Geschichte *f.* historia
Geschichtsschreiber *m.* historiador
Geschicklichkeit *f.* habilidad
geschickt hábil, diestro
Geschlecht *n.* sexo, género
Geschmack *m.* sabor, gusto; *pl.* **Geschmäcke**
Geschwister *pl.* hermanos
Geselle *m.* oficial
Gesellschaft *f.* sociedad, reunión
Gesetz *n.* ley
Gesicht *n.* cara; *pl.* **Gesichter**
Gespräch *n.* conversación
Gestalt *f.* forma, figura
gestärkt fortalecido
gestehen *insep. irreg.* confesar
gestern ayer; — **abend** anoche
gesund sano
Gesundheit *f.* salud
Getränk *n.* bebida
Getreide *n.* trigo, cereales
Gewalt *f.* fuerza, poder
gewandt ágil, hábil, listo
Gewehr *n.* fusil, escopeta
gewinnen *irr.* ganar
gewiß seguramente
Gewissen *n.* conciencia
Gewitter *n.* tormenta
Gewohnheit *f.* costumbre
gewöhnlich común; generalmente
gierig ávido, ansioso
Gift *n.* veneno; *pl.* **Gifte**
Gipfel *m.* cumbre
Glanz *m.* brillo, esplendor
glänzen *reg.* brillar, relucir
Glas *n.* vaso, vidrio
Glaube(n) *m.* fe, creencia
glauben *reg.* creer
gleich en seguida; igual
gleichen *irr.* parecerse, tener parecido
gleichgültig (gegen) indiferente
Gleichnis *n.* parábola
gleichwie así como

Glied *n.* miembro
Glück *n.* suerte, felicidad, dicha
glücklich dichoso, feliz
Glückseligkeit *f.* dicha
Gnade *f.* gracia, perdón
Gold *n.* oro; **aus** – de oro
Grab *n.* sepultura, sepulcro
Graben *m.* foso, zanja
graben *irr.* cavar
Grad *m.* grado
Graf *m.* conde
Gras *n.* hierba
grau gris, pardo
grausam cruel
greifen *irr.* coger
Greis *m.* anciano
Grenze *f.* límite, frontera
grimmig furioso
grob burdo, basto; grosero
groß grande; alto
großmütig generoso, magnánimo
Großmutter *f.* abuela
Großvater *m.* abuelo
grün verde
Grundstock *m.* cimientos
grüßen *reg.* saludar
Gunst *f.* favor
gut bueno; bien; **wenn Sie so gut sein wollen** si me quiere usted hacer el favor
Gute *n.* lo bueno
gütig bondadoso

H

Haar *n.* pelo, cabello
haben tener, haber
Hafen *m.* puerto; *pl.* **Häfen**
Hafer *m.* avena
halb medio; **ein** – la mitad
Hälfte *f.* mitad
Hals *m.* cuello, pescuezo
halten *irr.* tener; – **für** tomar por
Hammer *m.* martillo
Hand *f.* mano
Handel *m.* comercio
handeln obrar; negociar; **recht** – obrar con justicia
Handlung *f.* acción
Handschuh *m.* guante
Handwerk *n.* oficio
hart duro
hartnäckig obstinadamente
Hase *m.* liebre
Haselnuß *f.* avellana; *pl.* **Haselnüsse**
Haß *m.* odio
hassen *reg.* odiar
häßlich feo
Hauch *m.* soplo
häufig a menudo, frecuentemente
Haupt *n.* cabeza
Hauptmacht *f.* fuerza principal, grueso
Hauptmann *m.* capitán
Hauptspiel *n.* pieza principal
Hauptstadt *f.* la capital
Haus *n.* casa; **nach Hause** a (hacia) casa; **zu** – en casa
Haustier *n.* animal doméstico
Haustür *f.* puerta de casa
Hausvater *m.* el jefe (padre) de la casa, ecónomo
Haut *f.* piel, pellejo
heben *irr.* levantar
Heer *n.* ejército; *pl.* **Heere**
Heeresabteilung *f.* cuerpo de ejército
Heft *n.* cuaderno
Heide *m.* pagano; *f.* brezal
heilen *reg.* curar, sanar
heim a casa
Heimatspiel *n.* teatro regional
heiß caliente, caluroso
heißen *irr.* llamarse
heizen *reg.* calentar
Held *m.* héroe; *pl.* **Helden**
Heldentat *f.* hazaña
helfen *irr.* ayudar
hell claro, cristalino; – **werden** clarear, amanecer
Heller *m.* céntimo, blanca

Hemd *n.* camisa
Henne *f.* gallina
herabfliessen *sep. irr.* caer, descender
herausziehen *sep. irr.* sacar
Herbst *m.* otoño
herein a dentro; adelante
Hering *m.* arenque
Herr *m.* amo, señor
herrlich precioso
Herrschaft *f.* dominio
Herz *n.* corazón
Herzog *m.* duque
Heu *n.* heno
heute hoy
hier aquí; — **ist** o **sind** aquí hay
hierher hacia acá
Hilfe *f.* auxilio, socorro
Himmel *m.* cielo
hingehen *sep. irr.* ir (allá)
hinten atrás
hinter *dat.* y *ac.* detrás de
hintergehen *insep. irr.* engañar
hintreten *sep. irr.* colocarse
Hirsch *m.* ciervo
Hirt *m.* pastor, zagal
historisch histórico
Hitze *f.* calor
Hobel *m.* cepillo (herramienta de carpintero)
hoch alto
Hochachtung *f.* aprecio, estimación
höchst muy, sumamente
höchstens a lo sumo
Hof *m.* patio, corral; la corte
hoffen *reg.* esperar
Hoffnung *f.* esperanza
höflich cortés, atento
Höhe *f.* altura
hohl hueco
Höhle *f.* caverna, cueva
hold lindo
holen *reg.* ir a buscar, ir por
holländisch holandés
Holz *n.* madera, leña
Honig *m.* miel
hören *reg.* oir, escuchar
Hose *f.* pantalón
hübsch lindo, guapo
Huf *m.* casco; — **eisen** *n.* herradura
Hüfte *f.* cadera
Hügel *m.* colina
Huhn *n.* gallina
Hund *m.* perro
Hunger *m.* hambre
hungern *reg.* padecer, tener hambre
hungrig sein tener hambre
Hut *m.* sombrero
hüten *reg.* guardar
Hutmacher *m.* sombrerero
Hütte *f.* cabaña

I

immer siempre
indem mientras
indessen no obstante, sin embargo
innerhalb *genit.* dentro de, en
Insekt *n.* insecto; *pl.* **Insekten**
Insel *f.* isla
inwendig por dentro
inzwischen entretanto
irgendeiner cualquiera
irgendwo en alguna parte
irren (sich) *reg.* equivocarse
Irrtum *m.* error, equivocación
Italiener *m.* italiano
italienisch italiano

J

ja sí
Jagd *f.* caza; **auf der — sein** estar de caza; *pl.* **Jagden**
Jäger *m.* cazador
Jahr *n.* año; **voriges** — el año pasado; **nächstes** — el año próximo; **ein — lang** durante un año

Jahreszeit *f.* estación del año; *pl.* — **zeiten**
Jahrhundert *n.* siglo; *pl.* **Jahrhunderte**
jährlich anual(mente)
Januar *m.* enero
je jamás: — **zehn** de diez en diez
je... desto cuanto... tanto
jedermann todo el mundo, todos
jedoch sin embargo
jemand alguien, alguno
jenseit(s) *genit.* allende, del lado de allá
jetzt ahora; **von — an** desde ahora
Juli *m.* julio
jung joven
Junge *m.* muchacho
Jüngling *m.* joven, adolescente
Juni *m.* junio

K

Kaffee *m.* café; — **trinken** tomar café
Kaffeehaus *n.* café (establecimiento); *pl.* — **häuser**
Käfig *m.* jaula
Kahn *m.* bote, lancha
Kaiser *m.* emperador
Kaiserreich *n.* imperio
Kalb *n.* ternera; — **fleisch** carne de ternera
Kalbsbraten *m.* asado de ternera
kalt frío; — **werden** enfriarse; **es ist** — hace frío
kaltblütig con sangre fría
Kälte *f.* frío
Kamel *n.* camello
Kamerad *m.* compañero, camarada
Kamm *m.* peine
Kampf *m.* combate, lucha
kämpfen *reg.* luchar
Kanarienvogel *m.* canario; *pl.* — **vögel**
Kappe *f.* gorra
Karte *f.* mapa; tarjeta
Kartoffel *f.* patata
Käse *m.* queso; *gen.* **des Käses**; *pl.* **Käse**
Katze *f.* gato
kaufen *reg.* comprar
Kaufmann *m.* comerciante; *pl.* **Kaufleute**
kaum apenas
keck resuelto, intrépido
kehren *reg.* barrer; **zurück** — volver
Keller *m.* cueva, bodega
kennen conocer
Kerze *f.* bujía, vela
Kessel *m.* caldera
Kilogramm *n.* kilogramo; *pl.* **Kilogramm**
Kind *n.* niño, niña
Kinderzeche *f.* banquete de niños
Kindheit *f.* infancia, niñez
Kirche *f.* iglesia
Kirchturm *m.* torre de iglesia; *pl.* **Kirchtürme**
Kirschbaum *m.* cerezo
Kirsche *f.* cereza
klagen *reg.* quejarse
klar claro
Klasse *f.* clase
Klavier *n.* piano
Kleid *n.* vestido
kleiden *reg.* vestir
klein pequeño; **kleiner als** más pequeño que
Kloster *n.* convento
klug prudente
Knabe *m.* niño, muchacho
Knecht *m.* obrero
Knie *n.* rodilla
Knochen *m.* hueso
Knopf *m.* botón
Koch *m.* cocinero
kochen *reg.* cocer, hervir; guisar
Köchin *f.* cocinera; *pl.* **Köchinnen**
Koffer *m.* baúl, maleta; *pl.* **Koffer**

kommen *irr.* venir; – **aus** salir de
Kompliment *n.* cumplimiento, cumplido
König *m.* rey; – **in** *f.* reina
Königreich *n.* reino
können poder, saber
Konzert *n.* concierto
Kopf *m.* cabeza
Kopfweh *n.* dolor de cabeza; *pl.* **Kopfschmerzen**
Korb *m.* cesta; **Bienenkorb** colmena
Korn *n.* grano; centeno
Körper *m.* cuerpo
kostbar precioso, valioso
kosten *reg.* costar
Kraft *f.* fuerza
Kralle *f.* garra
krank enfermo
Krankheit *f.* enfermedad; *pl.* **Krankheiten**
Krebs *m.* cangrejo, cáncer
kriechen *irr.* arrastrarse
Krieg *m.* guerra; – **führen** *reg.* hacer la guerra
Krone *f.* corona
Küche *f.* cocina
Kuchen *m.* bollo; *pl.* **Kuchen**
Kugel *f.* bala; esfera
Kugelschreiber *m.* bolígrafo
Kuh *f.* vaca
kühl fresco
Kunde *m.*, *f.* cliente, noticia
Kunst *f.* arte
Kupfer *n.* cobre; – **stich** *m.* grabado; *pl.* – **stiche**
Kurfürst *m.* elector
Kürschner *m.* peletero
kurz corto, breve
küssen *reg.* besar
Küste *f.* costa
Kutscher *m.* cochero

L

lächeln sonreir
lachen *reg.* reir
lächerlich ridículo; – **machen** poner en ridículo
laden *irr.* cargar
Laden *m.* tienda; persiana
Ladung *f.* carga, cargamento
Lage *f.* situación
lahm cojo
Lamm *n.* cordero
Lampe *f.* lámpara, quinqué
Land *n.* país; **auf das** – al campo; **auf dem Lande** en el campo
landen *reg.* desembarcar, arribar
Landhaus *n.* casa de campo; *pl.* **Landhäuser**
lang largo; **lange Zeit** mucho tiempo; **acht Tage lang** durante ocho días; **eine Zeitlang** durante algún tiempo; **wie lange?** ¿cuánto tiempo?
längs *genit.* a lo largo de
langsam despacio, lentamente
Lärm *m.* ruido, bulla
lassen *irr.* dejar
Last *f.* carga; *pl.* **Lasten**
Laster *n.* vicio
lasterhaft vicioso
Laub *n.* hojas
Laube *f.* enramada, cenador
Lauf *m.* transcurso; cañón
laufen *irr.* correr
laut en alta voz
leben *reg.* vivir
Leben *n.* vida
lebendig vivo
Lebensmittel *pl.* víveres
Leder *n.* cuero
leer vacío
legen *reg.* poner
lehren *reg.* enseñar
Lehrer *m.* maestro, profesor
Lehrerin *f.* maestra, profesora
Leib *m.* cuerpo; *pl.* **Leiber**
leicht fácil, ligero
Leid *n.* daño; **es tut mir leid** (lo) siento
leiden *irr.* sufrir

leidend indispuesto
leihen *irr.* prestar
leise bajo, quedo
leisten *reg.;* **Hilfe** – prestar auxilio
Leiter *f.* escalera
Lerche *f.* alondra
lernen *reg.* aprender
Lesebuch *n.* libro de lectura
lesen *irr.* leer
letzte último
Leute *pl.* gente
Licht *n.* luz; *pl.* **Lichter; Lichte** velas
lieb querido
Liebe *f.* amor, cariño
lieben *reg.* amar, querer, gustar
lieber mejor, me gusta más
Lieblingsfach *n.* asignatura favorita
Lied *n.* canción
liefern *reg.* suministrar, producir; **eine Schlacht** – dar una batalla
liegen *irr.* estar tendido (echado o situado)
Lineal *n.* regla
link izquierda
links a la izquierda
List *f.* astucia
Liter *n., m.* libro
loben *reg.* alabar
Loch *n.* agujero
Löffel *m.* cuchara
Los *n.* suerte; *pl.* **Lose; das große** – el premio grande
löschen *reg.* apagar
loslassen *sep. irr.* soltar
Löwe *m.* león; – **in** *f.* leona
Luft *f.* aire; – **holen** respirar aire
Lüge *f.* mentira, embuste
lügen *irr.* mentir
Lust *f.* deseo, delicia; **ich habe Lust** tengo gana
lüstern codicioso, ansioso
lustig alegre

M

machen *reg.* hacer
Macht *f.* poder
mächtig poderoso
Mädchen *n.* niña, muchacha
Magd *f.* criada, sirvienta
Mahl *n.* comida; *pl.* – **e** y **Mähler**
mahlen moler; **mahlte, gemahlen**
Mai *m.* mayo
Mal; das erste – la primera vez; **ein and(e)res** – otra vez; **das letzte** – la última vez; **auf einmal** de una vez; **zum erstenmal** por primera vez
malen *reg.* pintar
Maler *m.* pintor; *pl.* **Maler**
man se, uno
mancher alguno, muchos, hay quien
manchmal muchas veces
Mann *m.* hombre, marido
Mannschaft *f.* gente, tripulación
Mantel *m.* capa, capote, abrigo; *pl.* **Mäntel**
Mark *f.* marco; **zwei(zehn) Mark** dos (diez) marcos
Markt *m.* mercado
Marsch *m.* marcha
März *m.* marzo
Masse *f.* masa
mästen *reg.* cebar
Maß *n.* medida; *pl.* **Maße**
Matrose *m.* marinero
Mauer *f.* muro, muralla
Maulbeerbaum *m.* morera; *pl.* – **bäume**
Maus *f.* ratón; *pl.* **Mäuse**
Max *m.* Maximiliano
Meer *n.* mar; *pl.* **Meere**
Mehl *n.* harina
mehr más; **mehr... als** más... que; **nicht mehr** no... más; no... ya
mehrere varios
mehrmals varias veces
Meile *f.* legua

meinen *reg.* pensar; **wie meinen Sie das?** ¿qué quiere usted decir con eso?
Meinung *f.* opinión
meisten, die — la mayor parte, los más
meistens las más de las veces
Meister *m.* maestro
melden *reg.* anunciar, avisar
Melodie *f.* melodía, aire musical
Mensch *m.* hombre
merken *reg.* notar
merkwürdig notable, singular, extraño
Messer *n.* cuchillo, navaja; **Feder — ** *n.* cortaplumas; *pl.* **— messer**
Metall *n.* metal
Meter *n., m.* metro
Miene *f.* aire, semblante
mieten *reg.* alquilar, arrendar
Milch *f.* leche
Milchfrau *f.* lechera
mildtätig caritativo
mindestens por lo menos
mischen *reg.* mezclar
mißfallen *insep. irr.* disgustar
Mitleid *n.* compasión
mitnehmen *sep. irr.* llevar
Mittag *m.* mediodía; **zu — essen** *irreg.* comer, almorzar
Mittagessen *n.* comida (al mediodía)
mitteilen *sep. reg.* comunicar
Mittel *n.* medio
mittels, mittelst *gen.* por medio de
mitten en medio de
Mode *f.* moda
mögen querer, tener gana
möglich posible
Mohrrübe *f.* zanahoria; *pl.* **Mohrrüben**
Monat *m.* mes
Mönch *m.* fraile
Mond *m.* luna
Montag *m.* lunes
Mörder *m.* asesino
morgen mañana; **— früh** mañana por la mañana; **— abend** mañana por la noche
Morgen *m.* mañana; *pl.* **Morgen**
Mücke *f.* mosquito, mosca
müde cansado
Mund *m.* boca; *pl.* **Munde** y **Münder**
Münster *n.* catedral
munter alegre; despierto
Musik *f.* música; **— lehrer** *m.* profesor de música; **— stunde** *f.* lección de música
müssen deber, tener que
Muster *n.* muestra, modelo; *pl.* **Muster**
Mut *m.* valor, ánimo; **— haben** tener valor
mutig valiente, valeroso, bizarro
Mutter *f.* madre
Mütze *f.* gorra

N

nach *dat.* a, después de, según, hacia; **nach und nach** poco a poco; *prefijo sep*
Nachbar *m.* vecino
nachdem después de
Nachfolger *m.* sucesor
nachgeben *sep. irr.* ceder
nachher después
nachlässig negligente, descuidado
nachlaufen *sep. irr.* correr tras alguien
Nachmittag *m.* tarde; **heute nachmittag** esta tarde
Nachricht *f.* noticia
Nachschlüssel *m.* ganzúa; *pl.* **Nachschlüssel**
Nachsicht *f.* indulgencia, tolerancia; **das Nachsehen haben** quedarse con las ganas
Nachspiel *m.* epílogo
nächste próximo; *subst. m.* prójimo; **mein Nächster**

Nacht *f.* noche
nachteilig perjudicial
Nachtigall *f.* ruiseñor
nachts de noche
nackt desnudo, descalzo
Nadel *f.* aguja, alfiler
nah o **nahe (näher, nächst)** cerca
nähern (sich) *reg.* aproximarse
Nahrung *f.* alimento
Naht *f.* costura
Name(n) *m.* nombre; **mit** – (o **namens**) de nombre
nämlich a saber; **der nämliche** el mismo
Narr *m.* loco, bufón
Narzisse *f.* narciso
Nase *f.* nariz
naß mojado; – **werden** mojarse
natürlich natural, naturalmente
Nebel *m.* niebla
Neffe *m.* sobrino
nehmen *irr.* tomar
Neid *m.* envidia
neidisch envidioso
nein no
Nelke *f.* clavel
nennen nombrar, llamar
Nest *n.* nido
Netz *n.* red
neu nuevo; **was gibt es** (*o* **gibt's**) **Neues?** ¿qué hay de nuevo?
neugierig curioso
Neujahr *n.* año nuevo
neulich el otro día
nicht no; **nicht so (schnell)** no tan (de prisa)
nicht einmal ni, ni siquiera; **nicht mehr** no más, ya no
nicht nur... sondern auch no sólo... sino (que) también
Nichte *f.* sobrina
nichts nada; **gar** – absolutamente nada
nichtsdestoweniger no obstante
nie nunca, jamás
niemals jamás
niemand nadie, ninguno
nimmer, nimmermehr jamás
nirgends en ninguna parte
noch todavía; – **nicht** aun no; – **einmal (nochmals)** otra vez
Norden *m.* norte
Nordküste *f.* costa septentrional
nördlich septentrional, norte
Not *f.* apuro
Notar *m.* notario
nötig necesario
November *m.* noviembre
nun ahora, pues
nur sólo, solamente
Nuß *f.* nuez; *pl.* **Nüsse**
Nutzen *m.* provecho, utilidad
nützlich útil, provechoso

O

ob si; **als** – como si: – **auch** aunque
oben arriba
oberhalb *genit.* más arriba de
obgleich, obschon aunque, a pesar de, no obstante
Obrist *m.* general
Obst *n.* fruta
obwohl aunque, bien que
Ochs (Ochse) *m.* buey
oder o
Ofen *m.* estufa, calorífero; *pl.* **Öfen**
offen abierto
öffnen *reg.* abrir
oft(mals) a menudo
Oheim *m.* tío
ohne *ac.* sin
Ohr *n.* oreja, oído
Oktober *m.* octubre
Öl *n.* aceite; *pl.* **Öle**
Onkel *m.* tío; *pl.* **Onkel**
Opfer *n.* sacrificio
opfern *reg.* sacrificar, inmolar
ordnen *reg.* arreglar, ordenar
Ordnung *f.* orden *m.*

Ort *m.* lugar, aldea; *pl.* **Orte** y **Örter**
Österreich *n.* Austria

P

Paar *n.* par; *pl.* **Paare**
Päckchen *n.* paquetito
Paket *n.* paquete
Pantoffel zapatilla; *pl.* **Pantoffel(n)**
Passbild *n.* foto de carnet
passend conveniente
Perle *f.* perla
Pfad *m.* sendero; *pl.* **Pfade**
Pfahl *m.* estaca, tutor
Pfanne *f.* sartén
Pfau *m.* pavo real; *pl.* **Pfauen**
Pfeffer *m.* pimienta
Pfeife *f.* pito, silbato; pipa
pfeifen *irr.* silbar
Pferd *n.* caballo
Pfirsich *m.* melocotón
Pflanze *f.* planta
pflanzen *reg.* plantar; **du pflanzest** o **pflanzt, er pflanzt**
Pflaume *f.* ciruela
Pflaumenbaum *m.* ciruelo; *pl.* — **bäume**
pflegen *reg.* cuidar; acostumbrar, soler
Pflicht *f.* deber
pflücken *reg.* coger
pflügen *reg.* arar
Pfund *n.* libra ($^1/_2$ kg); *pl.* **Pfunde**
Philipp *m.* Felipe
picken *reg.* picotear; **abpicken** arrancar con el pico
Plan *m.* plan, proyecto
Platz *m.* plaza, sitio
plötzlich súbitamente, de repente
plündern *reg.* saquear
polnisch polaco
Post *f.* correo; — **amt** oficina de correos
prächtig magnífico
prahlen jactarse
Präsident *m.* presidente
Preis *m.* precio, premio; **einen — auf etwas setzen** poner a precio una cosa
preisen *irr.* alabar, ensalzar
Preussen *n.* Prusia
preußisch prusiano, -a
Prinz *m.* príncipe
Prinzessin *f.* princesa
protestieren protestar
prüfen *reg.* probar, examinar
Pulver *n.* pólvora; polvo
Punkt *m.* punto
Puppe *f.* muñeca
Pyrenäen *pl.* los Pirineos

Q

Quecksilber *n.* mercurio, azogue
Quelle *f.* fuente, manantial
Quittung *f.* recibo

R

Rabe *m.* cuervo
rächen *reg.* vengar; **sich** — vengarse
Rad *n.* rueda
rasch pronto, de prisa
rasieren *reg.* afeitar
Rat *m.* consejo; *pl.* **Ratschläge**
raten *irr.* aconsejar; adivinar
Rätsel *n.* enigma, acertijo
Ratte *f.* rata
Räuber *m.* bandido
Raupe *f.* oruga
rechnen contar, calcular, echar cuentas
Rechnung *f.* cuenta
recht justo, bien; — **haben** tener razón
rechts a la derecha
rechtschaffen honrado, fiel, recto, probo
reden *reg.* hablar

redlich honrado
Regel *f.* regla
Regen *m.* lluvia
Regenschirm *m.* paraguas; *pl.* **Regenschirme**
regieren gobernar, reinar
Regierung *f.* gobierno; reinado
regnen *impers. reg.* llover
Reh *n.* corzo
reiben *irr.* frotar (r)estregar; rallar
reich rico; **der Reiche** el rico; **ein — er**
Reich *n.* reino, imperio; *pl.* **Reiche**
reichen alcanzar, bastar
Reichtum *m.* riqueza; *pl.* **— tümer**
reif maduro
Reihe *f.* fila, hilera; **die — ist an mir** me toca la vez
rein limpio
reinigen *reg.* limpiar
reinlich limpio, aseado, curioso, con limpieza
Reise *f.* viaje
reisen *reg.* viajar, marcharse, irse
Reisende *m.* viajero; viajante
reiten *irr.* montar a caballo, cabalgar
Reiter *m.* jinete
Reitpferd *n.* caballo de silla; *pl.* **Reitpferde**
Reitschule *f.* picadero
retten *reg.* salvar
Rettung *f.* salvación
reuen *reg.*, **es reut mich** lo siento
Rhein *m.* (río) Rhin
Richter *m.* juez
richtig justo, correcto; **es ist richtig** está bien
riechen *irr.* oler, olfatear
Ring *m.* sortija
rinnen *irr.* manar
Rock *m.* levita; falda
roh crudo
Roman *m.* novela
römisch romano
Rose *f.* rosa
Rosenknospe *f.* capullo de rosa; *pl.* **— knospen**
rot encarnado, rojo
Rotwein *m.* vino tinto
Rücken *m.* espalda, lomo
Rückkehr *f.* vuelta
rückwärts hacia atrás
Rückzug *m.* retirada, vuelta
rufen *irr.* llamar, gritar
Ruhe *f.* tranquilidad, descanso
ruhen *reg.* descansar, reposar
ruhig tranquilo, quieto, sosegado
Ruhm *m.* fama, gloria
rühmen *reg.* alabar; **sich —** gloriarse, jactarse
Rumpf *m.* tronco
rund redondo
russisch ruso, -a

S

Sache *f.* cosa
Sachsen *n.* Sajonia
Sack *m.* saco
sagen *reg.* decir
Saite cuerda
Salpeter *n.* salitre
Salz *n.* sal; *pl.* **Salze**
sammeln *reg.* recoger
Sand *m.* arena; **— fläche** *f.* arenal; **— bank** *f.* banco de arena, secano
sanft suave
Sänger *m.* cantante, cantor
Satz *m.* frase, oración
sauber limpio, aseado
sauer agrio
Schachtel *f.* caja; *pl.* **Schachteln**
schaden *reg.* dañar, perjudicar
Schaf *n.* oveja
Schäfer *m.* pastor
schaffen *irr.* crear; *reg.* trabajar
schämen (sich) *reg.* avergonzarse
Schande *f.* vergüenza
scharf agudo; cortante
Schatten *m.* sombra

Schatz *m.* tesoro
Schauspiel *n.* espectáculo, comedia
scheinen *irr.* parecer, brillar
schenken *reg.* regalar
Scherbe *f.* pedazo
Schere *f.* tijeras
schicken *reg.* enviar, mandar
Schicksal *n.* sino, hado, suerte
Schiff *n.* barco, navío
Schilderung *f.* descripción
Schinken *m.* jamón
Schirm *m.* pantalla
Schlacht *f.* batalla — **ordnung** orden de batalla; **eine** — **liefern** dar una batalla
Schlaf *m.* sueño
schlafen *irr.* dormir
Schlafzimmer *n.* alcoba, dormitorio
Schlag *m.* golpe
schlagen *irr.* pegar
schlecht malo: mal
schließen *irr.* cerrar
Schloß *n.* palacio; cerradura; *pl.* **Schlösser**
Schlüssel *m.* llave
Schmach *f.* afrenta, baldón
schmackhaft sabroso
schmecken *reg.* catar, saber, saborear
schmeicheln *reg.* adular
Schmeichler *m.* adulador
schmelzen *irr.* derretirse
Schmerz *m.* dolor
Schmied *m.* herrero; herrador
Schmiede *f.* herrería
schmutzig sucio
Schnabel *m.* pico
Schnee *m.* nieve
schneiden *irr.* cortar
Schneider *m.* sastre
schneien *impers. reg.* nevar
schnell pronto, de prisa
schon ya
schön bello, bonito, hermoso
Schönheit *f.* belleza, hermosura
Schrank *m.* armario
Schrecken *m.* susto, sobresalto
schreiben *irr.* escribir
Schreibtisch *m.* escritorio
schreien *irr.* gritar
Schreiner *m.* carpintero, ebanista
Schriftsteller *m.* autor, escritor; *pl.* **Schriftsteller**
Schritt *m.* paso
Schuh *m.* zapato
Schuhmacher *m.* zapatero; *pl.* **Schuhmacher**
Schuld *f.* deuda
schulden *reg.* deber
Schule *f.* escuela, colegio
Schüler *m.* alumno, discípulo
Schullehrer *m.* maestro, profesor
Schuß *m.* tiro; *pl.* **Schüsse**
schütteln *reg.* menear, sacudir
schützen *reg.* proteger, defender; **du schützest** o **schützt**
schwach débil
Schwager *m.* cuñado
Schwalbe *f.* golondrina
schwarz negro
Schweif *m.* cola
schweigen *irr.* callar
Schwein *n.* cerdo
Schweiz *f.* Suiza
schwer difícil, pesado
Schwester *f.* hermana
Schwiegermutter *f.* suegra; —**sohn** *m.* yerno; — **tochter** *f.* nuera; — **vater** *m.* suegro
schwimmen *irr.* nadar
See *m.* lago; *f.* mar
Seehund *m.* foca
Seele *f.* alma, ánima
Seemann *m.* marinero
Segen *m.* bendición, dicha
sehen *irr.* ver
Sehne *f.* nervio, tendón
sehnen (sich) *reg.* anhelar
sehr muy, mucho; **so** — tanto; **zu** — demasiado

Seide *f.* seda
Seidenraupe *f.*, — **wurm** *m.* gusano de seda; *pl.* — **raupen,** — **würmer**
Seil *n.* cuerda, maroma; *pl.* **Seile**
seit *dat.* desde; — **wann** desde cuando
Seite *f.* página; lado, cadera
selbst mismo; — **wenn** aun cuando
Seltenheit *f.* cosa rara, rareza; *pl.* — **heiten**
September *m.* septiembre
setzen *reg.* poner, sentar
sicher seguro
Sieg *m.* victoria
Siegel *n.* sello
siegeln *reg.* lacrar
siegen *reg.* vencer
Silber *n.* plata
singen *irr.* cantar
sinken *irr.* hundirse
sittlich moral
sitzen *irr.* estar sentado o posado
Sklave *m.* esclavo; — **in** *f.* esclava
so así; — **als** así como; tan como; — **daß** de manera que; **sobald** tan pronto; **soeben** ahora mismo; — **oft** tantas veces; **so sehr** tanto; — **viel** tanto
sofort inmediatamente
sogar hasta, además
sogleich en seguida
Sohn *m.* hijo
sollen deber, haber de
Sommer *m.* verano, estío
sondern sino
sondern *reg.* separar, apartar, elegir, escoger
Sonne *f.* sol
Sonnenschirm *m.* sombrilla, quitasol
sonst si no, de lo contrario; en otro tiempo
Sorte *f.* clase, calidad
sowohl... als lo mismo... que
Spanien *n.* España
Spanier *m.* español; — **in** *f.* española; **spanisch** español
spät tarde; **später** más tarde
spazierenfahren *sep. irr.* pasearse en coche
spazierengehen *sep. irr.* pasearse
Spaziergang *m.* paseo; **einen** — **machen** dar un paseo
Speise *f.* comida
speisen *reg.* comer
Speisesaal *m.* comedor; *pl.* **Speisesäle**
Sperling *m.* gorrión
Spiegel *m.* espejo
Spiel *n.* juego
spielen *reg.* jugar; tocar (un instrumento)
Spieler *m.* jugador
Spielsachen *pl.* juguetes
Spielzeug *n.* juguete
Sprache *f.* lengua, habla, idioma
sprechen *irr.* hablar
springen *irr.* saltar
spüren sentir
Staat *m.* **estado**
Staatsmann *m.* estadista, político
staatsmännisch político
Stachel *m.* aguijón, pincho
Stadt *f.* ciudad, villa
Stahl *m.* acero
Stahlfeder *f.* pluma metálica; *pl.* — **federn**
Stall *m.* cuadra, establo
Stamm *m.* tronco
Stand *m.* estado, condición, empleo
Standhaftigkeit *f.* firmeza
Stange *f.* palo, percha
stark fuerte
Stärke *f.* fuerza
stärken *reg.* fortalecer; almidonar
statt *gen.* en lugar de
stattfinden *sep. irr.* tener lugar
stecken *reg.* meter; estar clavado
Stecknadel *f.* alfiler
stehen *irr.* estar en pie

stehlen *irr.* robar
steigen *irr.* subir
Stein *m.* piedra
Stelle *f.* sitio; puesto, empleo; **auf der** — en seguida
stellen *reg.* poner, colocar; **sich** — fingir, hacer como, aparentar
sterben *irr.* morir
Stern *m.* estrella
stets siempre
Stiefel *m.* bota
stillstehen *sep. irr.* pararse
Stimme *f.* voz; **mit lauter** — en alta voz
Stirn(e) *f.* frente
Stock *m.* bastón
stolz orgulloso, altivo
Storch *m.* cigüeña
stoßen *irr.* empujar
Strafe *f.* castigo
strafen *reg.* castigar
Strahl *m.* rayo
Straße *f.* camino, calle, carretera
sträuben (sich) erizarse
Strauch *m.* arbusto; *pl.* **Sträucher**
streng severo
Strick *m.* cuerda, cordel
stricken *reg.* hacer punto de aguja (de media)
Stroh *n.* paja; — **hut** *m.* sombrero de paja
Strumpf *m.* media
Stube *f.* cuarto
Stück *n.* pieza, trozo, pedazo; *pl.* **Stücke**
Stuhl *m.* silla
stumm mudo
stumpf embozado
Stunde *f.* hora; lección
stürzen *reg.* precipitar
stützen *reg.* apoyar
suchen *reg.* buscar, tratar de
Suppe *f.* sopa
süß dulce

T

tadeln *reg.* censurar, reprender
Tag *m.* día; **guten** — buenos días; **bei** — de día; **eines Tages** un día; **in vierzehn — en** de hoy en quince días; **einen — um den andern** un día tras otro; **alle zwei Tage** cada dos días
täglich diariamente
Tal *n.* valle
Tante *f.* tía
tanzen *reg.* bailar
Tanzgruppe *f.* grupo de danza
tapfer valiente
Tasche *f.* bolsillo; **Brief** — *f.* cartera
Taschentuch *n.* pañuelo de bolsillo; *pl.* — **tücher**
Taschenuhr *f.* reloj de bolsillo; *pl.* **Taschenuhren**
Tasse *f.* taza
Tat *f.* hecho, acción
Tatkraft *f.* energía
Tau *m.* rocío; — **tropfen** *m.* gota de rocío
taub sordo
Taube *f.* paloma
tauchen sumergir
taugen *reg.* valer
täuschen *reg.* engañar; defraudar
Tee *m.* té; — **tasse** *f.* taza para té
Teich *m.* estanque
Teig *m.* masa (de harina)
Teil *m.* parte; — **nehmen** tomar parte
teilen *reg.* partir, repartir
teils en parte
Telefon *n.* teléfono
Teller *m.* plato; — **tuch** *n.* servilleta
Teppich *m.* alfombra
teuer caro
Theater *n.* teatro
tief profundo, hondo
Tier *n.* animal

Tinte *f.* tinta; **Tintenfaß** *n.* tintero; *pl.* — **fässer**
Tisch *m.* mesa; **bei** — en la mesa, durante la comida; **nach** — después de comer
Tischler *m.* ebanista
Tochter *f.* hija
Tod *m.* muerte
toll loco
Ton *m.* sonido
Topf *m.* puchero, vasija, maceta
Tor *m.* necio; *n.* puerta grande (cochera, etc.)
tot muerto
Tote *m.* el muerto
töten *reg.* matar
träge perezoso, holgazán
tragen *irr.* llevar
tränken *reg.* dar de beber, abrevar
Traube *f.* racimo; uva
Traum *m.* sueño
träumen *reg.* soñar
traurig triste
treffen *irr.* dar, acertar, encontrar
trefflich excelente
trennen *reg.* separar
Treppe *f.* escalera
treten *irr.* pisar
treu fiel
trinken *irr.* beber
trocken seco
tropfen gotear; **Tropfen** *m.* gota; **Tautropfen** *m.* gota de rocío; *pl.* **Tautropfen**
trotz *genit.* a pesar de
trotzdem no obstante
Trunk *m.* bebida
Truppen *plur.* tropas
Tuch *n.* pañuelo; *pl.* **die Tücher; Tuche** paños
Tugend *f.* virtud
tugendhaft virtuoso
Tulpe *f.* tulipán
tun *irr.* hacer
Tür(e) *f.* puerta; *pl.* **Türen**
Türkei *f.* Turquía
Turm *m.* torre

U

überall en todas partes
übergeben *insep. irr.* entregar
übermorgen pasado mañana
überreichen *insep. reg.* entregar, presentar
Überrock *m.* sobretodo, gabán; *pl.* **Überröcke**
übersetzen *insep. reg.* traducir
Übersetzung *f.* traducción
übrig sein sobrar
übrigens por lo demás
Übung *f.* ejercicio
Ufer *n.* orilla, margen; *pl.* **Ufer**
Uhr *f.* reloj; **wieviel Uhr ist es?** ¿qué hora es? **um wieviel Uhr?** ¿a qué hora?
Uhrkette *f.* cadena de reloj; *pl.* **Uhrketten**
Uhrmacher *m.* relojero
um zu para
umarmen *insep. reg.* abrazar
umgeben sein estar rodeado
Umschlag *m.* sobre
umsonst en vano, de balde
unabänderlich inmutable, invariable
unartig malo, travieso
unbändig indomable, extremado
unbedingt *adj.* absoluto, ilimitado
unbekannt desconocido
und y
unentbehrlich absolutamente necesario, indispensable
Unermüdlichkeit *f.* ardor infatigable
ungeachtet *genit.* no obstante
ungeduldig impaciente
ungefähr poco más o menos, aproximadamente
ungeheuer enorme
ungeschickt torpe, desmañado

ungewohnt no acostumbrado
Unglück *n.* desgracia
unglücklich desgraciado, infeliz
unmöglich imposible
unrecht haben no tener razón
unruhig inquieto
unsäglich indecible
unschätzbar inestimable, inapreciable
unschuldig inocente
unsterblich inmortal
unten abajo
unter *dat.* y *ac.* debajo, bajo
unterhalb *genit.* más abajo de
unterhalten *insep. irr.* divertir; mantener
unternehmen *insep. irr.* emprender
Unterricht *m.* enseñanza, instrucción
untersuchen *insep. reg.* examinar
Untertan *m.* súbdito; *pl.* **Untertanen**
unterwegs en el camino
unterwerfen *insep. irr.* someter
unweit *genit.* no lejos de
unwohl indispuesto
unzufrieden descontento
Ursache *f.* causa
urteilen *reg.* juzgar

V

Vater *m.* padre
Vaterland *n.* patria
Vaterstadt *f.* ciudad natal
Veilchen *n.* violeta
verachten *insep. reg.* despreciar
verbergen *insep. irr.* esconder
verbessern *insep. reg.* corregir
verbieten *insep. irr.* prohibir
verbinden *insep. irr.* vendar
verbrennen *insep.* quemar(se), arder
verderben *insep. irr.* echar a perder
verdienen *insep. reg.* merecer, ganar
Verdienst *m.*, *n.* ganancia, mérito
verdrießen disgustar, enojar
verdunkeln *insep. reg.* oscurecer
verehren *reg.* adorar, venerar
Verfall *m.* decadencia
verfassen *insep. reg.* redactar
Verfasser *m.* autor; *pl.* **Verfasser**
verfehlen *insep. reg.* perder, dejar de
verfolgen *insep. reg.* perseguir
vergeben *insep. irr.* perdonar
vergehen *insep. irr.* pasar
vergessen *insep. irr.* olvidar
Vergnügen *n.* placer, gusto
vergrößern (sich) *insep. reg.* ensanchar(se)
verhängen *insep. reg.* cubrir
verheiraten *insep. reg.* casar
verherrlichen ensalzar, elogiar
verirren (sich) *insep. reg.* perderse, extraviarse
verkaufen *insep. reg.* vender
verlangen *insep. reg.* pedir, exigir
verlassen *insep. irr.* abandonar
verleumden *insep. reg.* calumniar
verlieren *insep. irr.* perder
vermischen *insep. reg.* mezclar
Vermögen *n.* fortuna, bienes, caudal
vermuten *insep. reg.* suponer, sospechar
Verräter *m.* traidor
verschieden diferente
verschlafen medio dormido
verschmachten *insep. reg.* perecer (de hambre)
verschwenden *insep. reg.* malgastar
verschwinden *insep. irr.* desaparecer
versichern *insep. reg.* asegurar
versiegeln *insep. reg.* sellar, lacrar
Versprechen *n.* promesa
versprechen *insep. irr.* prometer

verstehen *insep. irr.* comprender
verstorben muerto
verstreuen *reg.* esparcir
verteidigen *insep. reg.* defender
verteilen *insep. reg.* repartir
vertrauen *insep. reg.* confiar
verursachen *insep. reg.* causar
verurteilen *insep. reg.* condenar
Verwandte *m.* pariente; **ein —ter; eine —te**
verwegen temerario
verworren revuelto
verwunden *insep. reg.* herir
verwundern (sich) *reg.* admirar(se)
verzeihen *insep. irr.* perdonar
Verzeihung *f.* perdón; **um — bitten** pedir perdón
Vetter *m.* primo
viel mucho; **wieviel** cuanto; **zuviel** demasiado; **vielmals** muchas veces
vielleicht quizá(s), tal vez
vielmehr antes bien
Viertel *n.* cuarto; **ein Viertel nach zwei** las dos y cuarto
Vogel *m.* ave; **Sing** — pájaro; *pl.* **— vögel**
Vogelnest *n.* nido de pájaro; *pl.* **Vogelnester**
Volk *n.* pueblo
Volkslied *n.* canción popular
voll lleno
vollenden *insep. reg.* acabar, concluir
vollständig completo
vorbei pasado
vorbeigehen *sep. irr.* pasar
vordringen *sep. irr.* avanzar
vorführen *sep. reg.* presentar, poner delante
Vorführung *f.* presentación
vorgestern anteayer
vorlesen *sep. irr.* leer
Vorherrschaft *f.* predominio
Vorhut *f.* vanguardia
vorig pasado, anterior; **— es Jahr** el año próximo pasado
Vormittag *m.* mañana (desde las 6—12); **am —** por la mañana
Vorrat *m.* acopio, provisión; *pl.* **Vorräte**
Vorsatz *m.* propósito, intento
Vorsehung *f.* providencia
Vorsicht *f.* cuidado
vorsichtig con precaución, con cuidado
vorstellen *sep. reg.* (re)presentar; **sich** — imaginarse; presentarse
vorüber pasado
vorübergehen *sep. irr.* pasar
Vorwand *m.* pretexto
vorwärts adelante
vorzüglich excelente, sobresaliente
Vulkan *m.* volcán

W

wach despierto
wachhalten traer a la memoria
wachsen *irr.* crecer
Wachs *n.* cera
Wachskerze *f.*, **— licht** *n.* vela, bujía
Wagen *m.* coche, carro; *pl.* **Wagen**
wählen *reg.* elegir, escoger
wahr verdadero; **es ist —** es verdad
Wahrheit *f.* verdad
wahrscheinlich probablemente
Wald *m.* bosque, selva
Walfisch *m.* ballena
Walnuß *f.* nuez
Wand *f.* pared
wandern caminar, viajar a pie
wann cuando; **seit wann?** ¿desde cuándo?
Ware *f.* mercancía, género
warm caliente; **es ist mir warm** tengo calor
wärmen *reg.* calentar

warten *reg.* esperar
warum por qué
was que; **was für ein?** ¿qué clase de?
waschen *irr.* lavar
Wasser *n.* agua
wecken *reg.* despertar
weder... noch ni... ni
Weg *m.* camino
weggehen *sep. ir.* marcharse
wegnehmen *sep. irr.* quitar
wegwerfen *sep. irr.* tirar, arrojar
wehen *reg.* ondear, soplar; **mit wehender Flagge** con bandera desplegada
Weib *n.* mujer
weich blando, mullido
weiden *reg.* pacer, apacentar
weigern, sich *reg.* negarse
Weigerung *f.* negativa
weil porque
Wein *m.* vino
weinen *reg.* llorar
weise sabio
Weise *m.* sabio; *f.* manera, aire musical
weiß blanco
weit lejos; vasto
Welle *f.* ola
Welt *f.* mundo
Weltkrieg *m.* guerra mundial
wenig poco; **ebenso** — tampoco; **ein** — un poco; **zu** — demasiado poco; **um so** — **er** tanto menos
wenigstens por lo menos
wenn si; —**gleich**, aunque; —**schon** aunque; —**nicht** si no; a no ser que
werden llegar a ser
werfen *irr.* tirar, arrojar
Werk *n.* obra; *pl.* **Werke**
wert digno; —**sein** valer, merecer
Wert *m.* valor
wertvoll apreciado
weshalb, — **wegen** ¿por qué? por lo cual
Weste *f.* chaleco
Wetter *n.* tiempo; **gutes** — buen tiempo; **schlechtes** — mal tiempo
wichtig importante
wider *ac.* contra
widerstehen *insep. irr.* resistir
wie como; — **lange** cuanto tiempo
wieder otra vez, de nuevo
wiederfinden *sep. irr.* volver a encontrar
wiederholen *insep. reg.* repetir; **wiederholt**
wiederkommen *sep. irr.* volver a venir
wiegen *irr.* pesar
Wien n. Viena
Wiese *f.* pradera
wieviel cuánto; — **mal** cuántas veces; **der wievielte, wievielste**
wild salvaje, feroz
Wildbret *n.* caza
Wille(n) *m.* voluntad
Wind *m.* viento
Winkel *m.* ángulo
Winter *m.* invierno
Wipfel *m.* copa (de un árbol)
wissen saber
Witwe *f.* viuda
Witwer *m.* viudo
wo donde; **da** — allí donde
Woche *f.* semana; **nächste** — la semana que viene; **vergangene** — la semana pasada
wofür para qué
woher de donde
wohin adonde
wohl bien
wohlfeil barato
Wohltat *f.* beneficio
Wohltäter *m.* bienhechor; *pl.* **Wohltäter**
wohltätig benéfico, caritativo
wohnen *reg.* habitar, vivir
Wohnzimmer *n.* habitación de estar
Wolf *m.* lobo

Wolke *f.* nube
Wolle *f.* lana
wollen querer; *adj.* de lana
womit con que
woran en que
woraus de que
worin en que
Wort *n.* palabra; *pl.* **Worte** y **Wörter** palabras (vocablos)
Wörterbuch *n.* diccionario; *pl.* **Wörterbücher**
worüber sobre que
wovon de que
wozu para que
wozu? ¿para qué (fin)?
Wuchs *m.* estatura
Wunde *f.* herida
Wunder *n.* milagro, sorpresa, maravilla; *pl.* **Wunder**
wundern (sich) *reg.* admirarse, asombrarse; **es wundert mich** me extraña, me admira
Wunsch *m.* deseo
wünschen *reg.* desear
Wurm *m.* gusano
Wurst *f.* chorizo, embutido
Wurzel *f.* raíz
Wüste *f.* desierto

Z

Zahl *f.* número
zählen *reg.* contar
zahm manso, domesticado
Zahn *m.* diente
zanken *reg.* reñir
Zehe *f.* dedo (del pie)
Zeichen *n.* señal
zeichnen *reg.* dibujar
Zeichnung *f.* dibujo
zeigen *reg.* mostrar, enseñar
Zeit *f.* tiempo; **zur rechten** — a tiempo, oportunamente; **zu gleicher** — al mismo tiempo; **beizeiten** temprano, con tiempo; **vorzeiten** hace mucho tiempo
Zeitung *f.* diario, periódico
Zeltstadt *f.* campamento
zerbrechen *insep. irr.* romper
zerreißen romper, desgarrar
zerstören *insep. reg.* destruir
Zeug *n.* tela, tejido
Zeuge *m.* testigo
Ziege *f.* cabra
ziehen *irr.* tirar, sacar
Ziel *n.* el blanco, la meta; *pl.* **Ziele**
Zimmer *n.* cuarto
Zimmermann *m.* carpintero
zimmern *reg.* construir
Zim(me)t *m.* canela
zittern *reg.* temblar
Zorn *m.* la cólera, furia
zu demasiado; *pref. sep.*
zu *dat.* en casa de
zubringen pasar (algún tiempo)
Zucker *m.* azúcar
zuerst primero
zufolge *genit.* y *dat.* a consecuencia de, conforme a
zufrieden contento, satisfecho
zufriedenstellen *sep. reg.* contentar
Zug *m.* tren
zugleich a la vez, al mismo tiempo
zuhören *sep. reg.* escuchar, atender
Zukunft *f.* futuro, porvenir
zuletzt por último, al fin
zumachen *sep. reg.* cerrar
Zunge *f.* lengua
zurück hacia atrás
zurückgeben *sep. irr.* devolver
zurückkehren *sep. reg.* regresar
zurückkommen *sep. irr.* volver
zurückschicken *sep. reg.* devolver
zusammen juntos: *prefijo sep.*
Zusammenbruch *m.* derrumbamiento, hundimiento
Zuschauer *m.* espectador
Zustand *m.* estado, situación
zuviel demasiado

zuweilen de vez en cuando, a veces
zuwerfen *sep. irr.* tirar
zwar es verdad que
zweifeln *reg.* dudar
zweimal dos veces
Zwetsch(g)e *f.* ciruela
zwingen *irr.* forzar, obligar
zwischen *dat.* y *ac.* entre
zwitschern *reg.* chirriar

2. ESPAÑOL - ALEMÁN

A

abajo unten; **hacia** — abwärts
abandonar verlassen *irr.*
abanico Fächer *m.*
abeja Biene *f.*
abertura Öffnung *f.*
abierto offen, geöffnet
abreviar abkürzen *sep. reg.*
abrigo Überrock *m.*, Mantel *m.*
abril April *m.*
abrir öffnen *reg.*
abundancia Überfluß *m.*
abundante reichlich
aburrir langweilen *reg.*
abusar mißbrauchen *insep. reg.*
acabar vollenden; — **de** *(con infin.)* soeben etwas getan haben
acaso etwa, vielleicht; **por** — zufällig
acción Handlung *f.*, Tat *f.*
aceite Öl *n.*
acento Ton *m.*, Akzent *m.*
aceptar annehmen *sep. irr.*
acerca de in betreff, darüber
acercar(se) nähern (sich) *reg.*
acero Stahl *m.*
acertar treffen *irr.*
acompañar begleiten *insep. reg.*
aconsejar (an)raten *irr.*
acontecer sich ereignen *insep. reg.*
acordarse sich erinnern *reg.*
acostarse zu Bett gehen *irr.*
acostumbrar gewöhnen, pflegen *reg.*
activo arbeitsam, tätig, wirksam
acto Akt *m.; **en el*** — sofort
actor Schauspieler *m.*
actualmente zur Zeit
acusar anklagen *sep. reg.*
adelante vorwärts; **en** — von jetzt ab, ferner, in Zukunft
además außerdem, ferner, überdies
admirar be — verwundern *insep. reg.*
admirarse erstaunen, sich wundern
adonde wohin, wo
adornar (aus)schmücken *reg.*
adorno Schmuck *m.*, Zierde *f.*
adrede absichtlich
aduana Zollhaus *n.*, — amt *n.*
adular schmeicheln *reg.*
afán Mühe *f.*, Arbeit *f.*
afeitar rasieren *reg.*
afilado scharf, spitz
afligir betrüben *insep. reg.*
agarrar (an)packen *(sep.) reg.*
agosto August *m.*
agradable angenehm
agradar gefallen *insep. irr.*
agradecido dankbar, erkenntlich
agradecimiento Dankbarkeit *f.*
agrio sauer
agua Wasser *n.*
aguijón Stachel *m.*
águila Adler *m.*
aguja Nadel *f.*, Nähnadel *f.*
agujero Loch *n.*
ahora eben, jetzt, nun; — **mismo** soeben; **desde** — von jetzt an
aire Luft *f.*; **al** — **libre** im Freien
ajeno fremd

ala Flügel *m.;* (Hut-)Krempe *f.*
alabanza Lob *n.*
alabar loben *reg.*
alargar verlängern *insep. reg.*
alcanzar erlangen, einholen
aldea Dorf *n.*
aldeano Bauer *m.*
alegre heiter, froh, fröhlich
alegría Freude *f.*, Fröhlichkeit *f.*
alejar entfernen *insep. reg.*
alemán deutsch; *subst.* Deutsche *m.*
alfiler Nadel *f.*, Stecknadel *f.*
alfombra Teppich *m.*
algo etwas
algodón Baumwolle *f.*
alguno einer, irgendeiner, jemand; mancher; — **s** einige, manche, mehrere
alianza Bund *m.*, Bündnis *n.*
aliento Atem *m.*
alimentar (er)nähren *(ins.) reg.*
alimento Nahrung *f.*, Kost *f.*
allí dort
alma Seele *f.*
almohada (Kopf-)Kissen *n.*
almorzar frühstücken *reg.*
almuerzo Frühstück *n.*
alquilar mieten, vermieten *ins. r.*
alrededor de um ... herum
altamente äußerst, höchst
alto hoch; groß, laut; halt!
altura Höhe *f.*
alumno Schüler *m.*
alzar aufheben *sep. irr.*
ama Haushälterin *f.;* Amme *f.*
amabilidad Liebenswürdigkeit *f.*
amable liebenswürdig
amanecer tagen *reg.;* **al** — bei Tagesanbruch
amar lieben *reg.*
amargo bitter
amarillo gelb
ambos beide; — **a dos** beide zusammen
amenazar drohen *(con dat.)*, bedrohen *(con ac.)*
ameno anmutig, lieblich
amigo Freund *m.*
amistad Freundschaft *f.*
amo Hausherr *m.*, Eigentümer *m.*
amor Liebe *f.;* **por — de Dios** um Gottes willen
anciano alt; *subst.* Greis *m.*
anclar ankern *reg.*
ancho breit, weit
andar (einher)gehen *irr.*, marschieren; — **a pie** zu Fuß gehen
andén Bahnsteig *m.*
ángel Engel *m.*
anillo Ring *m.*
animal Tier *n.;* — **doméstico** Haustier *n.*
animar ermutigen *insep. reg.*
ánimo Mut *m.*
anoche gestern abend
anochecer Nacht *o* Abend werden; **al** — beim Einbruch der Nacht
anotar aufschreiben *sep. irr.*
ansioso begierig
ante vor; in Gegenwart von
anteayer vorgestern
anteriormente ehemals, früher
antes ehemals, eher, früher; — **bien** vielmehr; — **que** bevor, ehe
antigüedad Altertum *n.; pl.* Altertümer
antiguo alt
anual jährlich
anunciar anmelden *sep. reg.*, anzeigen *sep. reg.*
añadir hinzufügen, beifügen *sep. reg.*
añejo alt
año Jahr *n.;* **el — pasado** vergangenes Jahr; **el — próximo** nächstes Jahr; **durante un** — ein Jahr lang; **¿cuántos años tiene usted?** wie alt sind Sie?
apagar (aus)löschen *reg.*, stillen *reg.*
aparentar sich stellen *reg.*

apearse absteigen, aussteigen *irr.*
apenas kaum
apetecer wünschen *reg.*
apetito Eßlust *f.*, Appetit *m.*
aplauso Beifall *m.*, Beifallsruf *m.*
aplazar verschieben *insep. irr.*
aplicación Fleiß *m.*
aplicado fleißig
apoderarse sich bemächtigen *insep. reg.*
apoyar (unter)stützen *insep. reg.*
apoyo Stütze *f.*
apreciar schätzen *reg.*, achten *reg.*
aprecio Wertschätzung *f.*, Achtung *f.*
aprender lernen *reg.*
apresurarse sich beeilen *insep. reg.*
apretar drücken *reg.*
aprisa schnell
aprobación Billigung *f.*, Genehmigung *f.*
aprobar billigen *reg.*
aproximadamente ungefähr
aproximarse sich nähern *reg.*
apto fähig, tauglich, tüchtig
apuesta Wette *f.*
apuntar zielen *reg.;* notieren
apuro Not *f.*
aquí hier
arado Pflug *m.*
araña Spinne *f.*
arar pflügen *reg.*
árbol Baum *m.*
arco Bogen *m.;* — **iris** Regenbogen *m.*
arder brennen
arena Sand *m.*
arenque Hering *m.*
arma Waffe *f.*
armario Schrank *m.*
aro Reif(en) *m.*, Ring *m.*
arquitecto Architekt *m.*, Baumeister *m.*
arrancar aus- (los-, ab-)reißen *sep. irr.;* du reiß(es)t aus
arreglar ordnen *reg.;* — **se** sich einigen, sich zurecht (*o* fertig) machen *reg.*
arreglo Einrichtung *f.*, Übereinkommen *n.;* **con — a** nach *dat.*, gemäß *dat.*
arrepentimiento Reue *f.*
arrepentirse bereuen *insep. reg.*
arriba oben; **hacia** — her-, hinauf; **más — de** oberhalb *genit.*
arrojar (weg)werfen *irr.*
arroyo Bach *m.*
arruinar zugrunde richten *reg.*
arte Kunst *f.*, List *f.*
artículo Artikel *m.*
artificial künstlich
artista Künstler *m.*
arzobispo Erzbischof *m.*
asa Griff *m.;* Henkel *m.*
asado Braten *m.*
asamblea Versammlung *f.*
asar braten *irr.*
ascender sich belaufen (auf) *irr.*
asco Ekel *m.*
ascua Glut *f.*
aseado reinlich, sauber
asegurar versichern *insep. reg.*
aseo Reinlichkeit *f.*
asesinar ermorden *insep. reg.*
asesino Mörder *m.*
así so; — **que** sobald als
asiento Sitz *m.*, Platz *m.;* **tomar** — Platz nehmen, sich setzen *reg.*
asimismo ebenfalls
asistencia Beistand *m.*, Bedienung *f.*
asistir beiwohnen *sep. reg.;* zugegen sein; beistehen *sep. irr.*
asno Esel *m.*
asombrarse erstaunen, sich wundern *reg.*
aspecto Anblick *m.*, Aussehen *n.*
áspero rauh, herb
astilla Holzsplitter *m.*, Span *m.*
astro Gestirn *n.*
astucia Schlauheit *f.*, List *f.*

astuto schlau, listig
asunto Gegenstand *m.*
asustar erschrecken *ins. reg.;* — **se** erschrecken *ins. irr.*
atacar angreifen *sep. irr.*
ataque Angriff *m.*
atar binden *irr.*, anbinden *sep. irr.*
atención Aufmerksamkeit *f.*
atender zuhören *reg.*, achtgeben (auf)
atento aufmerksam, höflich
atractivo anziehend; *subst.* Reiz *m.*
atraer anziehen *sep. irr.*
atrás zurück, hinten; **hacia** — rückwärts
atravesar durchbohren *insep. reg.*
atreverse wagen *reg.*
atrevido kühn, keck, dreist
atribuir zuschreiben *sep. irr.*
atroz greulich, scheußlich
aumentar vermehren *insep. reg.*
aun noch, sogar
aunque ob auch, obgleich, obschon, obwohl
ausente abwesend
autor Verfasser *m.*, Urheber *m.*
auxiliar helfen *irr.*
auxilio Hilfe *f.*
avanzar vorrücken *sep. reg.*
avaricia Geiz *m.*, Habsucht *f.*
avaro geizig; *subst.* Geizhals *m.*
ave Vogel *m.;* — **de paso** Zugvogel *m.*
avellana Haselnuß *f.*
avena Hafer *m.*
aventajar übertreffen *insep. irr.*
aventura Abenteuer *n.*
avergonzarse sich schämen *reg.*
averiguar erforschen *insep. reg.*
ayer gestern
ayuda Hilfe *f.*
ayudar helfen *irr.*
ayuntamiento *(casa)* Rathaus *n.*
azul blau

B

bailar tanzen *reg.;* du tanz(es)t
baile Ball *m.*, Tanz *m.*
bajar hinabsteigen *sep. irr.*, herabsetzen *sep. reg.;* — **se** sich bücken *reg.*
bajo leise; niedrig; gemein; *prep.* unter
bala (Flinten)kugel *f.*
balanza Wage *f.*
balde (en, de —) vergebens; umsonst
banco Bank *f.*
bandera Fahne *f.*
banquero Bankier *m.; pl.* Bankiers
bañar baden *reg.*
baño Bad *n.*
barandilla Geländer *n.*, Lehne *f.*
barato wohlfeil, billig
barba Bart *m.*
barbero Barbier *m.; pl.* Barbiere
barca Nachen *m.*, Boot *n.*
barco Fahrzeug *n.*, Schiff *n.;* — **de vapor** Dampfschiff *n.*
barril Faß *n.; pl.* Fässser
bastante genügend, genug, ziemlich
bastar genügen *reg.*
bastón Stock *m.*
batalla Schlacht *f.;* **dar una** — eine Schlacht liefern *reg.*
baúl Koffer *m., pl.* Koffer
bayoneta Bajonett *n.*
beber trinken *irr.;* **dar de** — tränken *reg.*
bebida Getränk *n.*, Trank, *m.*
belleza Schönheit *f.*
bello schön
bellota Eichel *f.*
bendecir segnen *reg.*
bendición Segen *m.*
beneficio Vorteil *m.*, Wohltat *f.*
benéfico mohltätig
benevolencia Wohlwollen *n.*

benévolo wohlwollend
berza Kohl *m.*
besar küssen *reg.;* du küssest *o* küßt
beso Kuß *m.; pl.* Küsse
bien gut, recht, richtig, wohl; – **que** obwohl; **antes** – vielmehr
¡bienvenido! willkommen!
bigote Schnurrbart *m.*
billete Billett *n.*, Fahrkarte *f.;* – **de banco** Banknote *f.*
blanco weiß; *subst.* Zielscheibe *f.*
blando weich
boca Mund *m.;* Maul *n.*
bocado Bissen *m.*
bodega Weinkeller *m.*
bola Kugel *f.*
bolsa Beutel *m.;* Börse *f.*
bolsillo Tasche *f.*
bollo Kuchen *m.*
bondad Güte *f.*
bondadoso gütig
bonito hübsch, schön
bordar sticken *reg.*
borrar ausstreichen *sep. irr.*
bosque Wald *m.*
bota Stiefel *m.*
bote Boot *n.*
botella Flasche *f.*
botica Apotheke *f.*
botón Knopf *m.;* Knospe *f.*
brazo Arm *m.*
breve kurz
brillar glänzen *reg.*, glänz(es)t
brillo Glanz *m.*
brincar springen, hüpfen *reg.*
británico britisch
bueno gut, artig; wohl; **estar** – gesund sein
buey Ochs (Ochse) *m.*
bujía Kerze *f.*
bulla Lärm *m.;* Geräusch *n.*
bulto (Waren)ballen *m.;* Geschwulst *f.*
buque Schiff *n.*
urlqarse spotten (über) *reg.*
burro Esel *m.*
buscar suchen *reg.*, holen *reg.*
butaca Lehnstuhl *m.*

C

caballero Ritter *m.*, (mein) Herr *m.*
caballo Pferd *n.;* – **de silla** Reitpferd *n.*
cabaña Hütte *f.*
cabello Haar *n.*
caber Platz haben, Platz finden *irr.*
cabeza Kopf *m.*
cabo; al – schließlich; **al** – **de** nach Verlauf von
cabra Ziege *f.*
cacharro Gefäß *n.*
cada jeder; – **uno** ein jeder
cadena Kette *f.;* – **de reloj** Uhrkette *f.*
caer fallen *irr.*, ausfallen *sep. irr.*; – **enfermo** krank werden
cafetera Kaffeekanne *f.*
caída Fall *m.*
caja Kiste *f.*, Schachtel *f.*, Dose *f.*, Kasse *f.*
cajero Kassier(er) *m.*
calcular (be)rechnen *insep. reg.*
caldera Kessel *m.*
caldo Suppe *f.*, Fleischbrühe *f.*
calentar (er)wärmen *reg.* heizen *reg.*
calentura Fieber *n.*
caliente warm, heiß
calor Wärme *f.*, Hitze *f.*
calumniar verleumden *insep. reg.*
calzoncillos Unterhose *f.*
callar schweigen *irr.*, stillschweigen *sep. irr.*
calle Straße *f.*
cama Bett *n.*
camarero Kellner *m.*
cambiar wechseln *reg.*, tauschen *reg.*

camello Kamel *n.*
caminar wandern *reg.*
camino Weg *m.; —* **de hierro** Eisenbahn *f.;* **por (en) el —** unterwegs
camisa Hemd *n.*
campana Glocke *f.*
campanilla Klingel *f.*, Schelle *f.*
campo Acker *m.*, Feld *n.*, Land *n.*
canal Kanal *m.; pl.* Kanäle
canción Lied *n.; —* **popular** Volkslied *n.; pl.* Volkslieder
canela Zim(me)t *m.*
cansado müde
cansar ermüden *insep. reg.; —* **se** müde werden
cantante Sänger *m.*
cantar singen *irr.;* krähen *reg.*
cántaro Eimer *m.*, Wasserkrug *m.*
cantidad Menge *f.*, Zahl *f.*
canto Kante *f.;* Rand *m.;* Gesang *m.*
cantor Sänger *m.*
caña Rohr *n.;* Halm *m.*
cáñamo Hanf *m.*
cañón Rohr *n.*, Lauf *m.*, Kanone *f.*
cañonazo Kanonenschuß *m.*
capa Mantel *m.*
capital *f.* Hauptstadt *f.;* **el —** Kapital *n.; pl. —* tale, — talien
capitán Anführer, Hauptmann *m.*
capítulo Kapitel *n.*
cara Gesicht *n.*, Angesicht *n.*
carácter Charakter *m.*
carbón Kohle *f.*
cárcel Kerker *m.*, Gefängnis, *n.*
carga Last *f.; pl.* Lasten
cargar laden *irr.*
cariño Zuneigung *f.*, Liebe *f.*
cariñoso zärtlich, liebreich
caritativo mildtätig
carne Fleisch *n.*
carnicero Fleischer *m.*, Metzger *m.*
caro teuer
carpintero Zimmermann *m.*, Schreiner *m.*
carrera Lauf *m.;* Fahrt *f.;* Laufbahn *f.*
carretera Landstraße *f.*
carretero Fuhrmann *m.; pl.* Fuhrleute
carrillo Backe *f.*, Wange *f.*
carro Wagen *m.*, Karren *m.*
carruaje Kutsche *f.*, Wagen *m.*
carta Brief *m.*
cartera Brieftasche *f.*
cartero Briefträger *m.*
casa Haus *n.; —* **de campo** Landhaus *n.;* **a —** nach Hause; **en —** zu Hause; **en — de** bei *dat.*
casar (ver)heiraten *(insep.) reg.*
cáscara Schale *f.*
casco Huf *m.;* Helm *m.*
casi beinahe, fast
caso Fall *m.;* **en — de que, — que** falls, wofern
castaño Kastanienbaum *m.;* braun
castellano kastilisch, spanisch
castigar (be)strafen *(insep.) reg.*
castigo Strafe *f.*, Züchtigung *f.*
castillo Burg *f.; pl.* Burgen
casualidad Zufall *m.*
catedral Domkirche *f.*, Dom *m.*
catedrático Professor *m.*
causa Ursache *f.;* **a — de** wegen, halben *genit.*
causar verursachen *insep. reg.*
cavar graben *irr.*, umgraben *sep. irr.*
caza Jagd *f.*, Wildbret *n.;* **estar de —** auf der Jagd sein
cazador Jäger *m.*
cazar jagen *reg.*
cebada Gerste *f.*
celebrar feiern *reg.*
célebre berühmt
celo Eifer *m.; —* **s** Eifersucht *f.*
celoso eifersüchtig; eifrig, sorgsam
cementerio Friedhof *m.*
cena Abendessen *n.*
cenar zu Abend essen *irr.*

ceniza Asche *f.*
censurar tadeln *reg.*
centeno Korn *n.*, Roggen *m.*
centro Mittelpunkt *m.*, Zentrum *n.*
cepillar (aus)bürsten *(sep.) reg.*
cepillo Bürste *f.*; Hobel *m.*
cera Wachs *n.*
cerca nahe; — **de** bei *dat.*
cercano nahe
cercar belagern *insep. reg.*
cerdo Schwein *n.*
cereza Kirsche *f.*
cerilla Wachskerzchen *n.*, Zündhölzchen *n.*
cerradura Schloß *n.*; *pl.* Schlösser
cerrajero Schlosser *m.*; *pl.* Schlosser
cerrar (zu)schließen *(sep.) irr.*, zumachen *sep. reg.*
cervecería Bierbrauerei *f.*; Bierstube *f.*
cerveza Bier *n.*; *pl.* — e
cesar aufhören; **sin** — unaufhörlich
cesto Korb *m.*
ciego blind; *subst.* Blinde *m.*
cielo Himmel *m.*
ciencia Wissenschaft *f.*
cierto gewiß, ein gewisser; **por** — freilich, sicher
ciervo Hirsch *m.*
cifra Ziffer *f.*
cigarrillo Zigarette *f.*
cigarro Zigarre *f.*
cigüeña Storch *m.*
cima Spitze *f.*, Gipfel *m.*
cinta Band *n.*
círculo Kreis *m.*
circunstancia Umstand *m.*
ciruela Pflaume *f.*, Zwetsch(g)e *f.*
cirujano Chirurg *m.*, Wundarzt *m.*
citar bestellen *reg.*, anführen *sep. reg.*
ciudad Stadt *f.*
ciudadano Städter *m.*, Bürger *m.*
claro hell, klar, verständlich
clase Klasse *f.*
clásico klassisch; *subst.* Klassiker *m.*
clasificar ordnen *reg.*, einteilen *sep. reg.*
clavar annageln *sep. reg.*, befestigen *reg.*
clavel Nelke *f.*
clavo Nagel *m.*; *pl.* Nägel
clientela Kundschaft *f.*
clima Klima *n.*; *pl.* Klimata
cobarde feig(e); *subst.* Feigling *m.*
cobrar einnehmen *sep. irr.*, einkassieren *sep.*
cobre Kupfer *n.*
cocer kochen *reg.*
cocina Küche *f.*
cocinera Köchin *f.*; — **o** Koch *m.*
coche Kutsche *f.*, Droschke *f.*, Wagen *m.*
cochero Kutscher *m.*
codo Ell(en)bogen *m.*
coger fassen *reg.*, fangen *irr.*, packen *reg.*, pflücken *reg.*
cojear hinken *reg.*
cojo hinkend; lahm
cola Schwanz *m.*
colcha Bettdecke *f.*
colchón Matratze *f.*, Unterbett *n.*
colegio Schule *f.*
cólera Zorn *m.*; **el** — Cholera *f.*
colgar aufhängen *sep. reg.*
colina Hügel *m.*
colmar (über)häufen *(insep.) reg.*
colmena Bienenstock *m.*
colocación Stelle *f.*, Anstellung *f.*
colocar stellen *reg.*, anstellen *sep. reg.*
color Farbe *f.*
columna Säule *f.*
comarca Gegend *f.*, Landstrich *m.*
combate Kampf *m.*
combatir (be)kämpfen *(insep.) reg.*

combustible brennbar; Brennmaterial *n.; pl.* — ien
comedia Lustspiel *n.*, Schauspiel *n.*
comedor Speise-, Eßzimmer *n.*
comenzar anfangen *sep. irr.*
comer essen *irr.*, fressen *irr.*
comerciante Kaufmann *m.*
comercio Handel *m.*
comestible eßbar; *subst.* Eßware *f.*
cometa: el — Komet *m.;* **la** — (Papier)drache(n) *m.*
cometer begehen *insep. irr.*
comida Speise *f.*, Nahrung *f.*, Mittagsmahl *n.;* Futter *n.*
como wie; da, weil; **tan ... como** ebenso ... wie (als)
cómodo bequem
compadecerse sich erbarmen *insep. reg.*
compañero Gefährte *m.*, Begleiter *m.*, Kamerad *m.*
compañía Gesellschaft *f.;* **en — de** in Gesellschaft von; nebst, samt *dat.*
comparar vergleichen *irr.*
compasión Mitleid *n.*
compasivo mitleidig
compatriota Landsmann *m.*, Landsmännin *f.*
completamente vollständig, gänzlich, vollkommen
completar vervollständigen *insep. reg.*
completo vollständig, vollzählig
componer ausbessern *sep. reg.*
componerse sich putzen *reg.;* bestehen (aus) *ins. irr.*
comportamiento Betragen *n.*
compra Kauf *m.*
comprador Käufer *m.*
comprar kaufen *reg.*
comprender verstehen *insep. irr.*
comprensible verständlich
compuesto zusammengesetzt; geputzt
común gemeinsam, häufig, gemein; **por lo** — gewöhnlich; **poco** — ungewöhnlich
comunicar mitteilen *sep. reg.*
con mit *dat.*, bei *dat.*, durch *ac.*, nebst *dat.;* — **que** also
conceder gewähren *insep. reg.*, erlauben *insep. reg.*
conciencia Gewissen *n.*
concienzudo gewissenhaft
concierto Konzert *n.*
concluir vollenden *insep. reg.*
conde Graf *m.*
condenar verdammen *insep. reg.*, verurteilen *insep. reg.*
condición Bedingung *f.;* **a — de** unter der Bedingung (daß)
conducir führen *reg.*, leiten *reg.*
conducirse sich betragen *insep. irr.*
conducta Betragen *n.*
conejo Kaninchen *n.*
confianza Vertrauen *n.*, Zuverlässigkeit *f.*
confiar *(con dat.)* trauen *reg.*
conforme gemäß, *dat.* entsprechend
confusión Verwirrung *f.*
conocer (er)kennen *(insep.)*
conocido bekannt; Bekannte *m.*
consecuencia Folge *f.;* **a — de** zufolge; infolge
conseguir erreichen *insep. reg.*, erlangen *insep. reg.*
consejo Rat *m.*
consentir einwilligen *sep. reg.*
considerable ansehnlich
consideración: en — a mit Rücksicht auf
consiguiente: por — folglich, also
consistir bestehen *insep. irr.*
consolar trösten *reg.*
conspiración Verschwörung *f.*
constante beständig
construir bauen *reg.*, erbauen
consuelo Trost *m.*

consultar um Rat fragen *reg.*, befragen
contar (er)zählen *(insep.) reg.*, rechnen *reg.*
contenido Inhalt *m.*
contentar zufriedenstellen *sep. reg.*; — **se** sich begnügen (mit) *insep. reg.*
contestación Antwort *f.*
contestar (be)antworten *(insep.) reg.*, erwidern *insep. reg.*
continuar fortfahren *sep. irreg.*, setzen *sep. reg.*
continuo fortwährend
contra gegen *ac.*, wider *ac.*; **en — de** zuwider *dat.*
contradecir widersprechen *ins. irr.*
contrario entgegen, zuwider; **lo —** das Gegenteil; **al —** im Gegenteil, umgekehrt; **el —** der Gegner; **de lo —** sonst
contrato Vertrag *m.*, Kontrakt *m.*
convencer überzeugen *insep. reg.*
conveniente passend, angemessen
convenir passen *reg.*, geziemen *ins. ep. reg.*; vereinbaren *insep. reg.*
conversación Gespräch *n.*, Unterhaltung *f.*
conversar sich unterhalten *ins. ep. irr.*
convidado eingeladen; *subst.* Gast *m.*
convidar einladen *sep. irr.*
convite Einladung *f.*, Gastmahl *n.*
copa Becher *m.*, Kelch *m.*, Weinglas *n.*
copia Abschrift *f.*
copiar abschreiben *sep. irr.*
corazón Herz *n.*
corcho Kork *m.*, Pfropfen *m.*
cordel Strick *m.*
cordero Lamm *n.*
corona Krone *f.*; Kranz *m.*
coronel Oberst *m.*; *gen.* — en
corporal körperlich
corpulento beleibt, dick
correcto richtig, korrekt
corregir verbessern *insep. reg.*, korrigieren; — **se** sich bessern *reg.*
correo Post *f.*; **oficina de —** Postamt *n.*
correr laufen *irr.*
cortante scharf, schneidig
cortar (ab)schneiden *irr.*
corte Hof *m.*, Residenzstadt *f.*; — **s**, Reichsstände
cortés höflich, artig
cortesía Höflichkeit *f.*
corteza Rinde *f.*, Kruste *f.*
cortina Vorhang *m.*, Gardine *f.*
corto kurz
corzo Reh *n.*
cosa Sache *f.*, Ding *n.*, Angelegenheit *f.*; **alguna —** etwas
coser nähen *reg.*
costa Küste *f.*; *pl.* Küsten; **a toda —** um jeden Preis *m.*
costado Seite *f.*
costar kosten *reg.*
costilla Rippe *f.*
costoso kostspielig, teuer
costumbre Sitte *f.*, Gewohnheit *f.*
costura Naht *f.*
cráneo Schädel *m.*
creación Schöpfung *f.*
creador Schöpfer *m.*
crear (er)schaffen *(insep.) irr.*
crecer wachsen *irr.*
crecido gewachsen; ansehnlich, bedeutend
crédito Kredit *m.*; **dar —** Glauben schenken *reg.*
creer glauben *reg.*
criada Magd *f.*
criado Diener *m.*, Knecht *m.*
crimen Verbrechen *n.*
criminal Verbrecher *m.*
cristal Kristall *m.*, Glas *n.*; Fensterscheibe *f.*
crudo roh
cruel grausam

cruz Kreuz *n.; pl.* Kreuze
cuaderno Heft *n.*
cuadra Stall *m.*
cuadro Bild *n.*, Gemälde *n.*
cual wie; **el** — welcher; **¿cuál?** welcher?
cualidad Eigenschaft *f.*
cualquiera wer (was) auch immer; irgendjemand, irgendeiner
cuan wie
cuando wann, wenn, als; **de — en** — von Zeit zu Zeit
cuanto wieviel; **cuanto... tanto** je... desto
cuarto Viertel *n.;* Zimmer *n.*
cuba Faß *n., pl.* Fässer
cubierto Gedeck *n.*
cubo Eimer *m.*
cubrir bedecken *insep. reg.*
cuchara Löffel *m.*, Eßlöffel *m.*
cucharilla Kaffeelöffel *m.*
cuchillo (Tisch)messer *n.*
cuello Hals *m.;* Kragen *m.*
cuenta Rechnung *f.*, **tomar en** — in Betracht ziehen *irr.*
cuento Märchen *n.*
cuerda Strick *m.*, Seil *n.*
cuerdo klug, schlau, vernünftig
cuerno Horn *n.*
cuero Leder *n.;* **en — s** nackt; **de** — ledern, aus Leder
cuerpo Körper *m.*, Leib *m.*
cuervo Rabe *m.; pl.* Raben
cueva Höhle *f.*, Keller *m.*
cuidado Vorsicht *f.;* **poner** — achtgeben *sep. irr.*
cuidadoso sorgfältig, achtsam
cuidar pflegen *reg.;* — **de** achtgeben (auf) *sep. irr.*
culpa Schuld *f.*
culpable schuldig
cultivar bebauen *insep. reg.*
cumplimiento Erfüllung *f.*
cumplir erfüllen *insep. reg.*
cuna Wiege *f.*
cuñado Schwager *m.*
curar heilen *reg.*
curioso neugierig; merkwürdig; reinlich
cuyo dessen, deren; wessen

CH

chaleco Weste *f.*
chaqueta Jacke *f.*
chico klein
chillar schreien *irr.*
chimenea Kamin *m.*, Schornstein *m.*
chispa Funke(n) *m.*
chiste Witz *m.*
chocar zusammenstoßen *sep. irr.*
chocolate Schokolade *f.*
chorizo Wurst *f.*
choza Hütte *f.*
chuleta Kotelett *n.*, Rippchen *n.*

D

dador Geber *m.;* Überbringer *m.*
Danubio Donau *f.*
dañar schaden *reg.*, Schaden zufügen
daño Schaden *m.;* Verlust *m.*
dar geben *irr.*
de von *dat.*, aus *dat.*
debajo (de) unter *dat. y ac.*
deber müssen, sollen, dürfen; schulden *reg.*, verdanken *insep. reg.*
deber Pflicht *f.*
débil schwach, matt
decadencia Verfall *m.*
decente anständig
decidir entscheiden *insep. irr.;* — **se** sich entschließen *insep. irr.*
decir sagen *reg.;* **¿qué quiere decir eso?** was soll das bedeuten? **¿qué quiere usted — con eso?** wie meinen Sie das?
declaración Erklärung *f.*
declarar erklären *insep. reg.*

dedicar widmen *reg.;* weihen *reg.*
dedo Finger *m.;* Zehe *f.*
deducir folgern *reg.*
defecto Fehler *m.*
defender verteidigen *insep. reg.*
defensa Verteidigung *f.*
defensor Verteidiger *m.*
dejar lassen *irr.*
delante vorn; — **de** vor *dat. y ac.*
delgado dünn; mager
demasiado: — **dinero** zuviel Geld; — **tiempo** zu lange (Zeit); — **alto** zu hoch; — **gastado** zu abgenutzt; **gastado** — zuviel ausgegeben
demostrar beweisen *insep. irr.*
denso dicht, dick
dentista Zahnarzt *m.*
dentro darin, innen; — **de** innerhalb *genit.;* binnen *dat. (gen.);* **por** — inwendig
depender abhängen *sep. irr.*
derecha recht; **a la** — rechts
derecho recht; gerade
desagradable unangenehm
desaparecer verschwinden *irr.*
desarrollarse sich entwickeln *insep. reg.*
desarrollo Entwick(e)lung *f.*
desatar losbinden *sep. irr.*
descansar ausruhen *sep. reg.*
descanso Ruhe *f.*
desconfiar mißtrauen *insep. reg.*
desconocido unbekannt, fremd
descontento unzufrieden
describir beschreiben *insep. irr.*
descubrimiento Entdeckung *f.*
descubrir entdecken; entblößen *insep. reg.*
descuidado nachlässig
descuidar vernachlässigen *ins. reg.*
descuido Nachlässigkeit *f.*
desde seit *dat.;* von *dat.;* — **luego** selbstverständlich; — **entonces** seitdem
desdichado unglücklich
desear wünschen *reg.*
desembarcar landen *reg.*
desembocadura Mündung *f.*
deseo Wunsch *m.*
desesperar verzweifeln *insep. reg.*
desgracia Unglück *n.*
desgraciado unglücklich
desierto Wüste *f.*
desierto wüst, unbewohnt
desigual ungleich, verschieden
desmayado ohnmächtig; schwach
desnudar ausziehen *irr.*, entkleiden *reg.*
desnudo bloß, nackt, entkleidet
desobediencia Ungehorsam *m.*
desorden Unordnung *f.*
despacho Arbeitszimmer, Kontor *n.;* **mesa de** — Schreibtisch *m.*
despacio langsam
despedazar zerreißen *insep. irr.*
despedida Abschied *m.*
despedir verabschieden *insep. reg.;* — **se** Abschied *m.*, nehmen *irr.*
despertar (auf)wecken *(sep.) reg.;* — **se** erwachen *insep. reg.*
despierto wach, munter, aufgeweckt
despreciable verächtlich, schlecht
despreciar verachten *insep. reg.*
desprecio Verachtung *f.*
después hernach, darauf; — **de** nach *dat.;* — **que** nachdem
desterrar verbannen *insep. reg.*
destinar bestimmen *insep. reg.*
destino Schicksal *n.*, Bestimmung *f.*
destrucción Zerstörung *f.*
destruir zerstören *insep. reg.;* vertilgen *insep. reg.*
desvergonzado unverschämt
detener gefangen nehmen *irr.;* anhalten *irr.;* — **se** sich aufhalten
detrás hinten; — **de** hinter
deuda Schuld *f.*
deudor Schuldner *m.*
devastar verwüsten *insep. reg.*

devolver zurückgeben *insep. irr.*
devorar verschlingen *sep. irr.*
día Tag *m.;* **un** — einst; **el otro** — neulich
diablo Teufel *m.*
diálogo Gespräch *n.*
diamante Diamant *m.*
diario Zeitung *f.*, Tageblatt *n.*
diario (all)täglich
dibujar zeichnen *reg.*
dibujo Zeichnung *f.*
diccionario Wörterbuch *n.*
diciembre Dezember *m.*
dictar diktieren *reg.*
dicha Glück *n.*
dichoso glücklich
diente Zahn *m.*
diferencia Verschiedenheit *f.*
diferente verschieden
difícil schwer, schwierig
dificultad Schwierigkeit *f.*
digno würdig, wert
diligente fleißig
dinero Geld *n.*
Dios Gott *m.*
dirigir richten; leiten; — **se** sich begeben *irr.*, sich wenden an *reg.*
discípulo Schüler *m.*, Jünger *m.*
discordia Uneinigkeit *f.*, Zwietracht *f.*
discreto verständig, taktvoll
disculpa Entschuldigung *f.*
disculpar entschuldigen *insep. reg.*
discurso Rede *f.*
disgusto Mißfallen *n.*, Verdruß *m.*
disminuir vermindern *insep. reg.*
disparate Unsinn *m.*
dispensar entschuldigen *insep. reg.*
dispersar auseinandertreiben *sep. irr.*
disponer verfügen *insep. reg.*
dispuesto geneigt, bereit
disputa Streit *m.*, Wortwechsel *m.*
distancia Entfernung *f.*, Abstand *m.*
distinguir unterscheiden *insep. irr.;* — **se** sich auszeichnen *sep. reg.*
distraído zerstreut, unachtsam
distribuir verteilen *insep. reg.*
divertir unterhalten *insep. irr.*
dividir (ein)teilen *sep. reg.*
divino göttlich
divisar erblicken *insep. reg.*
división Teilung *f.*, Einteilung *f.*
docena Dutzend *n.*
dócil gelehrig, folgsam
doler schmerzen *reg.*, wehe tun *irr.*
dolor Schmerz *m.;* — **de cabeza** Kopfschmerz *m.;* — **de muelas** Zahnschmerz *m.*
domingo Sonntag *m.*
don Gabe *f.*, Geschenk *n.*
doncella Kammermädchen *n.*
donde wo; **en** — wo; **adonde** wohin; **de** — woher
dorado golden, vergoldet
dorar vergolden *insep. reg.*
dormir schlafen *irr.*
dos zwei; **los** — beide
drama Drama *n.;* Schauspiel *n.*
duda Zweifel *m.;* **sin** — zweifellos
dudar zweifeln *reg.*
dudoso zweifelhaft, unzuverlässig
dueño Herr *m.*, Eigentümer *m.*
dulce süß
duque Herzog *m.; pl.* Herzöge
duración Dauer *f.*
durante während *gen.*
durar (fort)dauern *sep. reg.*, anhalten *sep. irr.*
duro hart

E

echar werfen *irr.;* gießen *irr.*
economía Sparsamkeit *f.*
económico sparsam
edad Alter *n.;* **¿qué edad tiene usted?** wie alt sind Sie? **mayor de** — mündig, großjährig

edificar (er)bauen *insep. reg.*
edificio Gebäude *n.*, Bau *m.*
editor Herausgeber *m.*, Verleger *m.*
educación Erziehung *f.*
educar erziehen *insep. irr.*
efecto Wirkung *f.;* Zweck *m.;* — s Sachen; **en** — in der Tat, wirklich
Egipto Ägypten *n.*
eje Achse *f.*
ejecución Ausführung *f.;* Hinrichtung *f.*
ejecutar ausführen *sep. reg.;* hinrichten *sep. reg.*
ejemplar Exemplar *n.*, Stück *n.*
ejemplo Beispiel *n.;* **por** — zum Beispiel
ejercicio Übung *f.;* Ausübung *f.*
ejercitar (aus)üben *(sep.) reg.*
ejército Heer *n.*, Armee *f.*
elección Wahl *f.*
elefante Elefant *m.*
elegir wählen *reg.*, auswählen *sep. reg.*
elocuente beredt
elogiar loben *reg.*
elogio Lob *n.*
embajada Gesandtschaft *f.*
embajador Gesandte *m.*
embarcación Fahrzeug *n.*, Schiff *n.*
embargo: sin — trotzdem, dennoch, jedoch, Beschlagnahme *f.*
embustero Betrüger *m.*, Lügner *m.*
embutido Wurst *f.*
emigrar auswandern *sep. reg.*
empaquetar einpacken *sep. reg.*
emperador Kaiser *m.*
empero doch, jedoch, indessen
empezar anfangen, anbrechen
empleado Angestellte *m.*, Beamte *m.*
emplear gebrauchen *insep. reg.;* anstellen *sep. reg.;* anwenden *sep. reg.*
empleo Stelle *f.*, Amt *n.*, Anstellung *f.*, Verwendung *f.*
emprender unternehmen *insep. irr.*
empresa Unternehmen *n.*
empujar stoßen *irr.*, schieben *irr.*
enamorado verliebt
encantador bezaubernd; *subst.* Zauberer *m.*
encargo Auftrag *m.*
encarnado rot
encender anzünden *sep. reg.*
encerrar einschließen *sep. irr.*
encima oben; — **de** über
encina Eiche *f.*
encontrar (be)finden *irr.*, antressen *sep. irr.*, begegnen *insep. reg.*
encuadernación Einband *m.*
encuadernador Buchbinder *m.*
enemigo Feind *m.*
enemistad Feindschaft *f.*
enero Januar *m.*
enfermedad Krankheit *f.*
enfermo krank
enfrente (de) gegenüber *dat.*
enfriarse erkalten *reg.*, kaltwerden
engañar täuschen *reg.*, betrügen *irr.*, hintergehen *insep. irr.*
engaño Betrug *m.*, Täuschung *f.*
engordar fett (dick) werden
enhorabuena; dar la — Glück wünschen *reg.*
enmendar verbessern *insep. reg.*
enorme ungeheuer
enriquecer bereichern *insep. reg.*
ensanchar ausdehnen *sep. reg.*, vergrößern *insep. reg.*
enseñanza Lehre *f.*, Unterricht *m.*
enseñar lehren, unterrichten; zeigen
ensuciar beschmutzen *insep. reg.*
entender hören *reg.*, verstehen *irr.*
entero, por — ganz, gänzlich
enterrar begraben *ins. irr.*
entierro Begräbnis *n.*

entonces alsdann, da(mals); **desde** – seitdem, von da an
entrada Eingang *m.*, Einzug *m.*
entrar eintreten *sep. irr.*
entre unter, zwischen; – **tanto** unterdessen
entregar übergeben *insep. irr.*
entretener unterhalten *insep. irr.*, die Zeit vertreiben *insep. irr.*
entusiasmo Begeisterung *f.*
enviar schicken *reg.*
envidia Neid *m.*, Eifersucht *f.*
envidiar beneiden *insep. reg.*
envidioso neidisch, mißgünstig
envolver einwickeln *sep. reg.*
época Zeitabschnitt *m.*, Epoche *f.*
equivocación Irrtum *m.*
equivocarse sich irren *reg.*
error Irrtum *m.*, Fehler *m.*
erudito gelehrt
esbelto schlank
escalera Treppe *f.*; Leiter *f.*
escapar entwischen *insep. reg.*, entfliehen *insep. irr.*; entrinnen *insep. irr.*
escarcha Reif *m.*
escarchar reifen *impers. reg.*
escaso spärlich, gering, knapp
esclavo Sklave *m.*
escoba Besen *m.*
escoger (aus)wählen *(sep.) reg.*
escogido auserlesen
esconder verbergen *irr.*, verstekken *reg.*
escopeta Flinte *f.*, Gewehr *n.*
escribir schreiben *irr.*
escritor Schriftsteller *m.*
escuchar (er)hören, horchen *reg.*
escuela Schule *f.*
escupir ausspeien *sep. irr.*
esfera Kugel *f.*
esforzarse sich bemühen *insep. reg.*
esmero Sorgfalt *f.*
espacio Raum *m.*
espacioso geräumig
espada Degen *m.*, Schwert *n.*
espalda Rücken *m.*
español spanisch; *subst.* Spanier *m.*
espectáculo Schauspiel *n.*
espectador Zuschauer *m.*
espejo Spiegel *m.*
esperanza Hoffnung *f.*
esperar hoffen *reg.*, (er)warten *reg.*
espiga Ähre *f.*
espina Dorn *m.*; Fischgräte *f.*
espíritu Geist *m.*; *pl.* Geister
esposa Gattin *f.*, Gemahlin *f.*
esposo (Ehe)gatte *m.*, Gemahl *m.*
espuela Sporn *m.*; *pl.* Sporen
espuma Schaum *m.*
esquela Zettel *m.*; Billett *n.*
esquina Ecke *f.*
establo Stall *m.*
estación Bahnhof *m.*; – **del año** Jahreszeit *f.*
estado Staat *m.*; Stand *m.*; Zustand *m.*
estallar platzen *reg.*; ausbrechen
estampa Kupferstich *m.*, Bild *n.*
estar sein, sich befinden *insep. irr.*
este dieser; *subst.* Osten *m.*
estimar schätzen, achten *reg.*
esto dieses; **por** – daher, darum, deshalb; **según** – demnach
estómago Magen *m.*; *pl.* Mägen
estorbar stören *reg.*, (ver)hindern *reg.*
estornudar niesen *reg.*
estrecho eng, schmal
estrella (fija) (Fix)stern *m.*
estudiar studieren, lernen *reg.*
estufa Ofen *m.*; *pl.* Öfen
eterno ewig
europeo europäisch; Europäer *m.*
evaporar(se) verdunsten *insep. reg.*
evidente augenscheinlich
exacto genau, pünktlich, exakt
examinar prüfen, untersuchen *insep. reg.*
excelente ausgezeichnet, (vor)trefflich

excepción Ausnahme *f.*
excepto ausgenommen, außer *dat.*
exclamar ausrufen *sep. irr.*
exigir fordern *reg.; verlangen reg.*
existir vorhanden sein, da sein
éxito Ausgang *m.*, Erfolg *m.*
experiencia Erfahrung *f.*
explicar erklären *insep. reg.*
exponer aussetzen *sep. reg.*
expresar ausdrücken *sep. reg.*
expresión Ausdruck *m.*
expresivo ausdrucksvoll
extender ausdehnen *sep. reg.*, verbreiten *insep. reg.*; — **se** sich erstrecken *insep. reg.*
exterior äußerlich; das Äußere
extranjero fremd, ausländisch; Ausländer *m.*, Fremde *m.*
extraño fremd; sonderbar, seltsam
extraordinario außerordentlich
extraviarse sich verirren *insep. reg.*, verlorengehen *irr.*

F

fábrica Fabrik *f.*
fábula Fabel *f.*
fácil leicht
facilidad Leichtigkeit *f.*
facilitar erleichtern *insep. reg.*
factura Warenrechnung *f.*, Faktur *f.*
falda Rock *m.*, Frauenrock *m.*
fallo Urteil *n.*, Entscheidung *f.*
falso falsch
falta Fehler *m.*, Mangel *m.*; **a — de** in Ermangelung von; **por — de** aus Mangel an, **me hace —** ich brauche (es)
faltar fehlen *reg.*
fama Ruf *m.*, Gerücht *n.*
familia Familie *f.*
famoso berühmt
fatiga Mühe *f.*, Arbeit *f.*
favor Gunst *f.*
favorable günstig
favorecer begünstigen *insep. reg.*
fe Glaube *m.*; **a — mía** meiner Treu
febrero Februar *m.*
fecha Datum *n.*
felicidad Glück *n.*
feliz glücklich
feo häßlich
feroz wild
ferrocarril Eisenbahn *f.*
fértil fruchtbar
fiebre Fieber *n.*
fiel treu
fiesta Fest *n.*; **día de —** Festtag, Feiertag *m.*
fijar befestigen *insep. reg.*, festsetzen *sep. reg.*; du setz(es)t fest
fijo fest, unbeweglich, sicher
fila Reihe *f.*
fin Ende *n.*, Zweck *m.*, Ziel *n.*; **a — de que** damit; **por —** endlich; **¿para qué fin?** wozu?
fingir sich verstellen, sich stellen als
fino fein, ausgesucht
firma Namensunterschrift *f.*
firmar unterzeichnen *insep. reg.*, unterschreiben *insep. irreg.*
firme fest
firmeza Festigkeit *f.*
flaco mager, dürr
flexible biegsam
flojo schwach; locker
flor Blume *f.*, Blüte *f.*
florecer blühen *reg.*
fonda Gasthaus *n.*
fondo Grund *m.*; Hintergrund *m.*
forastero fremd; Fremde *m.*
forma Form *f.*, Gestalt *f.*
formar bilden *reg.*
fortaleza Festung *f.*
fortuna Glück *n.*; Vermögen *n.*; **por —** zum Glück, glücklicherweise
forzoso notwendig, zwingend
frágil zerbrechlich

francés französisch; Franzose *m.*
frase Satz *m.*
fraternal brüderlich
frecuentemente häufig
frente Stirn(e) *f.;* Vorderseite *f.*, – **a, enfrente de** gegenüber *dat.*
fresa Erdbeere *f.*
fresco frisch
frío kalt; *subst.* Kälte *f.*
frontera Grenze *f.*
frugal einfach; genügsam, mäßig
fruta Obst *n.;* – **o** Frucht *f.*
fuego Feuer *n.;* Lebhaftigkeit *f.*
fuente Quelle *f.*, Springbrunnen *m.*
fuera draußen, hinaus, auswärts; – **de** außer *dat.*, außerhalb *genit.*
fuerte stark, fest
fuerza Gewalt *f.*, Kraft *f.*
fugitivo flüchtig; *subst.* Flüchtling *m.*
fumar rauchen *reg.*
fundar (be)gründen *(insep.) reg.*
furioso wütend, rasend
fusil Flinte *f.*, Gewehr *n.*
futuro zukünftig; Zukunft *f.*

G

gabán Mantel *m.*, Überrock *m.*
gallardo stattlich, schmuck
gallina Henne *f.*, Huhn *n.*
gallo Hahn *m.*
gana Lust *f.;* Appetit *m.;* **tener** – Lust haben, mögen; **de buena** – gern; **de mala** – ungern
ganancia Gewinn *m.*, Nutzen *m.*, Vorteil *m.*, Verdienst *m. n.*
ganar gewinnen *irr.*, verdienen *reg.*
gancho Haken *m.; pl.* Haken
ganso Gans *f.*
garganta Kehle *f.*, Gurgel *f.*
gastar ausgeben *sep. irr.*
gasto Ausgabe *f.; pl.* Unkosten
gato Katze *f.*
gemelos Zwillinge *pl.;* Opernglas *n.;* Manschettenknöpfe *pl.*
gemir seufzen *reg.;* du seufz(es)t
general allgemein; General *m.*
generalmente gewöhnlich
género Geschlecht *n.; pl.* – er; Stoff *m.*
generoso freigebig
gente Leute *pl.*
gesto Miene *f.*, Gebärde *f.*
gloria Ruhm *m.*, Ehre *f.*
gobernar regieren, lenken *reg.*
gobierno Regierung *f.*
golpe Schlag *m.;* Stoß *m.*
gordo fett, dick
gorra Kappe *f.*, Mütze *f.*
gorrión Sperling *m.*
gota Tropfen *m.;* Gicht *f.*
gozar sich erfreuen *insep. reg.*
gozo Freude *f.*
gracia Anmut *f.;* Gnade *f.;* **dar** – **s** danken *reg.*, sich bedanken
gracioso anmutig, reizend
grado Grad *m.;* **de** – freiwillig; **en sumo** – äußerst
grande groß
granizar hageln *impers. reg.*
grano Korn *n.*
grasa Fett *n.*
gratitud Dankbarkeit *f.*
gritar schreien *irr.*
grosero grob, plump, ungeschliffen
grueso dick, beleibt
guante Handschuh *m.; pl.* -schuhe
guarda Wächter *m.*, Aufseher *m.*
guardar aufheben *sep. irr.*
guerra Krieg *m.*
guerrero, kriegerisch; Krieger *m.*
guía Führer *m.*, Wegweiser *m.;* – *f.* Reisehandbuch *n.*
guiar führen *reg.*, lenken *reg.*
guinda Sauerkirsche *f.*

guisar kochen *reg.*
gusano Wurm *m.*
gustar gefallen *irr.;* schmecken *reg.*
gusto Geschmack *m.*, Vergnügen *n.*
gustoso gern

H

haber haben; – **de** sollen
hábil geschickt
habilidad Geschicklichkeit *f.*
habitación Wohnung *f.*, Gemach *n.*
habitante Be-, Einwohner *n.*
habitar (be)wohnen *insep. reg.*
hablar sprechen *irr.*, reden *reg.*
hacer machen *reg.*, tun *irr.;* – **como** sich stellen als ob
hace frío es ist kalt
hacia gegen *ac.*, nach *dat.*
hacienda Vermögen *n.*, Landgut *n.*
hacha Axt *f.*, Beil *n.*
halagar schmeicheln
hallar finden *irr.;* – **se** sich befinden *insep. irr.*
hambre Hunger *m.;* **tener** – hungrig sein
harina Mehl *n.*
hasta bis, sogar; – **ahora** bisher
hay es gibt
hebra Faden *m.;* Faser *f.*
hecho Tat *f.*, Tatsache *f.*
helar (ge)frieren *impers. irr.*
heno Heu *n.*
heredero Erbe *m.*
herencia Erbe *n.*, Erbteil *n.*
herida Wunde *f.*
herir verwunden *insep. reg.*
hermana Schwester *f.*
hermano Bruder *m.; pl.* Geschwister
hermoso schön
hermosura Schönheit *f.*
héroe Held *m.*
herrero Schmied *m.*
herrería Schmiede *f.*
hervir sieden *irr.;* kochen *reg.*
hielo Eis *n.*
hierro Eisen *n.;* **de** – eisern
hija Tochter *f.*
hijo Sohn *m.;* Kind *n.*
hilera Reihe *f.*
hilo Faden *m.;* Zwirn *m.*
historia Geschichte *f.*
hoja Blatt *n.;* – **lata** Blech *n.*
holgazán Faulenzer *m.*
hombre Mensch *m.;* Mann *m.*
hombro Schulter *f.*, Achsel *f.*
hondo tief
honra Ehre *f.*, Achtung *f.*
honradez Ehrlichkeit *f.*
honrado ehrlich, rechtschaffen
hora Stunde *f.;* **¿qué hora es?** wieviel Uhr ist es?
horno Backofen *m.; pl.* -öfen
horrible schrecklich, scheußlich
hospital Krankenhaus *n.*, Hospital *n.*
hoy heute
hueso Knochen *m.*, Kern *m.*
huésped Gast *m.*
huevo Ei *n.*
huir (ent)fliehen, vermeiden
humano menschlich
húmedo feucht, naß
humilde bescheiden, demütig
humo Dunst *m.*, Rauch *m.*
humor Laune *f.*, Stimmung *f.;* **mal** – schlechte Laune

I

idea Idee *f.*, Gedanke(n) *m.*
idioma Sprache *f.*
iglesia Kirche *f.*
ignorancia Unwissenheit *f.*
ignorante unwissend
igual gleich
iluminar erleuchten *insep. reg.*
ilustre berühmt, erlaucht

imagen Bild *n.*
imaginación Einbildungskraft *f.*
imaginar einbilden *sep. reg.*
imitar nachahmen *sep. reg.*
impaciente ungeduldig
imparcialidad Unparteilichkeit *f.*
impedir (ver)hindern *insep. reg.*, wehren *dat.*
imperio Kaiserreich *n.*, Kaisertum *n.*, Herrschaft *f.*
impertinente unverschämt
importancia Wichtigkeit *f.*, Ansehen *n.*
importante wichtig
importar betragen *insep. irr.*; **¿qué importa?** was liegt daran? **no — (nada)** es liegt nichts daran, es hat nichts zu bedeuten
importe Betrag *m.*, Summe *f.*
imposible unmöglich
imprenta Buchdruckerei *f.*
impresión Eindruck *m.*; Druck *m.*
impreso gedruckt; Drucksache *f.*
imprimir drucken *reg.*; **arte de —** Buchdruckerkunst *f.*
incalculable unberechenbar
incapaz unfähig
incauto unvorsichtig
incendio Feuersbrunst *f.*
incesante unaufhörlich
incierto unsicher, ungewiß
inclinarse sich neigen, sich bükken
incluir einschließen *irr.*; beifügen
incomodar belästigen *insep. reg.*; **— se** ärgerlich werden
incómodo unbequem
incomprensible unbegreiflich
increíble unglaublich
indeciso unentschieden, unentschlossen
indicar angeben *sep. reg.*
indiferente gleichgültig
indigno unwürdig
indispensable unerläßlich
indudable unzweifelhaft
inesperado unverhofft
infancia Kindheit *f.*
infeliz unglücklich
infiel untreu
infierno Hölle *f.*
infinito unendlich
influencia Einfluß *m.*
informar benachrichtigen *insep. reg.*; **— se** sich erkundigen *insep. reg.*
ingenioso geistreich, geistvoll, sinnreich
ingratitud Undankbarkeit *f.*
ingrato undankbar
injusto ungerecht
inmenso unermeßlich
inmortal unsterblich
inmóvil unbeweglich
inocente unschuldig
inquieto unruhig
inscribir einschreiben *sep. irr.*
insecto Insekt *n.*; *pl.* — en
insignificante unbedeutend
insolencia Frechheit *f.*, Unverschämtheit *f.*
instante Augenblick *m.*
instruir unterrichten *insep. reg.*, belehren *insep. reg.*
instrumento Werkzeug *n.*, Instrument *n.*; **tocar un —** ein Instrument spielen
insultar beleidigen, beschimpfen
insulto Beleidigung *f.*
inteligente begabt, einsichtsvoll
intención Absicht *f.*
interés Interesse *n.*, Nutzen *m.*, Vorteil *m.*, Gewinn *m.*, Zins *m.*
interrumpir unterbrechen *insep. irr.*
inundar überschwemmen *insep. reg.*
inútil unnütz, vergeblich
invención Erfindung *f.*
inventar erfinden *insep. irr.*

inventor Erfinder *m.*
invierno Winter *m.*
invisible unsichtbar
involuntario unfreiwillig
ir geh(e)n *irr.*; — **montado** reiten *irr.*; — **por** holen *reg.*; — **allá** hingehen *sep. irr.*
iris: arco — Regenbogen *m.*
irregular unregelmaßig
isla Insel *f.*
izquierdo link, links

J

jabón Seife *f.*
jamás nie, niemals
jamón Schinken *m.*
jardín Garten *m.*
jardinero Gärtner *m.*
jarro Krug *m.*
jaula Käfig *m.*
jefe Vorstand *m.*, Chef *m.*, Vorgesetzte *m.*
jornalero Taglöhner *m.*
joven jung; Jüngling *m.*
juego Spiel *n.*
jueves Donnerstag *m.*
juez Richter *m.*
jugar spielen *reg.*
jugo Saft *m.*
juicioso artig, verständig
julio Juli *m.*
junio Juni *m.*
junto zusammen; — **a** nahe bei
jurar schwören *irr.*
justicia Gerechtigkeit *f.*, Justiz *f.*
justo (ge)recht, richtig; Gerechte *m.*
juventud Jugend *f.*
juzgar (be)urteilen *reg.*, richten *reg.*

K

kilogramo Kilogramm *n.*; *pl.* -e

L

labio Lippe *f.*
laborioso arbeitsam
labrador Landmann *m.*, Bauer *m.*
labrar (be)arbeiten *(insep.) reg.*, bebauen *insep. reg.*
lado Seite *f.*; **de este** — diesseit(s) *genit.*; **al** — **de** neben
ladrar bellen *reg.*
ladrón Dieb *m.*, Räuber *m.*
lago See *m.*
lágrima Träne *f.*
lámina Bild *n.*
lámpara Lampe *f.*, Laterne *f.*
lana Wolle *f.*
lapicero, lápiz Bleistift *m.*
largo lang; **a lo** — **de** entlang *ac.*, längs *genit.*
lástima: dar — Mitleid erregen *insep. reg.*; **¡qué** — **!** wie schade!
látigo Peitsche *f.*
latín lateinisch
latir klopfen *reg.*; schlagen *irr.*
laudable lobenswert, löblich
lavar (ab)waschen *(sep.) irr.*
lazo Schleife *f.*, Schlinge *f.*
lección Lektion *f.*, Unterricht *m.*
leche Milch *f.*
lechera Milchfrau *f.*; *pl.* — frauen
leer lesen *irr.*; **volver a** — wieder lesen *irr.*
legua Meile *f.*
lejos weit, fern; **a lo** — in der Ferne; **no** — **de** unweit *genit.*
lengua Zunge *f.*, Sprache *f.*
leña Brennholz *n.*
león Löwe *m.*; — **a** Löwin *f.*
letra Buchstabe *m.*, Schrift *f.*
levantar aufheben *sep. irr.*
levantarse aufstehen *sep. irr.*
ley Gesetz *n.*
libertad Freiheit *f.*
libra Pfund *n.*; *pl.* Pfunde
librar befreien *insep. reg.*, erlösen *insep. reg.*

libre frei
librero Buchhändler *m.*
libro Buch *n.*
liebre Hase *m.*
ligero leicht, flüchtig, hurtig
limitar beschränken *insep. reg.*, begrenzen *insep. reg.*
límite Grenze *f.*
limosna Almosen *n.*; **pedir** — betteln *reg.*
limpiar reinigen *reg.*, putzen *reg.*
limpio rein, sauber
lindo hübsch, zierlich, hold
línea Linie *f.*
lío Pack *m.*; *pl.* Packe, Päcke
líquido flüssig; *subst.* Flüssigkeit *f.*
liso glatt
lisonja Schmeichelei *f.*
lisonjear schmeicheln *reg.*
lista Liste *f.*, Verzeichnis *n.*
listo bereit, fertig; begabt
litro Liter *n.*
lo das; es
lobo Wolf *m.*
lograr gelingen *irr.*; erlangen *insep. reg.*
lomo Lende *f.*, Rücken *m.*
lucha Kampf *m.*, Streit *m.*
luchar kämpfen *reg.*, ringen *irr.*
lucir leuchten *reg.*, glänzen *reg.*
luego nachher, später; folglich
lugar Ort *m.*, Platz *m.*; **tener** — stattfinden *sep. irr.*; **en** — **de** statt, anstatt *genit.*
lujo Luxus *m.*, Aufwand *m.*
lumbre Feuer *n.*; **encender** — Feuer anmachen, einheizen *sep. reg.*
luna Mond *m.*; *pl.* Monde
lunes Montag *m.*
luz Licht *n.*

Ll

llama Flamme *f.*
llamar rufen *irr.*, nennen, (an)klopfen *(sep.) reg.*; — **se** heißen *irr.*
llano eben, einfach; Ebene *f.*
llanura Ebene *f.*
llave Schlüssel *m.*
llegada Ankunft *f.*
llegar ankommen *sep. irr.*, — **a ser** werden *irr.*
llenar (an)füllen *(sep.) reg.*
lleno voll
llevar (fort)tragen *(sep.) irr.*; bringen; — **se** mitnehmen *sep. irr.*
llorar weinen *reg.*
llover regnen *impers. reg.*
lluvia Regen *m.*

M

madera Holz *n.*
madre Mutter *f.*
madrugar früh aufstehen *sep. irr.*
madurar reifen *reg.*
maduro reif
maestra Lehrerin *f.*
maestro Meister *m.*; Lehrer *m.*
magnífico prächtig, herrlich
mal schlecht
maleta Handkoffer *m.*
malgastar verschwenden *insep. reg.*
malo böse, schlecht, unartig
maltratar mißhandeln *insep. reg.*
mancha Fleck(en) *m.*
manchar beschmutzen *insep. reg.*
mandar befehlen *irr.*; anführen *sep. reg.*; schicken *reg.*, senden, sandte, gesandt
manera Art *f.*, Weise *f.*
manga Ärmel *m.*
mango Stiel *m.*; Federhalter *m.*
mano Hand *f.*
manso sanft, zahm
manta Decke *f.*
manteca Butter *f.*, Schmalz *n.*
mantel Tischtuch *n.*; *pl.* -tücher
mantener ernähren *insep. reg.*
manzana Apfel *m.*
manzano Apfelbaum *m.*

mañana morgen; Morgen *m.*, Vormittag *m.;* **pasado** — übermorgen
mapa Landkarte *f.*
máquina Maschine *f.*
mar Meer *n.*, See *f.*
maravilla Wunder *n.*
maravilloso wunderbar
marcha Marsch *m.;* Gang *m.*
marchar gehen *irr.;* marschieren; — **se** weggehen *sep. irr.*
marchito welk, dürr
margen Rand *m.*; Ufer *n.*
marinero Seemann *m.*, Matrose *m.*
mariposa Schmetterling *m.*
mármol Marmor *m.*
martes Dienstag *m.*
martillo Hammer *m.*; *pl.* Hämmer
marzo März *m.*
mas aber, allein; **más** mehr; **poco más o menos** ungefähr
masa Masse *f.*
mascar kauen *reg.*
máscara Maske *f.*
matar töten *reg.*
materia Stoff *m.*, Materie *f.*
matrimonio Ehe *f.*, Ehepaar *n.*
mayo Mai *m.*
mayor größer; älter
mecha Docht *m.; pl.* Dochte
media Strumpf *m.*
mediados: a — de (in der) Mitte
mediano mittelmäßig
mediante vermittelst *genit.*
medicamento Arzneimittel *n.*
médico Arzt *m.*
medida Maß *n.; pl.* Maße
medio halb
medio Mittel *n.;* **en — de** inmitten; **por — de** mittels *genit.;* **¿por qué —?** wodurch?
mediodía Mittag *m.;* Süden *m.*
medir messen *irr.*
meditar nachdenken *sep. reg.*
Mediterráneo Mittelmeer *n.*
mejilla Wange *f.*, Backe *f.*
mejor besser
melocotón Pfirsich *m.*
memoria Gedächtnis *n.*, Andenken *n.;* **de** — auswendig
mencionar erwähnen *insep. reg.*
mendigo Bettler *m.*
menos weniger, minder; **por lo** — mindestens, wenigstens; **tanto** — um so weniger
menospreciar verachten *insep. reg.*
mensajero Bote *m.*
mentir lügen *irr.*
mentira Lüge *f.*
mentiroso lügenhaft
menudo klein, winzig; **a** — oft
mercado Markt *m.*
merecer verdienen *insep. reg.*
meridional südlich
mérito Verdienst *n.*, Wert *m.*
mes Monat *m.*
mesa Tisch *m.*
metal Metall *n.*, Erz *n.*
meter stellen *reg.;* legen *reg.;* —**se en algo** sich in etwas mischen *reg.*
metro Meter *n.*
mezclar mischen *reg.*, vermischen *insep. reg.*
miedo Furcht *f.*, Angst *f.*
miedoso furchtsam
miel Honig *m.*
miembro Glied *n.*, Mitglied *n.*
mientras während
miércoles Mittwoch *m.*
miga Krume *f.*
milagro Wunder *n.*
minuto Minute *f.*
mirada Blick *m.*
mirar an-, hinsehen *sep. irr.*
miseria Elend *n.*, Not *f.*
misericordia Barmherzigkeit *f.*
misericordioso barmherzig
mismo selbst; **el** — derselbe, der nämliche; **ahora** — soeben; **lo mismo... que** sowohl... als
mitad Hälfte *f.*

modelo Muster *n.*, Vorlage *f.*
moderar mäßigen *reg.*
modestia Bescheidenheit *f.*
modesto bescheiden
modo Art *f.*, Weise *f.*; **de — que** so daß
mojado naß
mojar anfeuchten *sep. reg.*, naß machen; **— se** naß werden
molestar belästigen *insep. reg.*
molesto lästig
molinero Müller *m.*
molino Mühle *f.*; **— de viento** Windmühle *f.*
momento Augenblick *m.*
monarca Monarch *m.*
moneda Münze *f.*, Geldstück *n.*
monje Mönch *m.*
mono Affe *m.*
montaña Berg *m.*, Gebirge *n.*
montar reiten *irr.*; (be)steigen *irr.*
monte Berg *m.*
montón Haufe(n) *m.*
monumento Denkmal *n.*; *pl.* Denkmäler
morder beißen *irr.*
morir sterben *irr.*
mortal sterblich; tödlich
mosca Fliege *f.*
mosquito Mücke *f.*
mostrar zeigen *reg.*
motivo Grund *m.*
mover bewegen *insep. reg.*
movimiento Bewegung *f.*
mozo Bursch(e) *m.*; Kellner *m.*
muchacha Mädchen *n.*; Magd *f.*
muchacho Knabe *m.*, Junge *m.*
mucho viel, sehr; **— s** viele, mancher
mudarse aus-, umziehen *sep. irr.*
mudo stumm
mueble Möbel *n.*
muela Backenzahn *m.*; *pl.* —zähne
muerte Tod *m.*
muerto tot; getötet; *subst.* Tote *m.*
muestra Probe *f.*, Muster *n.*, Schild *n.*
mujer Frau *f.*
multitud Menge *f.*, Schar *f.*
mundo Welt *f.*; **todo el —** jedermann
muñeca Puppe *f.*, Handgelenk *n.*
muralla Mauer *f.*
muro Mauer *f.*
música Musik *f.*
muy sehr; **— a menudo** sehr oft; **— de prisa** eiligst, sehr schnell

N

nacer geboren werden
nada nichts
nadie niemand, keiner
naranja Apfelsine *f.*, Orange *f.*
nariz Nase *f.*
nata Rahm *m.*, Sahne *f.*
natal: pueblo — Geburtsort *m.*
natural natürlich **— (de)** gebürtig (aus)
naufragar scheitern *reg.*
navaja (Taschen)messer *n.*, **— de afeitar** Rasiermesser *n.*
navío Schiff *n.*
necesario nötig, notwendig
necesitar bedürfen, brauchen *reg.*
negar leugnen *reg.*, abschlagen *irr.*
negarse sich weigern *reg.*
negligente nachlässig
negocio Geschäft *n.*, Angelegenheit *f.*
negro schwarz; *subst.* Neger *m.*
nevar schneien *impers. reg.*
ni ... ni weder ... noch
nido Nest *n.*
niebla Nebel *m.*
nieto Enkel *m.*
nieve Schnee *m.*
ningún kein
ninguno keiner, niemand
niña Mädchen *n.*

niñez Kindheit *f.*
niño Kind *n.*, Knabe *m.*
no nein; nicht; **no... todavía** noch nicht
noble edel, adelig
noche Nacht *f.*, Abend *m.*, **de** – abends; **buenas**–**s** guten Abend
nocivo schädlich
nombrar nennen, ernennen *insep.*
nombre Name(n) *m.*
norte Norden *m.*
notable merkwürdig, bedeutend
notar merken *reg.*, bemerken *insep.*
noticia Nachricht *f.*, Kunde *f.*
novela Novelle *f.*, Roman *m.*
novia Braut *f.*
noviembre November *m.*
novio Bräutigam *m.*
nube Wolke *f.*
nuca Genick *n.*, Nacken *m.*
nudo Knoten *m.*
nuera Schwiegertochter *f.*
nuevo neu, frisch; **de**–von neuem, wieder; **qué hay de** – was gibt es Neues
nuez Nuß *f.*
número Zahl *f.*, Anzahl *f.*, Nummer *f.*, **sin** – unzählig
numeroso zahlreich
nunca nie, niemals
nutritivo nahrhaft

O

o oder; **o ... o** entweder ... oder
obedecer gehorchen *insep. reg.*
obediente gehorsam
objeto Gegenstand *m.*, Zweck *m.*, Ziel *n.*
obligar zwingen *irr.*
obra Werk *n.*
obrar handeln *reg.*
obrero Arbeiter *m.*
obscuro dunkel, finster; **a** – **as** im Finstern
obsequiar bewirten *insep. reg.*
obsequio Geschenk *n.*, Gefälligkeit *f.*
observación Bemerkung *f.*
observar beobachten, bemerken *reg.*
obstante: no – ungeachtet, trotz *genit.*; trotzdem, nichtsdestoweniger, dennoch
obtener erlangen, erreichen *reg.*
ocasión Gelegenheit *f.*
ocasionar verursachen *insep.. reg.*
occidental westlich, abendländisch
octubre Oktober *m.*
ocupación Beschäftigung *f.*
ocupar beschäftigen *insep. reg.*
oeste Westen *m.*
ofender beleidigen *insep. reg.*
ofensa Beleidigung *f.*
oficial Offizier *m.*; Geselle *m.*
oficina Amtszimmer *n.*, Bureau *n.*
oficio Handwerk *n.*
ofrecer (an)bieten *sep. irr.*
oído Gehör *n.*, Ohr *n.*
oir (an)hören *(sep.) reg.*
ojo Auge *n.*
ola Welle *f.*, Woge *f.*
oler riechen *irr.*
olor Geruch *m.*
olvidar vergessen *irr.*
omitir auslassen *sep. irr.*
opinión Meinung *f.*, Ansicht *f.*
oponerse sich widersetzen *insep. reg.*
oración Gebet *n.*; Satz *m.*
orador Redner *m.*
orar beten *reg.*
orden *m.* Ordnung *f.*
orden *f.* Befehl *m.*
ordenar befehlen *irr.*
oreja Ohr *n.*
orgullo Stolz *m.*, Hochmut *m.*
orgulloso stolz, hochmütig
orilla Saum *m.*; Rand *m.*; Ufer *n.*; **a** – **s del Tajo** am Tajo
oro Gold *n.*

oso Bär *m.;* — **blanco** Eisbär *m.*
otoño Herbst *m.*
otro ander; noch ein
oveja Schaf *n.*

P

paciencia Geduld *f.*
padecer leiden *irr.*
padre Vater *m.;* — **s** Eltern
paga Zahlung *f.*, Lohn *m.*, Sold *m.*
pagar (be)zahlen *(insep.) reg.*
página Seite *f.*
país Land *n.*
paja Stroh *n.*
pájaro (Sing)vogel *m.*
palabra Wort *n.*
palacio Palast *m.*, Schloß *n.*
palangana Waschbecken *n.*
pálido bleich, blaß
paloma Taube *f.*
palpitar schlagen *irr.*, pochen *reg.*
pan Brot *n.*
panadero Bäcker *m.*
pantalón Hose *f.*
paño Tuch *n.;* Stoff *m.*
pañuelo Tuch *n.;* — **de bolsillo** Taschentuch *n.*
papel Papier *n.;* — **de cartas** Briefpapier *n.*
paquete Paket *n.*, Pack *m.*
par Paar *n.*
para für *ac.;* um zu; — **que** damit; als daß
parada Aufenthalt *m.*
paraguas Regenschirm *m.*
parar an-, aufhalten *sep. irr.;* — **se** stehenbleiben *irr.*
parecer Meinung *f.*, Anschein *m.;* **al** — dem Anschein nach
parecer scheinen *irr.;* gleichen *irr.*
parecido ähnlich
pared Wand *f.*, Mauer *f.*
pareja Paar *n.*
pariente Verwandte *m.*
párpado Augenlid *n.*
parra Weinstock *m.*
parte Teil *m.*, Anteil *m.;* **en otra** — anderswo; **en alguna** — irgendwo; **en ninguna** — nirgends; **en** — teils, teilweise; **en todas** — **s** überall; **por otra** — überdies
participar mitteilen *reg.*, teilnehmen *sep.*
partida Abreise *f.*
partir teilen *reg.*, abgehen *irr.*, abreisen *sep. reg.*
pasado vergangen, vorig
pasajero vorübergehend
pasar vorübergehen *irr.*, vergehen *irr.;* zubringen *sep.*
pasear spazierengehen *irr.*
paseo Spaziergang *m.*
pasillo Gang *m.*
pasión Leidenschaft *f.*
paso Schritt *m.;* Übergang *m.;* Gang *m.;* **al** — im Schritt; **de** — im Vorbeigehen, beiläufig
pasto Weide *f.*
pastor Hirt *m.*, Schäfer *m.*
patata Kartoffel *f.*
patio Hof *m.*
pato Ente *f.*
patria Vaterland *n.*
paz Friede(n) *m.;* **hacer las paces** Frieden schließen *irr.*
pecado Sünde *f.*
pecho Brust *f.*, Busen *m.*
pedazo Stück *n.;* **hacer** — **s** zerbrechen *irr.*, zerschlagen *insep. irr.*
pedido Bestellung *f.*
pedir (er)bitten *irr.*, verlangen *reg.*, bestellen *insep. reg.*, fordern *reg.*
peinar kämmen *reg.*
peine Kamm *m.*
pelear kämpfen *reg.*
peligro Gefahr *f.*
peligroso gefährlich

pelo Haar *n.*
pelota Ball *m.*
pena Schmerz *m.*, Kummer *m.*; **valer la** – sich verlohnen *insep. reg.*
península Halbinsel *f.*
pensar (ge)denken, bedenken
peor schlechter, schlimmer
pequeño klein, gering
pera Birne *f.*
peral Birnbaum *m.*
percibir vernehmen *irr.*; erhalten *irr.*
perder verlieren *irr.*; verderben *irr.*; – **se** sich verlieren
pérdida Verlust *m.*
perdón Verzeihung *f.*, Vergebung *f.*
perdonar verzeihen *insep. irr.*
perecer umkommen *sep. irr.*
pereza Faulheit *f.*, Trägheit *f.*
perezoso faul, träge
perfecto vollkommen
periódico Zeitschrift *f.*, Zeitung *f.*
período Periode *f.*
perjudicar schaden *(con dat.)*
permanecer bleiben *irr.*
permiso Erlaubnis *f.*; **tener** – Erlaubnis haben, dürfen
permitir erlauben *reg.*
pero aber, allein
perrito Hündchen *n.*
perro Hund *m.*; – **de caza** Jagdhund *m.*
perseguir verfolgen *insep. reg.*
persiana Fensterladen *m.*
persona Person *f.*
personal persönlich
persuadir überzeugen *insep. reg.*
pertenecer gehören *insep. reg.*
pesado schwer, lästig
pesar wiegen *irr.*; **a** – **de** trotz *gen.*; dessenungeachtet, obgleich
pescado Fisch *m.*
peso Gewicht *n.*; Last *f.*
pestaña Augenwimper *f.*
petición Bitte *f.*, Gesuch *n.*
pez Fisch *m.*; **la** – Pech *n.*
pie Fuß *m.*; **al** – am Fuße, unten
piedra Stein *m.*; – **preciosa** Edelstein *m.*
piel Haut *f.*, Fell *n.*
pierna Bein *n.*
pieza Stück *n.*, Geldstück *n.*
pino Fichte *f.*
pintado bunt; bemalt
pintar malen *reg.*, anstreichen *irr.*; schildern *reg.*
pintor Maler *m.*
pintoresco malerisch
pipa Pfeife *f.*
pisar mit Füßen treten *irr.*
piso Fußboden *m.*, Stockwerk *n.*
placer Vergnügen *n.*; Genuß *m.*
plan Plan *m.*
plana Seite *f.*
planchar bügeln *reg.*
planeta Planet *m.*
plano Fläche *f.*
planta Pflanze *f.*
plata Silber *n.*; **de** – silbern
plato Teller *m.*; Gericht *n.*
plaza Platz *m.*; **sentar** – Soldat werden
pleito Prozeß *m.*
pliego Bogen *m.* (Papier)
plomo Blei *n.*
pluma Feder *f.*; – **metálica** Stahlfeder *f.*; – **estilográfica** Füllhalter *m.*
población Bevölkerung *f.*; Ort *m.*
pobre arm
pobreza Armut *f.*
poco wenig, gering; – **a** – nach und nach, allmählich, langsam; **por** – beinahe, fast; **demasiado** – zu wenig; **hace** – kürzlich, unlängst
poder Macht *f.*, Vollmacht *f.*
poder können, dürfen
poderoso mächtig, gewaltig

podrido faul
poeta Dichter *m.*
polvo Staub *m.;* Pulver *n.*
pólvora Schießpulver *n.*
poner setzen, legen, (hin) stellen *reg.*
por durch *ac.*, von *dat.*, aus *dat.*, gegen *ac.*, für *ac.*, über
por más que so sehr auch
porción Teil *m.*
porque denn, weil
portamonedas Börse *f.*
portero Pförtner *m.*
posesión Besitz *m.*
poseer besitzen *irr.*
posible möglich
postres Nachtisch *m.*
pozo Brunnen *m.*
prado Wiese *f.;* Weide *f.*
precaución Vorsicht *f.;* **con** — vorsichtig
precio Preis *m.*
precioso kostbar, herrlich
preciso nötig
preferir vorziehen *sep. irr.*
pregunta Frage *f.*
preguntar fragen *reg.*
premiar belohnen *insep. reg.*
premio Belohnung *f.*, Preis *m.*
prender gefangennehmen *sep. irr.*
preparación Vor-, Zubereitung *f.*
preparar (zu-, vor-)bereiten *reg.*
presencia Gegenwart *f.*
presenciar beiwohnen *sep. reg.*
presentar vorzeigen, vorstellen *sep. reg.*
presente Geschenk *n.*
presente gegenwärtig, anwesend
preso gefangen; Gefangene *m.*
prestar leihen *irr.*
pretexto Vorwand *m.*
prima Base *f.*, Cousine *f.*
primavera Frühling *m.*
primero der erste; zuerst, anfangs
primo Vetter *m.*, Cousin *m.*
princesa Fürstin *f.*, Prinzessin *f.*
principal hauptsächlich; Chef *m.*, Prinzipal *m.*, Vorgesetzte *m.*
príncipe Fürst *m.*, Prinz *m.;* — **real (heredero)** Kronprinz *m.*
principiar anfangen *sep. irr.*
principio Anfang *m.*, Prinzip *n.*
prisa Eile *f.;* **darse** — sich beeilen *insep. reg.;* **de** — schnell, eilig
prisión Gefangennahme *f.*, Gefangenschaft *f.*, Gefängnis *n.*
probable wahrscheinlich
probar beweisen *insep. irr.*, versuchen *insep. reg.*, prüfen *reg.*
proclamar (rey) ausrufen (zum König)
procurar versuchen, sich bemühen *reg.*
prodigio Wunder *n.*
producir hervorbringen *sep.*, einbringen *sep.*
producto Produkt *n.*, Ertrag *m.*
profesor Professor *m.*, Lehrer *m.*
prófugo flüchtig; *subst.* Flüchtling *m.*
profundidad Tiefe *f.*
profundo tief
progreso Fortschritt *m.*
prohibir verbieten *insep. irr.*
prójimo Nächste *m.*, Mitmensch *m.*
promesa Versprechen *n.*
prometer versprechen *insep.*
pronto rasch, bald; **de** — plötzlich; **por de** — einstweilen, vorderhand
pronunciar aussprechen *sep. irr.*
propiedad Eigentum *n.*, Besitz *m.*
propietario Eigentümer *m.*
propio eigen
proponer beantragen *insep. reg.*, vorschlagen *sep. irr.;* — **se** sich vornehmen *sep. irr.*
proporcionar verschaffen *insep. reg.*
propósito Absicht *f.*
proseguir fortfahren *sep. irr.*

proteger (be)schützen *(insep.) reg.*
provechoso vorteilhaft
provisión Vorrat *m.*
próximo nächst, nahe
prudente klug, verständig
prueba Beweis *m.*, Versuch *m.*
publicar veröffentlichen *insep. reg.*
público öffentlich; Publikum *n.*
puchero Topf *m.; pl.* Töpfe
pueblo Volk *n.;* Dorf *n.*, Ort *m.*
puente Brücke *f.*
puerta Tür(e) *f.*
puerto Hafen *m.;* Gebirgspaß *m.*
pues denn, da, also, nun
puesto Platz *m.*, Stelle *f.*
puesto que da, weil
pulmón Lunge *f.*
punta Spitze *f.*
punto Punkt *m.*, Zeitpunkt *m.*
puntual pünktlich
puñal Dolch *m.*
puño Faust *f.;* Manschette *f.;* Griff *m.*
puro rein; **de** — aus lauter (reiner)

Q

que welcher, was; als; daß; **el** — derjenige, welcher; **lo** — das, was; **¿por qué?** warum? weshalb? **con** — womit? **en** — woran, worin? **de** — wovon?
quebrar (zer)brechen *insep. irr.*
quedar bleiben *irr.;* — **se con** behalten *insep. irr.*
queja Klage *f.*, Beschwerde *f.*
quejarse sich beklagen *insep. reg.*
quemar verbrennen, abbrennen
querer wollen, wünschen, mögen, lieben
querido lieb, geliebt
queso Käse *m.*
quieto ruhig, still
quintal Zentner *m.*
quitar weg-, abnehmen *sep. irr.*
quizá(s) vielleicht

R

rábano Radieschen *n.*, Rettich *m.*
rabioso wütend, rasend, toll
racimo Traube *f.*
ración Ration *f.*, Portion *f.*
raíz Wurzel *f.*
rallar reiben, zerreiben *insep. irr.*
rama Ast *m.*, Zweig *m.*
ramillete Strauß *m.*, Blumenstrauß *m.*
ramo Zweig *m.;* Strauß *m.;* Fach *n.*
rana Frosch *m.*
rápido schnell, reißend
raro selten, sonderbar
rato Weile *f.*
ratón Maus *f.*
raya Strich *m.*, Linie *f.*
rayo Blitz *m.*, Strahl *m.;* — **de sol** Sonnenstrahl *m.*
razón Grund *m.*, Vernunft *f.*, **tener** — recht haben
rebajar herabsetzen *sep. reg.*, erniedrigen *insep. reg.*
rebaño Herde *f.*
rebelde widerspenstig, aufrührerisch; *subst.* Empörer *m.*
rebelión Empörung *f.*
recibir empfangen *insep. irr.*
recibo Empfang *m.*, Empfangsschein *m.*, Quittung *f.*
recio heftig, stark
recitar hersagen, aufsagen *sep. reg.*
recobrar wieder erlangen *irr. reg.*
recoger sammeln *reg.*, — **se** sich zurückziehen *sep. irr.*
recomendación Empfehlung *f*
recomendar empfehlen *insep.*
recompensa Lohn *m.*, Belohnung *f.*
recompensar belohnen *insep. reg.*
reconocer (an)erkennen; ich erkenne an; anerkannt
recordar erinnern *insep. reg.*

recto gerade; rechtschaffen
recuerdo Andenken *n.*, Erinnerung *f.*
rechazar zurückwerfen, zurückweisen *sep. irr.*
red Netz *n.*
rédito Zins *m.*, *pl.* Zinsen
redondo rund
referir berichten *reg.*, erzählen *reg.*, — **se** sich beziehen (auf) *insep. irr.*
reflexionar nachdenken *sep.*, überlegen *insep. reg.*
refrán Sprichwort *n.*
refrescar erfrischen *insep. reg.*, abkühlen *sep. reg.*
refugiarse sich flüchten *reg.*
refugio Zufluchtsort *m.*
regalar schenken *reg.*
regalo Geschenk *n.*
regimiento Regiment *n.*; *pl.* — er
región Gegend *f.*
regir regieren; gültig sein
regla Regel *f.*, Lineal *n.*
regresar (zurück)kehren *(sep.) reg.*
regreso Rückkehr *f.*
regular regelmäßig, regelrecht; **por lo** — in der Regel
reina Königin *f.*
reinado Regierung *f.*
reinar herrschen, regieren
reino Reich *n.*, Königreich
reir(se) lachen *reg.*
relámpago Blitz *m.*
relampaguear blitzen *impers. reg.*
reloj Uhr *f.*; — **de bolsillo** Taschenuhr; — **de pared** Wanduhr *f.*
relojero Uhrmacher *m.*
remedio Heilmittel *n.*, Abhilfe *f.*
remitir übersenden, *insep. irr.*
remo Ruder *n.*
renunciar verzichten *insep. reg.*
reñir zanken *reg.*
reparar ausbessern *sep. reg.*; — **en** achten auf
repartir teilen *reg.*
repente: de — plötzlich
repetir wiederholen *insep. reg.*
replicar erwidern *insep. reg.*
reposar ruhen *reg.*
reprender tadeln *reg.*
representar vorstellen *sep. reg.*, aufführen *sep. reg.*
reputación Ruf *m.*
resbalar ausgleiten *sep. irr.*
resfriarse erkälten *insep. reg.*
residencia Residenz *f.*
resistir widerstehen *insep. irr.*
respecto a in Rücksicht auf
respetar achten *reg.*, ehren *reg.*
respeto Hochachtung *f.*, Ehrfurcht *f.*
respetuoso ehrerbietig
respirar atmen *reg.*
responder antworten *reg.*
respuesta Antwort *f.*
resuelto entschlossen, beherzt
resultar sich ergeben *insep. irr.*
retirar zurückziehen *sep. irr.*
retraso Verspätung *f.*
retratar abbilden *sep. reg.*, photographieren
retrato Bild *n.*, Photographie *f.*
reunión Vereinigung *f.*; Versammlung *f.*; Gesellschaft *f.*
reunir vereinigen *insep. reg.*, versammeln *insep. reg.*
rey König *m.*
rezar beten *reg.*
ribera Ufer *n.*, Gestade *n.*
rico reich
ridículo lächerlich
rienda Zügel *m.*
riesgo Gefahr *f.*
rigor Strenge *f.*, Härte *f.*
riguroso streng, rauh
rincón Winkel *m.*, Ecke *f.*
río Fluß *m.*; *pl.* Flüsse
riqueza Reichtum *m.*
risa Lachen *n.*, Gelächter *n.*
robar rauben *reg.*, stehlen *irr.*

robo Raub *m.*, Diebstahl *m.*
robusto stark
roca Felsen *m.*, Fels *m.*
rocío Tau *m.*
rodear umringen *insep. irr.*
rodilla Knie *n.*; **de — as** auf den Knien, kniend
rogar bitten *irr.*, flehen *reg.*
rojo (hoch)rot; glühend
romper (zer)brechen *irr.*, reißen *irr.*, zerschlagen *irr.*
ropa Wäsche *f.*
rosa Rose *f.*
rosal Rosenstrauch, -stock *m.*
roto zerbrochen, -rissen, -schlagen
rubio blond
rudo roh, derb, rauh
rueda Rad *n.*
ruego Bitte *f.*
ruido Lärm *m.*, Geräusch *n.*
ruina Verfall *m.*
ruiseñor Nachtigall *f.*

S

sábado Sonnabend, Samstag *m.*
sábana Bett(t)uch *n.*
saber wissen, können, erfahren *insep. irr.*; **a —** nämlich
sabiduría Weisheit *f.*
sabio weise, gelehrt; Gelehrte *m.*
sable Säbel *m.*, Schwert *n.*
sabor Geschmack *m.*
sabroso schmackhaft
sacar herausnehmen *sep. irr.*, -holen *sep. reg.*, -ziehen *sep. irr.*
sacerdote Priester *m.*
saciar sättigen *reg.*, stillen (Hunger, Durst) *reg.*
saco Sack *m.*
sal Salz *n.*; *pl.* Salze
sala Saal *m.*; *pl.* Säle
salchichón Wurst *f.*
salida Ausgang *m.*; Abfahrt *f.*; Abreise *f.*; **— del sol** Sonnenaufgang *m.*
salir abgehen *sep. irr.*, ausgehen *sep. irr.*, herauskommen *sep. irr.*, abreisen *sep. reg.*; auftreten *irr.*; **— (el sol)** aufgehen *irr.*; **al —** beim Abgang; **— bien** gelingen *irr.*
saliva Speichel *m.*
saltar springen *irr.*
salud Gesundheit *f.*
saludar grüßen, begrüßen *insep. reg.*
salvación Rettung *f.*, Heil *n.*
salvador Retter *m.*, Heiland *m.*
salvaje wild; Wilde *m.*
salvar retten *reg.*, erlösen *insep. reg.*
salvo: en — in Sicherheit *f.*
sanar genesen *irr.*; heilen *reg.*
sangre Blut *n.*; **echar —** bluten *reg.*
sano gesund, unverletzt
sardina Sardine *f.*, Sardelle *f.*
sartén Pfanne *f.*
sastre Schneider *m.*
satisfacer befriedigen *insep. reg.*
satisfactorio befriedigend, genügend
satisfecho zufrieden, gesättigt
seco trocken
secreto geheim; Geheimnis *n.*
sed Durst *m.*; **tener —** durstig sein
seda Seide *f.*
seguida: en — gleich, sogleich
seguir folgen *reg.*, befolgen *insep.*
según nach, gemäß, zufolge *dat*
segundo Sekunde *f.*
seguridad Sicherheit *f.*
seguro sicher, fest, gewiß
sello Siegel *n.*, Briefmarke *f.*
semana Woche *f.*
sembrar (be)säen *(insep.) reg.*
semilla Same(n) *m.*
sencillo einfach
sendero Pfad *m.*; *pl.* Pfade
sentar setzen *reg.*; du setz(es)t
sentencia Sentenz *f.*, Entscheidung *f.*

sentir fühlen *reg.*, bedauern *insep.*; **siento** ich bedau(e)re, es reut mich
señal Zeichen *n.*, Mal *n.*
señalar bezeichnen *insep. reg.*, festsetzen *sep. reg.*
señor Herr *m.*
señora Dame *f.*, Frau *f.*; Herrin
señorita Fräulein *n.*
separar trennen *reg.*
septiembre September *m.*
sepulcro Grab *n.*
séquito Gefolge *n.*, Anhang *m.*
ser sein; **llegar a** — werden
sereno heiter
serio ernst, ernsthaft
servicio Dienst *m.*
servidor Diener *m.*
servilleta Serviette *f.*, Mundtuch *n.*
servir dienen *reg.*, taugen *reg.*, aufwarten *sep. reg.*; — **se** die Güte haben
severo streng, ernst, hart
sexo Geschlecht *n.*; *pl.* -er
si wenn, ob; — **no** wenn nicht, sonst
sí ja; sich
siega Ernte *f.*, Erntezeit *f.*
siembra Saat *f.*, Saatzeit *f.*
siempre immer, stets
sien Schläfe *f.*
sierra Säge *f.*; Gebirge *n.*
siglo Jahrhundert *n.*
significar bedeuten *insep. reg.*
signo Zeichen *n.*
siguiente folgend
silencio Stille *f.*, Stillschweigen *n.*
silla Stuhl *m.*; Sattel *m.*
sillón Lehnstuhl *m.*
simiente Saat *f.*, Same(n) *m.*
simple einfach
sin ohne *ac.*
sincero aufrichtig, ehrlich
singular sonderbar, eigentümlich, merkwürdig, eigen
sino sondern, außer, nur
siquiera wenigstens, es sei denn, daß; **ni** — nicht einmal
sitiar belagern *insep. reg.*
sitio Ort *m.*, Platz *m.*, Stelle *f.*, Belagerung *f.*
situación Lage *f.*, Zustand *m.*
soberano Landesherr *m.*, Fürst *m.*
soberbia Stolz *m.*
soberbio stolz
sobrar überflüssig sein, übrig sein
sobrenombre Beiname *m.*
sobresaliente hervorragend
sobresalir sich auszeichnen, hervorragen *sep. reg.*
sobrina Nichte *f.*
sobrino Neffe *m.*
sobrio mäßig, nüchtern
sociedad Gesellschaft *f.*
socorrer helfen *irr.*, beistehen *sep. irr.*
socorro Hilfe *f.*, Beistand *m.*
soga Seil *n.*; *pl.* Seile
sol Sonne *f.*
solamente bloß, nur
soldado Soldat *m.*
solicitar sich bewerben (um) *insep. irr.*
solícito emsig, besorgt
sólido fest, haltbar
solitario einsam; Einsiedler *m.*
solo allein, einzig; **sólo** nur
soltar loslassen, freilassen *sep. irr.*, losbinden *sep. irr.*
sombra Schatten *m.*
sombrero Hut *m.*
sombrilla Sonnenschirm *m.*
sonido Schall *m.*, Ton *m.*, Laut *m.*
sonreir(se) lächeln *reg.*
soñar träumen *reg.*
sopa Suppe *f.*
soplar blasen *irr.*, wehen *reg.*
sordo taub
sortija Ring *m.*, Fingerring *m.*
súbdito Untertan *m.*
subir (be)steigen *(insep.) irr.*, hinaufsteigen *sep. irr.*

sublevación Empörung *f.*
sublevarse sich empören *insep. reg.*
suceder folgen *reg.*; sich ereignen *insep. reg.;* es hat sich ereignet
sucesivo: en lo – künftig
suceso Ereignis *n.*
sucesor Nachfolger *m.*
sucio schmutzig, unrein
sudar schwitzen *reg.;* du schwitz(es)t
sudor Schweiß *m.*
suegra Schwiegermutter *f.*
suegro Schwiegervater *m.*
sueldo Gehalt *n.; pl.* Gehälter
suelo Boden *m.*, Fußboden *m.*
sueño Traum *m.;* Schlaf *m.*
suerte Schicksal *n.*, Los *n.*, Glück *n.*
sufrir leiden *irr.*, dulden *reg.*
suma Summe *f.;* **en** – kurz, mit einem Wort
sumamente äußerst, höchst
suministrar liefern *reg.*, versorgen (mit) *insep. reg.*
sumiso unterwürfig, ergeben
sumo: a lo – höchstens
superficial oberflächlich
suplicar inständig bitten *irr.*, flehen *reg.*
suponer vermuten *insep. reg.*
supremo höchste, oberste
suprimir unterdrücken *insep. reg.*, abschaffen *sep. reg.*
supuesto: por – natürlich; – **que** da, weil
sur Süden *m.*
suspirar seufzen *reg.;* du seufz(es)t
suspiro Seufzer *m.*
sustento Lebensunterhalt *m.*
susto Schrecken *m.*

T

tabaco Tabak *m.*
tabla Brett *n.*
tacón Absatz (Stiefel- *etc.*) *m.*
tacto Gefühl *n.*
tahona Bäckerei *f.*
tal solcher, so, derart; – **vez** vielleicht; **con** – **que** vorausgesetzt, daß; unter der Bedingung, daß
talón Ferse *f.*, Gepäckschein *m.*. Frachtbrief *m.*
tallo Stengel *m.*
también auch, ebenfalls
tampoco ebensowenig, auch nicht
tan so
tanto soviel, so sehr, solange, ebensoviel; **por lo** – folglich; **entre** – unterdessen; **en** – während, daß; – **más** desto (um so) mehr
tapar zudecken *sep. reg.*, zumachen *sep. reg.*, zugedeckt, zugemacht
tapón Pfropf(en) *m.*, Stöpsel *m.*
tardar zögern *reg.*, säumen *reg.*
tarde spät; Nachmittag *m.*
tarea Aufgabe *f.*
tarjeta Karte *f.*
taza (Ober-)Tasse *f.*, **plato de** – Untertasse *f.*
te dir, dich
té Tee *m.*
teatro Theater *n.*
techo (Zimmer)decke *f.*
tejado Dach *n.*
tela Leinwand *f.*, Zeug *n.*
tema Aufgabe *f.*, Thema *n.*
temblar zittern *reg.*
temer (sich) fürchten *reg.*
temor Furcht *f.*, Besorgnis *f.*
tempestad Gewitter *n.*
temprano früh(zeitig)
tenedor Gabel *f.*; – **de libros** Buchhalter *m.*
tener haben, besitzen *irr.*, halten *irr.*
tentar versuchen *insep. reg.* befühlen *insep. reg.*
terciopelo Sam(me)t *m.*
terminar beendigen *insep. reg.*

ternera Kalb *n.*, **asado de —** Kalbsbraten *m.*
terrible schrecklich, furchtbar, fürchterlich
tesoro Schatz *m.*
testigo Zeuge *m.*, Zeugin *f.*
testimonio Zeugnis *n.*
tía Tante *f.*
tiempo Zeit *f.*, Wetter *n.*, **en otro —** ehemals, früher, sonst; **a —** zur rechten Zeit; **al mismo —** zu gleicher Zeit, zugleich; **con —** beizeiten; **hace —** vorzeiten; **¿cuánto —?** wie lange? **mucho —** lange (Zeit); **demasiado —** zu lange (Zeit)
tienda Kaufladen *m.*, Zelt *n.*
tierra Erde *f.*, **— de labor** Acker *m.*
tiesto Blumentopf *m.*, *pl.* -töpfe
tijera Schere *f.*
timbre Klingel *f.*, Steuermarke *f.*
tímido furchtsam, scheu
tinta Tinte *f.*
tintero Tintenfaß *n.*
tío Oheim *m.*, Onkel *m.*
tirano grausam; Tyrann *m.*
tirar (weg)werfen *irr.*, schießen *irr.*, ziehen *irr.*, zupfen *reg.*
tiro Schuß *m.*
título Titel *m.*
tocar berühren *reg.*; spielen *reg.*; treffen *irr.*; läuten *reg.*
tocino Speck *m.*
todavía noch
todo jeder, alles, ganz; **— s** jedermann, alle; **— lo que** alles was
tomar nehmen *irr.*, trinken *irr.*
tono Ton *m.*
tontería Dummheit *f.*
tonto dumm, töricht; Narr *m.*
torcido krumm, schief
tormenta (Un)gewitter *n.*
toro Stier *m.*, **corrida de — s** Stierkampf *m.*
torpe dumm, ungeschickt
torre Turm *m.*, **— de iglesia** Kirchturm *m.*, *pl.* Kirchtürme
tortilla Eierkuchen *m.*
tos Husten, m.
toser husten *reg.*
trabajador arbeitsam; Arbeiter *m.*
trabajar arbeiten *reg.*
trabajo Arbeit *f.*
traducción Übersetzung *f.*
traducir übersetzen *insep. reg.*
traer (her)bringen, mitbringen *sep.*
tragar verschlucken *insep. reg.*
trago Schluck *m.*; *pl.* Schlucke, Schlücke
traidor verräterisch; Verräter *m.*
traje Anzug *m.*
tranquilidad Ruhe *f.*
tranquilo ruhig
transparente durchsichtig
trapo Lappen *m.*; *pl.* Lappen
tras hinter, nach
tratar behandeln; handeln (von); sich bemühen *insep. reg.*
trato Umgang *m.*, Vertrag *m.*
través: a — de quer über, mitten durch; (zwischen) durch
tribunal Gericht *n.*, Gerichtshof *m.*
trigo Weizen *m.*, Getreide *n.*
trimestre Quartal *n.*
triste traurig
tristeza Traurigkeit *f.*, Wehmut *f.*
triunfo Triumph *m.*, Sieg *m.*
trompeta Trompete *f.*, Trompeter *m.*
tronar donnern *impers. reg.*
tronco Stamm *m.*
trono Thron *m.*; *pl.* Throne
tropa Truppe *f.*, Heer *n.*
tropezar stolpern *reg.*
trozo Stück *n.*
trueno Donner *m.*
tuerto einäugig
turbio trübe

U

último der letzte; **por** — zuletzt
único einzig
unidad Einheit *f.*
unión Bund *m.*
unir vereinigen *insep. reg.*
universidad Universität *f.*
uña Nagel *m.*, Kralle *f.*
urgente dringend, eilig
uso Gebrauch *m.*, Sitte *f.*
útil nützlich
utilidad Nutzen *m.*, Vorteil *m.*
uva Traube *f.*

V

vaca Kuh *f.*
vacilar wanken *reg.*, schwanken *reg.*
vacío leer
valer gelten *irr.*, kosten *reg.*, taugen *reg.*, — **se** sich bedienen *insep. reg.;* **vale más** es ist besser
valiente tapfer, mutig
valor Wert *m.*, Mut *m.*, Tapferkeit *f.*
valle Tal *n.*
vanidad Eitelkeit *f.*
vano eitel, nichtig; **en** — vergebens
vapor Dampf *m.*, Dampfschiff *n.*
vara Gerte *f.*, Rute *f.*, Elle *f.*
varios mehrere, verschiedene
vasija Gefäß *n.*, Topf *m.*
vaso Glas *n.*, Gefäß *n.*
vasto weit, umfangreich
vecino benachbart; Nachbar *m.*
vegetal Pflanze *f.*, Gewächs *n.*
vejez Alter *n.*
vejiga Blase *f.*
vela Segel *n.*, Kerze *f.*
velar wachen *reg.*
velo Schleier *m.*
velocidad Schnelligkeit *f.*
veloz schnell
vena Ader *f.*
vencedor Sieger *m.*
vencer (be)siegen *(insep.) reg.*, überwinden *insep. irr.*
vendar verbinden *insep. irr.*
vendedor Verkäufer *m.*
vender verkaufen *insep. reg.*
veneno Gift *n.*
venenoso giftig
venganza Rache *f.*
vengar rächen *reg.*
venidero kommend, (zu)künftig
venir kommen *irr.;* — **acá** herkommen *sep.;* — **bien** passen *reg.*
venta Verkauf *m.;* Wirtshaus *n.*
ventaja Vorteil *m.*, Vorzug *m.*
ventajoso vorteilhaft
ventana Fenster *n.*
ver sehen *irr.*
verano Sommer *m.*
verdad Wahrheit *f.* **a la** — wahrlich
verde grün
verdura Gemüse *n.*
vergüenza Scham *f.;* Schande *f.*
verificarse stattfinden *sep. irr.*
verter ausgießen *sep. irr.*
vestido Kleid *n.*
vestir (an)kleiden *(sep.) reg.*
vez mal; **a la** — zugleich; **a veces** bisweilen, zuweilen; **tal** — vielleicht; **de** — **en cuando** bis—, zuweilen; **en** — **de** anstatt *(genit.);* **otra** — noch einmal, wieder; **¿cuántas veces?** wievielmal? **muchas veces** manchmal; **rara vez** selten; **tantas veces** so oft; **me toca la vez** die Reihe ist an mir
vía Weg *m.*
viajante (Handlungs)reisende *m.*
viajar reisen *reg.*
viaje Reise *f.*, Gang *m.*, Fahrt *f.*
viajero Reisende *m.*
vicio Laster *n.*

vicioso lasterhaft
victoria Sieg *m.*
vid Weinstock *m.*
vida Leben *n.*, Lebensweise *f.*
vidriera Fensterflügel *m.*, Glastür *f.*
vidriero Glaser *m.*
vidrio Glas *n.*, Fensterglas *n.*
viejo alt
viento Wind *m.*
vientre Leib *m.*, Bauch *m.*
viernes Freitag *m.*
vigilar be-, überwachen *insep. reg.*
villa Stadt *f.*
vinagre Essig *m.*
vínculo Band *n.; pl.* Bande
vino Wein *m.*
viña Weinberg *m.*
violeta Veilchen *n.*
virtud Tugend *f.*, **en — de** vermöge, kraft, laut *(genit.)*
virtuoso tugendhaft, fromm
visible sichtbar
visita Besuch *m.*, Visite *f.*
visitar besuchen *insep. reg.*
vista Gesicht *n.*, Anblick *m.*, Ansicht *f.*, Aussicht *f.*, **a —** in Gegenwart, unter den Augen; **perder de —** aus dem Gesicht verlieren; **tener a la —** vor Augen haben
viuda Witwe *f.*
viudo Witwer *m.*
víveres Lebensmittel *pl.*
vivir leben *reg.;* wohnen *reg.*
vivo lebendig, lebhaft
volar (fort)fliegen *sep. irr.*
voluntad Wille(n) *m.*
volver zurückkommen *sep. irr.*, umdrehen *sep. reg.*, **— a** noch einmal, wieder; **volver a casa** heimkehren *sep. reg.*
voto Gelübde *n.*, Stimme *f.*
voz Stimme *f.*, Wort *n.;* **en alta —, a voces** laut
vuelo Flug *m.*
vuelta Rückkehr *f.*, Umdrehung *f.;* **dar una —** einen Spaziergang machen

Y

y und
ya schon, nun; **— no** nicht mehr
yegua Stute *f.*
yerba Gras *n.*, Kraut *n.*
yerno Schwiegersohn *m.*
yeso Gips *m.*; Kreide *f.*
yugo Joch *n.; pl.* Joche

Z

zagal Hirtenknabe *m.*
zanahoria Mohrrübe *f.*
zapatero Schuhmacher *m.*
zapatilla Pantoffel *m.*
zapato Schuh *m.; pl.* Schuhe
zorra, zorro Fuchs *m.; pl.* Füchse
zumo Saft *m.*
zurdo link; linkisch

PARA EL ESTUDIO DE LAS LENGUAS MODERNAS

Método Gaspey-Otto-Sauer

Otto-Ruppert, **Gramática sucinta de la lengua alemana,** 35.ª ed. XXVIII y 260 págs.

4 casetes de la Gramática sucinta de la lengua alemana: «Wörter, Übungen, Gespräche». Existe también una *Clave* de los temas y ejercicios.

Otto-Kordgien, **Gramática sucinta de la lengua francesa,** 29.ª ed. X y 250 págs.

Iglesias, **Gramática sucinta de la lengua inglesa,** 28.ª ed. XVI y 288 págs.

Pavia, **Gramática sucinta de la lengua italiana,** 27.ª ed. VIII y 196 págs.

Tamaño 12,4 × 20,2 cm.

Encuadernación en linart flexible

Mundialmente aceptados, creemos innecesario presentar estos métodos que, con sus numerosas ediciones (de elevado tiraje), son sobradamente conocidos. Muchos son los colegios, escuelas y academias que los han adoptado como libros de texto, y es ésta su mejor recomendación.

Cada lección va acompañada de vocabulario, ejemplos, temas, diálogos y trozos escogidos de lecturas.

Estos métodos han sido elaborados teniendo en cuenta que la Gramática es esencial para conocer debidamente un idioma. Por esto, de manera sistemática se van dando, ya desde el comienzo, los conocimientos gramaticales más necesarios, sin sobrecargar el esfuerzo memorístico exigido al alumno.

Con estos métodos, pedagógicamente muy bien logrados, el alumno, alentado por sus éxitos iniciales, adelanta de una manera segura y progresiva.

Sin duda son los más fáciles para el profesor y los más recomendables para el alumno, tanto si sigue un curso regular como si realiza solo sus estudios.